SEXIKON
セクシコン 愛と性について
デンマークの性教育事典

オーエ・ブラント
近藤千穂訳

新評論

まえがき

　本書は、若いみなさんが様々な感情、恋愛、セクシュアリティを生の喜びという好ましい表現として体験できないものか、それによってみなさんの恋愛生活が生涯を通じて発展し、成長していけないものかと、いろいろ試みるなかでできあがりました。
　言葉だけで説明しても十分なものではありませんし、情報もあるだけでは役に立ちません。充実した豊かな人生を築くためには、良かれ悪しかれ多くの実験や体験が必要です。しかしそれ以上に、自分自身だけでなくほかの人々に関するより深い知識が私達の得る体験にとっては必要であり、またその知識は、それらの体験のための安定した基盤となるというのが私の信念です。
　人間同士の愛は、人生が私達に与え得る最大の歓喜や幸せとなります。けれども、一方で愛はまた、最大の悲しみ、悲劇、不幸の原因ともなり得るのです。
　この本が、恋愛の地獄に突き落とされ、これ以上ないほどの痛ましい経験や結末に苦しむ人達をいたわるために役立つことを願っています。愛は、生の泉それ自体が湧き出てくる源です。また逆に、肉体や魂の深刻な傷を生み出す源でもあり得るのです。
　本書は、私の人生、愛、セクシュアリティの理解と体験に基づいて書かれています。それらは、私が生きてきたこれまでの人生や、私が愛してきた人々を通して学び取ったもの、また他人が得た知識や経験を私が読んだり聞いたりして知り得たことを通して学んだものです。

私は、自分の意見や姿勢をすべて包み隠さず本書に書き表しました。そのため、本書の記述のなかからは、私の偏見や、意見・姿勢の面でいたらない点まで隠れることなく表出していることでしょう。読者のみなさんは、私に同意することもあれば、また反発することもあるでしょう。あるいはひどく感情を害されたり、私の意見とみなさんの意見が衝突したりすることもあるかもしれません。私が希望するのは、肯定的であろうが否定的であろうが、読者のみなさんが本書の記述に対して積極的な態度をとってくれることです。
　ていねいで、共感あふれる本書の編集をして下さったビアギット・スティーンストロップさんに深く感謝いたします。

　　　1991年　イェリングにて
　　　　　　　　　　　　　　　　　　　　　　　　　　オーエ・ブラント

カーンへ
　賢明でむらのない、誠実な原稿の校訂をしてくれたことに感謝します。

シッセとヨナスへ
　二人のあからさまながらも建設的な批評、そして理解ある寛大さに感謝します。

本書の読み方

　本書の第１部では、各項目がアイウエオ順に整理され、様々な長さの記述によって説明されています。それぞれの記述のなかにあるゴシック体の語句は、その項目のところでさらに詳しく説明されています。また、その語句については、本書の第２部においてもっと詳しい解説をしています。

　第２部は、相互に関連性のある詳しい記述から成っています。ここでは、恋愛や性生活に関する事柄を、生物学、人間の感情、法律学の面から見たり、お互いに影響し合う要素という面から見たりしながらていねいに紹介し、指導を行っています。

凡　例

（１）本書は、Aage Brandt "Sexikon" Gyldendal, 1991 の全訳であるが、デンマーク独特の俗語や特殊な表現など、日本語への訳出になじまないものや不要と思われる語彙は訳者の判断で削除をした。

（２）原書にある語彙のうち、日本人の読者には理解されにくいと思われるものには訳注を付けて説明した（＊にて示している）。また、それらの語彙についてより詳細な説明が必要と思われる場合は、他の文献・資料を参照および引用したり、デンマーク在住の専門家に確認をとった情報をコラムとして付記した。

（３）第10章では、日本人向けに訳者による補記を付け加えたほか、原書に掲載されているデンマークの施設・組織などの情報に関しては可能な限りアップデイトを試みた。

まえがき　i
本書の読み方　iii

第1部　事典項目（アイウエオ順）……………………… 3

第2部　あなたと、あなたの愛を守るためにさらに詳しく ……… 139

第1章　愛から子どもへ ………………………………… 140

- **受精**　140
  精子／卵子／融合／胎児／胎盤／へその緒／胎児への影響／卵膜（羊水）／胎児の発育

- **まもなく両親になる人達**　146
  妊婦／まもなく父親になる人達／小さな新しい命／性愛／お腹

- **検診**　148
  血液（尿検査）／心音／超音波検査／羊水検査

- **誕生**　150
  病院での出産（自宅での出産）／陣痛／羊水／切開／麻酔／父親の立ち会い／娩出／産声／後産／骨盤底

- **新しい家族**　154
  性愛生活／経済／住宅／病気／仕事（趣味）／喜びの数々

第2章　子どもから大人へ ……………………………… 157

欲求

- **幼年期**　157
  愛撫／遊びと本気／思春期／別離

- ▶ 愛とセックス　159

  恋／感情とほかからの影響／違い／女の子の役割と男の子の役割／夢／違いが生じる

- ▶ 数々の実験　162

  オナニー／女の子のオナニー／オーガズム／男の子のオナニー／2人と2人（カップルはそれぞれ）／境界／集団の圧力／「イエス」と「ノー」

- ▶ 初めての性交　166

  確信のなさと心配／避妊／処女膜／失望

- ▶ カップルの関係　168

  愛／対立と別れ／嫉妬／よいアドバイス／正直でありなさい／身体

- ▶ 女子／女性の性器　172

  卵巣／卵管／子宮／月経／子宮頸管／膣／骨盤底筋／Gスポット／陰核（クリトリス）／外陰唇（大陰唇）／内陰唇（小陰唇）／尿道／膣口／処女膜／会陰／アヌス

- ▶ 男子／男性の性器　176

  精巣／精管／前立腺と精嚢／ペニス／亀頭／包皮／包皮小帯／会陰と肛門

第3章　愛－性愛－セックス　…………………………………　179

欲求と熱情／性愛とテクニック／夢と憧憬／慎み深さ／女の子が恋人に望むこと／男の子が恋人に望むこと／どのようにお互いの欲求を合わせるか／秘訣

第4章　大小の問題　…………………………………………　184

悪循環／問題を認識する／率直になる／劣等感／自分の身体を知ろう／思考から行動へ／想像

- ▶ 初心者が陥る困難　187

  ユーモア／率直さ／性愛の主な規則

- ▶ 永続的な悩み　188

- ▶ 何ができるか　189

  トレーニング／締め付けトレーニング／女性向けのオナニーの練習／男性向

けのオナニーの練習／共同の練習／ストップ・スタート・トレーニング／締め付けるテクニック

▶ 愛撫トレーニング──感覚トレーニング　194
性交の禁止／時と場所／入浴／スプーン体位／愛撫の授愛／触らない／交代／伝える／どうぞ触れて下さい／性戯（性交）

▶ 最も一般的に起こる問題　197
欲望がない／様々な欲望／正常－異常

▶ 女子／女性の性的機能障害　200
膣内の乾燥／痛み／膣痙攣／オーガズムの欠如／身を委ねること／オーガズムの追求／見せかけのオーガズム／オーガズムに達することを禁じたトレーニング／オーガズムに関する神話／あなた自身の声を聞こう

▶ 男子／男性の性的機能障害　207
若い人のインポテンス／悪循環／治療／高齢者のインポテンス／早漏／普通のこと／休憩／タイミング／コントロール／射精ができない／治療

▶ セックスにとって困難な状況　211
危機／妊娠と出産／妊婦／男性（妊婦の夫）／子ども／父親の役割／性愛

▶ ハンディをもつ人達　215
憧れと欲求／セックスはタブー／自助への援助

第5章　避妊－あなたの愛を守って下さい　218

女性はどのようにして妊娠するのか／避妊の規則A（妊娠を避ける）／性戯（ペッティング）

▶ 避妊なしの性交は危険を伴う　220
準備をする／中断性交／射精はいつ起こるのか？／非常ブレーキをかけなさい！／リズムメソッド／「安全」期は不安定

▶ STD　223
病気感染／避妊をしない安全なセックス／避妊の規則B（安全なセックスの規則──妊娠と感染を避ける）

▶ 避妊具　224
避妊具に要求されること／責任

▶ コンドーム　225

コンドームの長所パート1／コンドームの長所パート2／下手な言い訳／使う練習をして下さい／コンドームの使い方／コンドームの装着／エイズや性感染症を防ぐコンドーム

▶ **殺精子剤** 231
効能／クリーム／泡剤（フォーム）／座薬／練習が大切／殺精子剤の長所／価格と短所／副作用

▶ **ペッサリー** 234
ペッサリーの使い方／価格／ペッサリーの長所／ペッサリーの短所

▶ **フェミドーム** 237
確実性は未知

▶ **Ｐ－クッション（避妊クッション）** 237
確実性は未知

▶ **子宮内避妊具（IUD）** 238
IUDの長所／価格／多くの短所／複数の副作用／性感染症を予防しない

▶ **ピル（経口避妊薬）** 241
作用／ピルの副作用／危険性／ピルは処方箋が必要／多くのブランドがあるピル／価格／ピルの使用に適する人／確実性は避妊のみ／ピルの用法／ピルの長所／ピルの短所

▶ **ミニピル** 245
用法／ミニピルの長所／ミニピルの短所

▶ **避妊薬注射（ステロイド避妊法、ホルモン避妊法）** 246

▶ **後悔の避妊薬（性交後ピル、事後避妊薬とも言う）** 247
急場しのぎ／医師も参加

▶ **将来の避妊方法** 247
中絶剤／男性用ピル／男性用IUD

▶ **不妊手術＝永久避妊** 248
女性の不妊手術／正常な性生活／男性の不妊手術／正常な性生活／危険性

▶ **避妊に関して専門の情報を得る可能性** 251
ホームドクターは守秘義務をもつ／クリニック

第6章　中絶－緊急時の解決方法 …………………………………… 252

自然流産／人工流産／法律上の規定／妊娠検査／検査と指導／手術／妊娠中期の人工中絶／危険性／思案／決定／手助けと援助

第7章　STD－性感染症 ……………………………………………… 257

性生活での感染／STDに関して必要な知識／安全なセックスの規則

▶ **エイズ**　259

エイズは免疫力を破壊する／エイズの症状／HIV陽性であるということ／エイズという病気／エイズの治療／どのようにエイズは伝染するか／コンドームは感染を防ぐ／リスク集団／どのようにエイズは確認されるか／HIV陽性であること／検査は匿名／エイズの危険がない性愛／エイズに関する情報

▶ **淋病**　264

淋菌／感染／女性の淋病／男性の淋病／ほかの場所に起こる淋病／おだやかな淋病／淋病の検査／淋病の治療／定期検診／感染源

▶ **クラミジア**　267

症状／「沈黙」の経過／治療／感染予防

▶ **梅毒**　268

梅毒トレポネーマ／妊婦／伝染／症状／治療／定期検診

▶ **軟性下疳と性病性リンパ肉芽種**　270

▶ **危険性はないが不快なちょっとした病気**　270

膀胱炎／仮性膀胱炎／膣炎／コンジローマ／ヘルペス／毛じらみ／疥癬

第8章　愛の少数派 …………………………………………………… 275

偏見と不寛容／感情は同等に価値のあるもの

▶ **ホモセクシュアリティー**　276

大きな少数派／バイセクシュアル／難しさ／同性愛の原因／抑制／カミングアウトする（公表する）こと／ゲイあるいはレズだったら／情報とアドバイス

▶ **露出狂と窃視狂**　280

露出狂／窃視狂／不法行為／無害／子どもと露出狂

- ▶ 卑猥な電話をかける人　282
- ▶ サディズムとマゾヒズム　282
  サドマゾヒズム／S Mil
- ▶ 服装倒錯者　284
- ▶ 性倒錯者　285
  Phi Pi Epsilon
- ▶ フェティシズム　285
- ▶ 獣性愛、動物性愛　286
- ▶ その他の少数派　287
  老人愛／死体愛／糞尿愛／フラジェランチズム／異様な欲望

第9章　愛を踏みにじること　288

性的虐待／虐待者／苦痛に満ちた欲望／犠牲者

- ▶ ささいな強姦　289
  明確な返事をする／行動
- ▶ 強姦　291
  犯罪／いつ、どこで、誰を／強姦を避ける／性格の現れ／自己防衛／暴漢の外見／強姦されそうになったら／逃げる、叫ぶ／冷静な態度を保つ／強姦が起こってしまったら／警察へ行く／罪の意識／心理的な援助
- ▶ 子どもに対する性的虐待　295
  子どもと大人の間の愛／境界線を越えること
- ▶ 近親相姦　296
  罪になる行為／子どもの信頼感／長期にわたる近親相姦関係／不安と精神の分裂／罪の意識と自己嫌悪／状況を中断する／大人に話す／心を開いて！／罪を位置づける／問い合わせ先／助けを求める必要／治療
- ▶ 変質者（幼児に性的ないたずらをする人）　299
  「優しい」誘惑者／疑いを抱いたら／ソーシャルワーカー／子どもを咎めない／命の危険がある子どもの誘惑者／どのように我が子を守るか

第10章　アドバイスと指導 …………………………… 303

- ▶ 市の社会保健局　303
- ▶ 避妊クリニック　304
- ▶ 性感染症　305
- ▶ 性に関するカウンセリングクリニック　306
- ▶ 子ども・青少年に関するカウンセリング　306
- ▶ 同性愛者に関するカウンセリング　308
- ▶ サドマゾヒズムに関するカウンセリング　308
- ▶ 服装倒錯／性倒錯者に関するカウンセリング　308
- ▶ エイズに関するカウンセリングと情報　308
- ▶ その他の個人施設　309

日本に関する情報（訳者による補記）　310

訳者あとがき　315
参考文献一覧　319
翻訳にあたっての参考文献一覧および資料　320

セクシコン —— 愛と性について
―デンマークの性教育事典―

Aage Brandt : SEXIKON

Illustrated by Erik Hjorth Nielsen

Translated from Danish "Sexikon", Gyldendal 1991

Published in Japan by agreement with
The Gyldendal Group Agency, Denmark,
through le Bureau des Copyrights Français, Tokyo.

Text © Aage Brandt, 1991
Illustrations © Erik Hjorth Nielsen, 1991

第1部

事典項目
（アイウエオ順）

＊文中におけるゴシック体の用語は詳細説明があることを表す。

【ア】

愛 —— 人間がお互いに育むことのできる温かい感情のすべて。

愛には様々な形があります。両親と子ども間の愛、兄弟間の愛、友人同士の愛、生き物への愛、他人への愛、人生そのものへの愛などです。そして、恋をしている2人の同性または異性間の愛があります。この愛はまた、**エロチシズム**、**性愛**、**セックス**などを含む愛でもあります。

自分の愛情を見せる時、私達は自分を開放し、何かを受け取ることを考えたり、価値があるかどうかなどと考えたりすることなく自らを与えます。

愛し合うこと —— 愛し合うこととは、あなたが好きな人、あるいは愛している人と恋の戯れ（**性戯**）をすること、または**性交**をすることを言います。あなたは1人の人間と愛し合うのであって、一つの肉体と愛し合うのではありません。愛し合う時、あなたは肉体だけでなく魂も使うのです。

これとは反対に、人は、どんな魂（心）のもち主なのかも知らない相手と、またはその目的のためにつくられた、空気で膨らませるような人形と**寝**たり、**性交**したり、**セックスする**こともできます。

愛する —— 愛するということは、人がほかの人間に対してもち得る感情を表す言葉ですが、それは物に対しても同じことが言えます。例えば、サバのフレークサラダ*、古びたオートバイ、ボビンレース刺繍、スズランなどを愛することができ
ます。

1人の人間を愛するということは、その人を好きだと思い、熱い感情を抱き、一体感や連帯感をもつことでもあります。自分の両親、兄弟、友達、孫を愛したり、恋人や配偶者を愛したりなど、お互いの愛し方にはいろいろな形があります。

大多数の人は、「**恋**」と呼ばれる相手に急速に惹かれていく気持ちに比べて、「**愛する**」という言葉には、もっと深く、より持続性のある慈しみという感情が背後にあると考えています。愛し合っている人間同士においては、けんかや不和が容易に起こり得ます。衝突が起きている間は自分の恋人を憎むこともありますが、それでも相手を愛することができるのです。

自分の愛する相手にその気持ちを伝える場合、言葉という方法も使うことはできますが、行動で示すこと、つまり愛する人に対して慈しみやいたわり、誠実さ、心遣い、信頼、信じる気持ちを態度で示した方がもっと説得力があります。言葉というものは、まさに自分自身があいまいに思っている気持ちを隠したり、ある感情を本当はもっていないのにそのことを隠し、現実に存在するかのように見せかける場合にも使えるのです。ですから、自分の愛する人に「私を愛している？」と尋ねるのは、あまり賢明なこととは言えません。なぜなら、もし相手の感情がはっきりしていなかったら、この言葉によって相手に偽りを強制することになってしまうからです。偽りは、恋愛においては相容れないものでしかありません。

愛することは、相手から何か得ることを期待したり要求したりせずに、自分自身とその気持ちを与えることです。愛は、

取引ではないのです。

* ：サバのフレークをトマトソースなどであえたもの。上にマヨネーズがのっていることが多い。

愛撫 —— 私達が、慈しみや愛情を見せる方法の一つです。愛撫は怖がっている人を落ち着かせたり、不幸な人を慰めたりすることもできます。性戯においては、愛撫は羽のように軽く触れることから熱狂的なキスまで何でもあります。そして愛撫は、「あなたが好きです」、「あなたを愛しています」、「あなたに首ったけです」と言うための、私達の身体が表現する方法でもあります。

愛撫トレーニング —— 愛撫トレーニングは、性愛生活における多くの問題を解決できる一つの方法です。トレーニングの内容は、愛撫をしたり受け入れやすくするための能力を養うもので、**性交**へのきっかけとなるものではありません。そのため、トレーニングが性愛の問題解決のために使われる場合には、一定の規則に従って行われなければなりません。

まず、トレーニングの時期を約束することが必要ですし、トレーニングパートナーに十分な時間の余裕があり、子どもや両親に邪魔されることなく行わなければなりません。トレーニングウェアは、神様がくれたもの、つまり2人とも裸で行います。

2人のパートナーは、交互に愛撫をしたりされたりします。片方がお腹を下にして寝転がり、パートナーから身体の後ろ側全体を愛撫されたり、掻かれたり、こすられたり、キスされたり、マッサージされたりします。愛撫を受ける方は、小さな音や言葉で何が特に気持ち良いか、あるいは何が気持ち悪いか、くすぐったいか、痛いかなどを伝えます。これによって、愛撫を与える方はパートナーが何を好んでいるかが分かり、また好きな相手の身体のことが細部まで分かるという素晴らしい、ワクワクするような体験をするのです。身体の後ろ側の愛撫が終わったら、今度は前の部分を同じようにします。そして、すべてが終わったら2人は役割を交代します。

最初に愛撫トレーニングを行う時、**性器**には愛撫しないことがポイントです。もし、そうして欲しい、もしくはしたいという気持ちになってもしてはいけません。このトレーニングは、愛撫をしたり、受け入れることがうまくなる目的のために行うのですから、最初に言ったように、**性交**への合図や準備段階として行ってはいけません。トレーニングを性愛生活上の問題解決のために使う以上、最初の何回かは**性戯**や**性交**で終わらせないことが大切です。これらは、もっと後の段階になってから行います。

性器に触れずに数回のトレーニングを行った後なら、次の回には乳房、女性器およびペニスなどを愛撫してもかまいません。ただその時も、最初に身体の後ろ全体と前全体を交代でしっかりと愛撫してから性器への愛撫を行って下さい。そして、性器への愛撫も交代で行います。愛撫を受ける方は、どのようにされると気持ちが良いか、また逆にどういう場合は気持ちが良くないかを表現することが大切です。

お互いに、**オーガズム**に達するまで愛撫をするということが目的ではありません。オーガズムがやって来るか来ないか

愛撫トレーニング

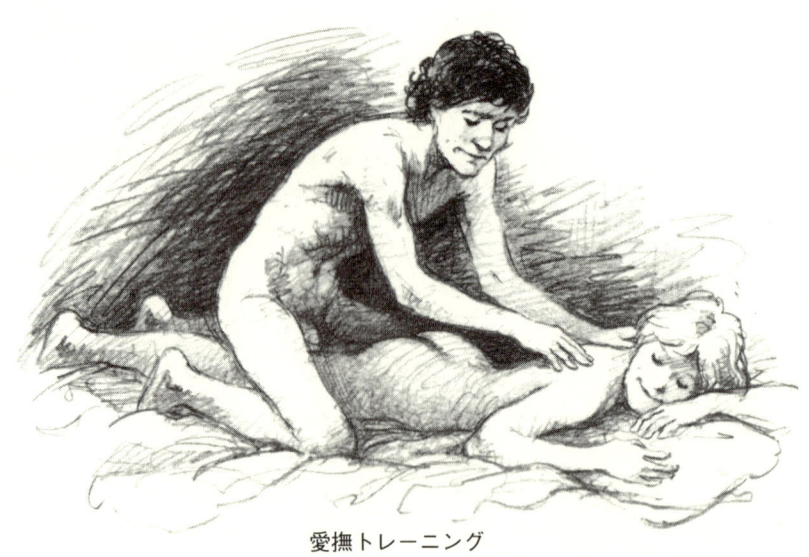

は意味のないことなのです。もし、片方あるいは両方がトレーニングの後にオーガズムを欲するのであれば、欲する側が自分でそのように手助けをするべきです。

規則に従って行われるなら、トレーニングはインポテンス、膣痙攣、性欲の欠乏、その他、性愛生活上の問題を解決するためにとても効果的となります。「第4章 大小の問題」を見て下さい。

トレーニングは、一つの治療形態であるほかにお互いや自分自身を知るのにも良い方法で、健康的で快適かつ無害な時の過ごし方です。トレーニングのやり方は、性戯の自然な部分としても利用することができます。この時には、規則をあまり気にすることなく楽しめばいいのです。

愛糞(あいふん)── 糞尿のにおいをかいだり味わったりして、性的欲求を満足させること。

アクティヴ・リスニング（積極的傾聴）── 言われたことの背後に潜む意味を聞き取ろうとすること。私達がけんかをする時、お互いの頭越しに投げつける言葉の背後にどんな意味があるのかを確認することは良い考えかもしれません。例えば、「このむかつく、冷血漢め」という言葉の裏側には、「あなたは私を傷つけました。痛みます。なぜなら、私はあなたを愛しているからです」という意味が隠されているかもしれないのです。

アクネ（痤瘡(ざそう)**）**── にきびの項を参照にして下さい。

朝立ち── 男子や男性にはよく知られている状況で、勃起状態で目を覚ますことです。かけぶとんがテントになり、ペニスがテントの支柱のようになって目を覚ましても、淫らな夢を見たとは限りませ

ん。この傾向は、他の多くの精力的な衝動と同じように年齢とともに減少していきます。

圧搾技法 ── 手で射精をコントロールする方法です。練習を積んでいればうまくできます。「第4章 大小の問題」を見て下さい*。

* ：早漏治療法の一つ、できればセックス療法士の指導のもとで行うのが望ましい。女性パートナーが刺激して勃起させ、ついで射精が起こりそうだという合図を男性が出すや、女性は男性のペニスの頭部を指でぎゅっと握る、あるいは挟んで締付ける。この方策を繰り返すことにより、男性は射精の正常な遅延を達成するように慣らされる。「pinch technique」とも呼ばれる（現代セクソロジー辞典、366ページ）。

アドニス ── ギリシアの女神アフロディーテの愛人。アドニスという名前は、美しい男性、正真正銘の美青年の名称として使われます。

アナル性交 ── アナルという語は、ラテン語のアヌス、つまり「肛門」という言葉が起源です。肛門付近は、触れられたり、愛撫されたりすると非常に敏感に感じるところです。**ヘテロセクシュアル（異性愛）**の人（男性と女性）の一部や多くの**ゲイ**（男性と男性）は、肛門付近を**性戯**で使います（アナルセックス）。男性が相手の肛門にペニスを挿入すれば、それは「アナル**性交**」と呼ばれます。アナル性交は、最もエイズ感染の危険が高い性交の形です。「第7章　ＳＴＤ－性感染症」に記述している「エイズ」（259ページ）も参照して下さい。

アブノーマル（異常な） ── 異なった、正常（ノーマル）でないという意味です。「正常」であることから外れた人間について使われる言葉です。

私達は誰でも違ったところをもっていますし、また「正常」であるということは様々な文化、宗教、社会集団によってかなり異なるわけですから、ある意味では、私達全員が「非正常」つまり「異常（アブノーマル）」と言えるわけです。

思春期にある若者が何らかの形で自分は異常だと感じることは、ごく当たり前のことです。その人達は、多分、自分の鼻が異常に大きいとか、醜いとか、ゆがんでいるとか、上を向いているなどと思っているでしょう。または、耳が異常に突き出ているとか、胸が異常に大きい（小さい）あるいは不恰好だとか、ペニスが異常に曲がっている、小さい、節くれだっているなどと思っているかもしれません。

異常である、または異なっているという感情は、若い時期に肉体と精神が経験する数々の変化に対する不安からくるものであり、メディアが私達に浴びせかける、人為的につくられた理想像を見る（知る）ことから生まれるものです。

他人とは違う部分のせいで催眠術にかけられたように無力になってしまったり、その部分のことだけを考えたりしないで下さい。自分自身を受け入れることを学び、自分がもっている、個性的で他人とは違っているささやかな部分を嬉しいと思ったり好きだと思うことが大切です。たとえ鼻が少々広がっていたとしても、その鼻だけであなたのすべてが構成され

ているわけではありません。

　大多数の若者には、自分が異常だという悩みから立ち直る日がやって来ます。その日とは、誰かがあなたに恋をしてくれる日です。そして、その相手が恋に落ちたのは、あなたのその少々広がった鼻のせいかもしれないのです。

アブノーマル（異常な）

アフロディシアック（催淫薬）── 媚薬（惚れ薬）の項を参照して下さい。

アフロディーテ── ギリシアの美と愛の女神のことです。

争い、そしてその解決── どれほどお互いに愛し合っていようとも、すべてのカップルにおいて争いが生じることがあります。日常生活においても、ベッドのなかにおいても私達は同じではありませんし、同じ感情、同じ欲求や要求をもっているわけではありません。

　私達が自分の人間関係に喜びを感じ、その関係を成熟したものにし、より良くより強靭なものにしたいと思うのなら、様々な争いを解決していかなければなりません。そのための第1の条件は、私達が様々な意見や感情をもつ権利を同等に有していること、私達は相手を容認するために必ずしもお互いの感情を理解する必要はないことを両者が受け入れることです。そして第2の条件は、パートナーに対して脅しや権力などをもって自分自身のものの見方や考え方を無理強いしてはならないということです。争った場合は、どちらかが勝者となり、一方が敗者になるのが普通ですが、できれば2人ともが勝者になることが望ましいのです。第3の条件は、様々な争いのなかでお互いの自由を束縛したり制限したりしてはならないということです。恋人同士の間では、光や空気、養分を与え合う代わりに蔓植物のようにからみついてお互いの首を絞めてしまうことがあり得ます。成長し、発展していくために、そして自分自身、さらに恋人や2人の関係に対して喜びを感じるためには自由が必要です。

　争いを解決しなければならない時は、山積みになったような古い非難をお互いに投げつけるのではなく、何に対して悲しいとか残念に思っているのか、また何がいったい自分を傷つけているのか、そしてそれに対してどう感じているのかを正直に説明することが大切です。

　争いはまた、これ以上続けたくない関係を壊そうとする場合にも使われます。それをお互いに望むのであれば、同意できないことや相手を責めたり傷つけたりすることを常に何かしら見つけ出してきます。そうした場合には、争いを解決し

ようとはせずに、反対にエスカレートさせようとします。

カップルの関係において争いが起こった時は、その争いを解決したいのかそれとも悪化させたいのか確かめることが賢明です。後者の場合であれば、根深く深刻な問題が背景に潜んでいることが多いですから、それを明らかにすることが大切です。「第2章　子どもから大人へ」と「第4章　大小の問題」も見て下さい。

争い

アルコール──飲むと酔っ払う、ビールやワインなどの酒類のこと。アルコールは一種の毒です。少量で脳や神経系に作用するため、自己の抑制力をなくしてしまうこともありますし、様々な形で、特に性的に自由な行動を取ることが怖くなくなります。通常は、陽気になったり、社交的になったり、ふざけたりするようになります。この状態は、軽い酩酊状態、ほろ酔い気分といったもので、多くの人にとっては気持ちのよい状態です。なぜなら、日常生活における多くの抑制から解き放たれるからです。

アルコールを多量に摂取すると、不幸な結果を招きます。自己抑制能力を失い、酔っていない状態だったら決してやろうとは思わなかったこと、また翌日になってから苦々しい気持ちで後悔するようなこともやってしまったりします。そして、泥酔状態になると、閉じ込められていた攻撃性が解き放たれて、粗野になったり暴力的になったりもします。

短時間で多量のアルコールを摂取すると、生命に危険となる急性の中毒状態を引き起こしたりします。その場合、救急処置室でアルコールを体内から排出させる必要が出てきます。

デンマークにいる私達は、好むと好まざるにかかわらず、アルコールが浸透した文化のなかで生活しています。くつろぎのためのビール、食事に添えられるワイン、喉へのちょっとした刺激、コーヒーの「お伴（ブランディーなど）」など、宴席や悲しみの席などのあらゆる場所にアルコールがあります。

若いあなた方は、道理をわきまえてアルコールと付き合うことを学ばねばなりません。様々な飲み物の強さ（アルコール度数）を知って下さい。慎重に飲んで、自身の行動が抑制できなくなるほどまでは飲まないで下さい。ゆっくりと飲み、酔いはしばらくしてからやって来ることを覚えておいて下さい。一種類の飲み物、例えばビールかワインかだけに決めておき、決してチャンポンをしてはいけません。そうすれば、飲む量の計算も容易になります。また、パーティーの時には強いお酒を飲むのは止めましょう。でないと、その楽しいパーティーがあなたにとっては短時間で終わってしまう可能性が高くなります。

飲酒した人が運転する車には決して乗らないで下さい。命を落とすことになります。そしてパーティーへは、決して車や原付きやオートバイで行ってはいけません。もし、友達が飲んで運転しようとしたら、その自動車の鍵を盗んでしまいなさい。それは、良き友人としてのあなたの義務です。

常にアルコールが多くのパーティーに存在する理由の一つとして、泥酔状態が束縛を緩めるということが挙げられます。しかし、その結果、異性（レズビアンやゲイであれば同性）と親密な接触をすることが平気になります。

残念ながら、酔った状態では、飲んでいない平常の状態だったら決してしなかったような性的行動を求め易くなります。そして、翌日とても後味の悪い思いで目覚めることになってしまうのです。望まない妊娠が発生したり、多くの処女が失われたりします。

もし、あなたが初めての性交で良い体験をしたいのなら、あなたが好きな人と一緒になれる時まで、あなた達が落着きや時間的なゆとりがもてる場所を得るまで、そして両方が酔っていない時まで待って下さい。見知らぬベッドで、半ば見知らぬ、酔っ払った相手と性交をするということは、早く忘れ去ってしまいたいと願うような思い出を残すだけです。

安全期 ── クナウスメソッドの項を参照して下さい。

安全でないセックス ── 望まない妊娠や病気感染の危険性をはらむ性行為の形態のことです。**安全なセックス**の項と「第5章 避妊－あなたの愛を守って下さい」と「第7章 STD－性感染症」を見て下さい。

どんなセックスの形態が望まない妊娠や病気感染の危険性をはらんでいるのかを知らない人は、この領域のことを十分に熟知しているとは言えません。十分な情報を把握しているにもかかわらず安全でないセックスをすると、喜びを台無しにしてしまいます。なぜなら、性愛の前後において確信のないことが恐れと不安をもたらすからです。良識ある性愛体験だけが、心からの喜びに満ちあふれたものとなり得るのです。

安全なセックス ── 病気感染の危険を伴わずに愛し合うことのできる、あらゆる方法のことを「安全なセックス」と言います。この概念は、エイズの世界的な蔓延の結果として現れてきたものです。安全なセックスのルールに従うことは、当面の間、私達が自らを守り、エイズの拡がりを制限する唯一の方法です。

この世には、完全に安全なものなどは何一つありません。それは、安全なセックスにおいてもしかりです。けれども、安全な性生活を営めば病気の危険を根本的に制限することになります。そして、安全なセックスは安全でないセックスよりも退屈だ、などと思わないで下さい。それどころか、その反対なのです。安全でなく、またリスクの高い性生活は、恐れや不安を伴うことになり、喜びや楽しみを壊してしまうのです。

安全なセックスの原則は、エイズがどのように感染するか、また感染しないかということを知っていれば単純で理論的なものです。あなたの性生活は、次のような方法で安全なものにすることができ

ます。
❶パートナーを取り替えたり、新しいパートナーと関係をもったり、浮気をしたりする時
　１．取り替えるセックスパートナーが少数であればあるほどリスクは少なくなります。
　２．**性交**や**口**での**セックス**をしない性生活にとどめておくこと。同様のことは、当然、固定した関係をもっているにもかかわらず浮気をしてしまった時にも当てはまります。
　３．一定していないパートナーとどうしても**性交**や**肛門性交**や**口**での**セックス**をしたいのなら、たとえ相手の女性が何らかの形の**避妊**をしていたとしてもコンドームを用いるべきです。そしてコンドームは、必ずペニスが挿入される前に着けなければなりません。
❷固定した関係
　浮気をしてしまった時に安全なセックスのルールを守るという同意が両者の間でできている関係においては、自分の好きなように愛し合うことができますし、また自分が一番良いと感じる避妊方法を用いることができます。

　片方あるいは両方が**リスク集団**に属していたり、リスク集団に入っている人と性交をしたりした場合は**エイズ検査**（**血液検査**の項を参照）を受け、結果が出るまでは安全なセックスのみを行うべきです。第７章にあるエイズの箇所を読んで下さい（259ページ）。

アンドロゲン —— 男性的な作用を及ぼすホルモンの総称で、男性の血液中にあります（ごく少量ですが、女性の血液中にも含まれます）。

アンビヴァレント（両価的）な感情 —— 例えば、愛と憎しみ、喜びと悲しみなど、お互いに相反する感情のこと。奇妙に聞こえるかもしれませんが、多くの状況において私達は、同時に二つの相反する感情をもつことが可能です。
　危機状態に陥った時、私達はしばしば二つの相反する感情をもちます。恋人から去ることを選んだ人は、再び勝ち得た自由を喜ぶ気持ちと同時に、恋人同士の関係にあった時に存在した安心感や親密なつながりを失うことに悲しみを感じます。
　嫉妬を感じる人間は、愛する相手が自分を失望させた、あるいはさせたと思うことが理由となって、その恋人に対する燃えるような愛情と同時に、どうすることもできないような憎しみを感じます。

憤り、反感 —— 憤りは**不寛容**（偏狭）、つまり自分には同感できない、他人の生活形態や視点および行動に対する非難と密接な関係があります。人生の様々な側面のなかでも、特に性生活や恋愛の領域は、他人から一番敵意に満ちた非難を受けたり、反感を買いやすく、その犠牲となる部分と言えます。

いく —— オーガズムを得ることです。

移行期 —— この言葉は、子どもが肉体的および精神的に大人へと成長していく思春期と、**月経**が停止してこれ以上**妊娠**ができなくなる女性の**更年期**に対する呼び方として使われます。また、50歳代の男

性にも一種の移行期があるのではないかと議論されています。

思春期と更年期のどちらも、人生全般において比較的短期間に、肉体、生活基盤全体、そして日常に大きな変化が起こる時期です。この時期は、ある人生の段階の終わりと新しい段階の始まりを形成する一種のスランプ状態（停滞期、転換期）です。スランプは、本人がその状況下にいる時は辛いものであり、問題も起こしますが、切り抜けていくべきものであり、以後の人生における新しい道を切り開く可能性となるものでもあります。

医師――「医師」という肩書きは、信頼できるものでなければなりません。とい

ホームドクター

デンマークではホームドクターのシステムがあり、市民は誰でも利用できる。住民登録後、在住する自治体から近隣で開業するホームドクターのリスト（例えば、コペンハーゲン市では自宅からの距離が5km以内の医師のリスト。この距離は自治体によって異なる）が送られてくるので、そのなかから自分のホームドクターを選ぶ。夫婦別々のホームドクターにすることも可能だが、15歳未満の子どもは、両親のどちらかのホームドクターに属する。もし、トラブルがあったり、その医師とうまくいかなかったりした場合には、自治体に届出を出せば別の医師に変更することもできる。

ホームドクターの開業時間は通常8時から16時までで、診療は予約制である（急患の場合は別）。大多数の医師は、16時以降の診療についても週に決まった時間や日にちを設けている。必要と認められる患者には、月～金曜日の日中にホームドクターが往診を行う。

デンマークの国民健康保険は、「グループ1」と「グループ2」の2種類に分かれている。「グループ1」に属する者は、上記のように特定のホームドクターを選んで自治体に届出を出さなければならない。精密検査や特別な治療などが必要となった場合は、各自のホームドクターから専門医、物理療法士、足療法士および心理療法士を紹介してもらい、予約を取って診察を受ける。ただし、耳鼻咽喉科、眼科、歯科およびカイロプラクティックなどは自分で選ぶことができる。専門医によっては検査などを受けるまでに時間のかかることがある。病院、ホームドクター、専門医はすべて無料となるが、歯科医、理学療法士、脊椎理学療法士、足療法士、薬局などでは一部患者の負担となる。

「グループ2」に属する者は、在住する自治体に関係なくホームドクターも専門医も自由に選ぶことができる。ただし、物理療法士、足療法士および心理療法士は医師からの紹介が必要である。診察費用などに関しては、一部国民健康保険からの援助を受けられるが、それ以外は自費で支払わなければならない。

うことは、医科学を習得し、医師としての最終試験に合格した人々だけが自らを「医師」と呼べるということです。これは、医師が診断（病状を決定すること）や病気の治療について深く学んでいるという証明です。だからといって、医師は大学ですべてを学ぶわけではありません。また、医師全員が性愛生活にかかわる問題を治療したり、それらの問題について話し上手だったり、あるいはそうしたことができるような教育を受けてきたということではないのです。医師は、時に普通の人と同じように遠慮がちであったり、**偏見**に満ちていたりもします。

けれども、あなたが病気や性愛のことについて問題を抱えているのであれば、すぐにでもあなたのホームドクターのもとに行きましょう。そうすれば、その医師に手助けしてもらえるかどうか、あるいは手助けをしてくれる別の人を紹介してもらえるかどうかが分かります。

医師には**守秘義務**があります。これは、あなたが話すことはすべて（仮に、あなた自身がいかに恥ずかしく思ったとしても）、あなたとその医師の間だけのものであるということを意味します。かなり風変わりな問題だと思えることでも、その医師は、これまでに何度も同じような問題に直面してきている可能性があります。医師の守秘義務は、あなたの年齢には関係なく、またあなたの両親に対しても守られます。

「**自然療法医**」と呼ばれる人々は、医師とは何の関係もありません。彼もしくは彼女が何らかの教育を受けたかどうかは別として、誰でも自分を「自然療法医」と呼ぶことができます。

イタズラ電話魔 —— 「ハーハー」とあえぐ音などを聞かせる卑猥な電話をかける人。匿名で女性に電話をかけ、性的な要求や描写、特にあえぎ声を聞かせる（こういう人は、電話をかけると同時にオナニーをしている可能性がある）ことに快感を覚える人（男性）。

あえぎ声などを聞かせる行為は、一種の電話テロです。大多数の女性は、こうした人からの電話によって不快な気分になったり怖いと思ったりします。

ひょっとしたら、男性の多くは、もしかしたら一度は女性からこのような電話がかかってくることを夢想しているかもしれませんが、それはまた別の次元の話です。**テレフォンセックス**の項を参照。

一発やる —— 性交をすることです。

遺伝子 —— **染色体**の項を参照して下さい。

イニシアチブ —— イニシアチブをとるということは、多くの場合、自らがしたいと思うことに対して自分から最初の一歩を踏み出すことです。ところが、恋愛関係に関しては、イニシアチブをとって積極的になるべきなのは男性の方だという固定観念が存在しています。**性的役割**の項を参照。

実際は止めたいと思っているにもかかわらず、イニシアチブをとるという役割を仕方なく演じ続けなければならないとしたら、それは男性にとっても、また女性にとっても不幸なことです。

もしかしたら男性の方は、ただ単に考えを読み取ることができないために女性がしてほしいと思うようなイニシアチブを一度もとらないのかもしれません。そ

して、もしかしたら時々は逆の立場、つまり女性にイニシアチブをとってもらう方がいいと思っているかもしれませんし、女性の方がイニシアチブをとりたいと思っているのに、それを抑制しているのかもしれません。

イニシアチブを示すということは、パートナーに身を投げ出したり、すべての**抑制**を捨て去ったり、自分自身の欲求を満足させるために際限なく努力するということではありません。性愛におけるイニシアチブは、ダンスを申し込むようなものです。そして、申し込まれた方は踊りたくなければ断ってもよいのです。

遺尿症（いにょうしょう） ── 何らかの理由で、尿が膀胱に残ってしまう現象のことです。

陰核（クリトリス） ── 小さなつぼみのような形をした器官で、女性の**陰唇**が集まっている部分にあり、皮膚のひだに覆われています。陰核は非常に感じやすく、性戯や自分で愛撫（自慰）する時の快感に大きな意味をもちます。Gスポットの項、「第3章　愛－性愛－セックス」と174ページの図も見て下さい。

陰唇 ── 女子の外性器の一部。大（外）陰唇は、柔らかな皮膚の厚みとして左右に位置します。そのなかには小（内）陰唇が一対の皮膚のひだを成し、前の方で一つになって**陰核**を覆っています。「第2章　子どもから大人へ」を見て下さい。

陰唇の大きさと形は様々で、大陰唇が小陰唇を覆っていたり、なかにある小陰唇が外側の大陰唇の間から突き出していたりします。形と大きさは、性愛を行うにおいて何の支障もありません。

陰茎海綿体 ── 男子（男性）の陰茎の勃起は、流れ込む血液の増加と、陰茎にある三つの海綿体における血液の充満によって起こります。その時、一種の弁のようなものが閉じるために血液が海綿体から流出できなくなります。これらの弁が開くと、血液が流れ出るために勃起が萎えて陰茎は弛緩します。真ん中にある海綿体は尿道を取り巻き、ペニスの頭（亀頭）に達しています。亀頭は、その両側に海綿体をもっています。141ページの図を参照して下さい。

インセスト ── 近親相姦の項と「第9章　愛を踏みにじること」を見て下さい。

陰嚢（いんのう） ── 皮膚の袋状になったもので、ここに男子（成人男性）の**精巣**があります。141ページの図を参照して下さい。陰嚢のなかには筋線維があり、伸びたり縮んだりするために精巣が持ち上がったり垂れ下がったりします。これは、精巣機能が体温よりも低い一定の温度に左右されるからです。身体にピッタリくっつくようなズボンは精巣の温度調節機能を妨げることになりますから、十分余裕のあるズボンをはくように心がけて下さい！

インポテンス（性機能障害） ── インポテンスとは「不能」を意味し、主に「ペニスの勃起が得られないために**性交**が行えない状態」という定義で使われています。また、かけられた期待に応えるのを拒絶してペニスが勃起しなかった時、男子／男性は情けない気持ちを味わいます。「不能」という言葉は、その気持ちに対するかなり辛辣な表現です。

幸い、インポテンスの多くの場合は一

時的なものです。ですから、インポテンスは、ある行動の要求に対する健康で自然な反応の表現とも言えます。大多数の少年や若い男性が、時には**性戯**や性交の間に勃起ができなかったり、勃起したペニスが萎えたりする状態に陥ります。これは、その時のやり方に確信がなかったり、緊張したり、また他人と比べて自分の方が優れているのだろうかという不安（**行動不安** performance anxiety）が入り混じった状態を意味します。頭のなかにこのような考えがあると、親密な状態で愛撫を楽しんだり、2人で感じ合えるはずのすべての感覚に集中できなくなります。

愛撫や愛し合う時の感覚を楽しむのではなく、これから試験を受けようとして机の前に座っている学生や、スタートの合図を待っている自転車競技者のようにあれこれ思い悩んでしまったら、勃起したペニスが萎えてしまうのも当然です。性愛で求められるのは、スポーツでの新記録や勉強での好成績ではなく、楽しむことなのです。

勃起力が衰えると不安が増し、それに従ってさらに勃起能力が落ちるという悪循環に陥ってしまいます。そして、性愛の雰囲気を意のままに醸し出すことができなくなり、本当に不能となってしまいます。もし、一度でもこういう状態になると、次回の時も勃起しないのではないかという恐怖感が芽生え、その時点から不能という気持ちが沸き起こってきます。それも、最も都合の悪い時に何度も勃起していたにもかかわらずです。この覆い被さってくる失敗に対する不安が、欲求

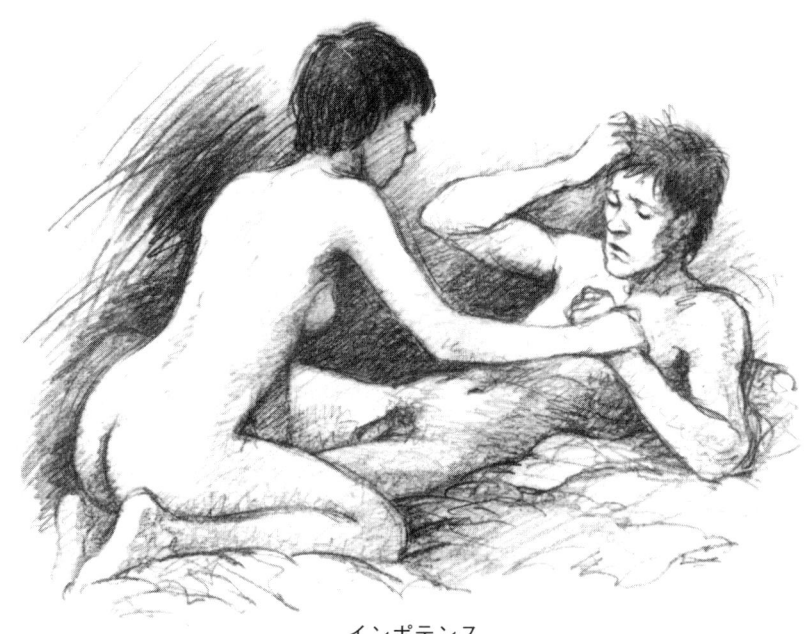

インポテンス

とエネルギーをペニスから吸い取ってしまうのです。

こういう状態は機能ではなくメンタルなことが理由ですから、一般的でごく自然な反応です。よって、治療も簡単です。まず、原因を取り除きます。つまり、性愛は何かを達成したり競争したりするものではないということを理解することです。仮に、男子のペニスが勃起しなくても愛し合うことは十分にできます。愛撫したり、お互いに優しくしたりする方法はいくらでもあるのです。それらを駆使して下さい。ペニスが神経質に反応するのは性交ですから、性交なしに性戯を行うようにして下さい。そうすれば恐れるものは何もありませんし、うなだれて小さくなる必要もないのです。愛撫トレーニングの項と「第4章 大小の問題」を見て下さい。

性生活のなかでみなさんが様々な問題にぶつかった時、あまり真剣に考えないようにして下さい。恋愛は、お葬式などではありません。快適であるべきものなのです。みなさんが一緒に笑い合ったり、その状況に対してどんな気持ちでいるかを話し合ったりすることができれば、すでにトロルを箱から出した*ことになり、その問題は半ば解決されたことになるのです。

ペニスは他の状況（オナニーの時、性的な想像をする時、眠っている時など）においては十分力強く勃起するのですから、うまく勃起ができない時があっても真のインポテンスではありません。本当にインポテンスの場合は、勃起能力を完全に失ってしまっていて、他の状況においても勃起しません。つまり、本人の想像力やパートナーの愛撫の助けを借りても勃起しないのです。

真のインポテンスは、若者にはほとんど起こりません。これは、性器への血液の流れが妨げられる循環系内の硬化症に罹っている中年や高齢の男性に起こる状態です。また、病気治療に使われる特定の薬剤が男性の勃起にマイナスの影響を及ぼすのと同じく、ある種の病気もまたインポテンスを引き起こすことがあります。

真のインポテンスは、医師と話し合わなければならない問題です。通常、専門医を紹介されます。そして、インポテンスの様々な形態に対してよい治療方法があります。

行動不安が原因となっている勃起障害が若い男性にとってごく普通で自然なことであるのと同じように、高齢の男性の勃起がゆっくりで、若かった時ほどには力強くないことも自然なことです。これはインポテンスの兆候ということではなく、身体全体が若かった時よりも少し落ち着いて反応するようになったため、激しさや自発性が少々弱くなっていることの表れです。性愛活動を怠らず大切にしていれば100歳まで積極的になることができ、喜びを得ることができます。

インポテンスの反対は**持続勃起症（陰茎強直症）**で、勃起が治まらないという辛い状態です。

＊：トロルは北欧伝説に出てくる巨人、またはいたずら好きな小人。洞穴のなかなどに隠れている。「トロルを箱から出す」というデンマーク語の表現は、何らかの問題の正体を明らかにするという意味。

淫乱な── 好色な、欲情した、性的に興奮したという意味です。

ヴァギナ ── 膣の項を参照して下さい。

ヴァギニスムス ── 膣痙攣(ちつけいれん)の項と202ページを見て下さい。

ヴァギトリウム（膣座薬） ── 膣内に挿入する座薬のことです。

ヴァンパイアイズム ── 吸血鬼の存在を信じるということです。吸血鬼とは、夜になると墓から起き上がってくる妖怪で、生きている人間の血を吸います。ヴァンパイアイズムは、吸血鬼が存在しているという信仰で、血が関連する儀式のカルト的な崇拝です。

ヴァンパイアイズムはまた、血が出るまでお互いをひっかいたり噛んだり、時には血を吸ったりすることで得られる性的な快感を表す言葉でもあります。吸った跡の痣は、さほど激しくない形のヴァンパイアイズムによってできたものです。

ヴィーナス ── ローマの愛と美の女神のことです。

ウイルス ── ウイルスは、バクテリアのように生体ではありません。ウイルスは分子から成り立ち、その分子は新しいウイルス形成に関する情報をもっていて、その情報を生きている細胞に与えます。ウイルスが生きた細胞内に入り込むと、その細胞に対して、新たにウイルスを形成して細胞分裂をするようにとの指令を出します。そうすると、そこで新しく生み出されたウイルスの単体が、さらにまた別の細胞を探して入り込み、同じことを繰り返してウイルスは増殖していきます。

多くの病気は、ウイルスによって引き起こされます。例えば、風邪、インフルエンザ、そして一般的な子どもの病気などです。しかし、ある特定のウイルスは、深刻で生命を脅かす原因ともなっています。例えば、エイズです。第7章の259ページを見て下さい。

嘘 ──「嘘」は「真実」の反対であり、「嘘をつく」ことは「真実を語る」ことと対置しています。この「嘘」－「真実」という対比は一見単純なものののように思われますが、現実はそれほど簡単なものではなく、様々な種類や性質のものがあって複雑になっています。

真実は、いつ、どのような方法で語られるかによっていくつもの顔をもっています。つまり、真実は無情であり、邪悪な時もあるので、他人を傷つけたり罰したりするためにも利用できるのです。

逆に、ささいな嘘が、あからさまな真実よりもずっと人間的であったり慈悲深かったりすることがあります。嘘はまた、重大な影響を与えるほどではないくらいわずかに歪められた真実であったりします。あるいはまた、嘘は沈黙であったりすることもあります。ですから、語るべき真実をもちながら沈黙するということは、嘘をつくのと同じなのです。

私達が嘘をつくのは、他人に対してだけではありません。私達は、自分自身に対しても嘘をつくのです。2人の関係がうまくいっていない時、恋の炎が消えてしまっている時、そして愛がだらけたような状態になっている時など、私達は本心ではそう思っていないにもかかわらず、「きっとうまくいくだろう」、「何とかなるだろう」と想像してしまいます。私達

は、自分が現在置かれている状況には安心していられますが、未知の状況には不安を抱いてしまうものです。ですから、未知の状況に置かれることを恐れて自分自身を偽り、現在の悲惨な状況には目をつぶって耐えてしまうのです。

完全な正直さというものは幻影にすぎません。私達は、すぐに受け入れることのできない真実や対処するだけの力をもたない真実を和らげて一時的に隠すために、自分自身だけでなく、他人に対してもベールや嘘を必要とします。

常に真実を話して隠し事はしないと主張する人こそ、嘘の塊と言えます。

エイズ ── AIDS：Acquired Immune Deficiency Syndrome（後天性免疫不全症候群）の略です。ある決まった形の性的関係や、直接的な輸血あるいは母子感染によってかかるウイルス感染症です。「第7章　STD－性感染症」を参照して下さい。

エイズ検査 ── 血液検査の項を参照して下さい。

HIV 検査 ── HIV（エイズウイルス）に感染しているかどうかを明らかにする**血液検査**のことです。

体内に HIV をもっていると、免疫組織がこのウイルスに対する抗体をつくり出し、その抗体が血液中に見られます。この場合に、血液検査は陽性（**HIV 陽性**）となります。抗体が見られなければ血液検査は陰性です。

HIV に感染してから抗体を形成するまで、長い時間（3～4か月、稀に1年近く）がかかることがあります。ですから、危険のありそうな性愛体験のすぐ後に出た陰性の血液検査の結果は感染していないことを示すものではありません。3～4か月後に再検査の必要があるのです。「第7章　STD－性感染症」を見て下さい。

HIV（ヒト免疫不全ウイルス） ── エイズの原因となるウイルスです。「第7章　STD－性感染症」性感染症を見て下さい。

HIV 陽性の人 ── エイズウイルスに感染した人。**血液検査（HIV 検査）**で確認できます。デンマークにどれほど HIV 陽性の人がいるかは分かりませんが、1991年の時点では5,000人から2万人存在し、その数は日毎に増加していることが分かっています。今のところ、大多数の HIV 陽性の人が**リスク集団**（エイズ発病の危険集団）に属しています。決まったペア関係をもたないで性生活を営んでいるすべての人が、この集団に入ってくるのも時間の問題でしょう。

HIV 陽性の人は、エイズが発病するまでの長い間、おそらく何年にもわたって完全に健康でいられる可能性がありますし、発病するかどうかも確実ではありません。しかし、その人が健康であっても、他の人に感染させる可能性がありますから、陽性と分かった後の人生においては**安全なセックスのみ**を行うようにしなければなりません。「第7章　STD－性感染症」と「第5章　避妊－あなたの愛を守って下さい」を見て下さい。

会陰(えいん) ── 性器と肛門の間の領域のことです。会陰は、愛撫に対して非常に敏感なところです。

会陰切開 ── 分娩の際、胎児が押し出されるまで**会陰**が強く引っ張られます。その時、会陰に裂傷ができやすくなります。そのため、医師または助産婦が妊婦の膣出口を広げ、深い裂傷を防ぐために局所麻酔をかけて切開を行います。この切開のことを「会陰切開」と言います。会陰は、出産後まだ麻酔が効いている間に縫合されます。「第1章　愛から子どもへ」を見て下さい。

エクスタシー ── 満足感や歓喜で酔い痺れた状態になるあまり、自分の精神状態以外の何物も認識できず、さらに地球が爆発しようが、株が急落しようがまったくどうでもよくなってしまう時の状況をエクスタシーと言います。性戯の真っ最中、あなたはその状態にいます。

エスコートガール ── コールガールの項を参照して下さい。

エストロゲン ── 女性の性ホルモンで、主に**卵巣**のなかで生成されます。エストロゲンは、少量ですが身体の他の腺でも生成されます（副腎皮質や男性の**精巣**）。また、妊娠中は**胎盤**のなかで生成されます。

　エストロゲンは、**膣**や**子宮**の粘膜、膣内の**潤滑液**、**月経**、少女から女性への発育に作用します。また、カルシウムの含有量や骨の強度にも影響を及ぼします。

　閉経期後は、卵巣のエストロゲン生成が停止します。このことは、更年期の女性に何らかの不快さを与えることがあります（例えば、ほてり、**セックス**の際に膣内の湿り気が減少するなど）。こうした場合には、**錠剤**や**注射**あるいは**座薬**などによって短期間または長期間にわたってエストロゲンを投与すると効果があります（ホルモン療法）。

X染色体 ── **性染色体**の項を参照して下さい。

エディプス ── エディプスは、ギリシア神話に出てくる人物です。彼は知らずに、自らの母親と結婚して子どもをもうけてしまいました。また彼は、それとは知らずに自分の父親を殺してしまったのです。

エディプス・コンプレックス ── これは男性がもっている無意識の願望です。それは、感情的に母親と結びつきたい（母親への執着）、そして父親を抑圧したいという欲望です。女性の方から言えば、父親と結びつき（父親への執着）、母親を父親との感情面での結合から排除したいという無意識の願望です。

FSH（卵胞刺激ホルモン） ── 脳下垂体のなかでつくられるホルモンで、女性の場合は**卵子**を、男性の場合は**精子細胞**の成熟を促します。

エロス ── ギリシアの愛の神です。「エロティシズム」という言葉は、このエロスを起源としています。

エロティシズム ── 感覚的な愛のことです。前戯や触れ合うこと、愛撫することなど、愛し合っている2人が性愛の一幕の間に行ったり、感じたり、考えたりすることのすべてを含みます。「セックス」という言葉は、より狭い意味、つまり肉体的な興奮や欲求を満たすことなどしか

含んでいません。エロティシズムは、**性愛**と同義と言えます。

お医者さんごっこ ── 子どもというものは、日常生活のなかの様々なことを探求してみたいという、自然で健全な好奇心や欲求をもっています。当然、その好奇心や知りたいという欲求は、**性器**やその外見、そしてそれらがどのように機能するのかということにまで及びます。遊ぶということは、子どもが何かを学んだり実験したりすることでもあります。お医者さんごっこ、ままごと、恋人ごっこをすることによって子ども達は自分自身やほかの人について学び、これから送っていくことになる人生のリハーサルを行うのです。

大人は、お医者さんごっこなどの性的な遊びを**行儀悪い**ものと見なしがちです。しかし、それがゆえに、性生活というものが秘密めいた汚いもので、性的な欲情をもつということは間違ったことだという印象を与えてしまいます。それは、子ども達にとっては非常に悲しいことです。なぜなら、自然な感情なのに、そうした感情をもつ自分を恥ずかしい人間だと思ってしまうことにもなりかねないからです。

殴打（ぴしゃりと打つこと） ── 鞭打ち、殴打は、サドマゾヒスティックな性愛における性行為の一部であることがあります。282ページを見て下さい。

黄体形成ホルモン（LH） ── 主要な性ホルモンで、**脳下垂体**でつくられます。黄体形成ホルモンは女性の**排卵**を促進します。男性では、**睾丸（精巣）**での男性ホルモンの形成を刺激する働きがあります（男性の場合：ICSH＝間質細胞刺激ホルモン）。

オーガズム ── オーガズムとは、性的満足感の頂点（ピーク）という意味で、蓄積された性的な緊張が**性愛**や**オナニー**で解き放たれる時に訪れる、強烈な感覚を表す語です。

成人男性および少年では、オーガズムは精液が断続的に尿道からほとばしる時、つまり射精によってもたらされます。成人女性および少女では、**膣**の入り口付近にある**骨盤底**の筋肉が締め付けられる時にオーガズムがもたらされます。オーガズムの時、尿かと思えるような透明な液体を分泌する女性もいます。

オーガズムは、肉体的にも精神的にも歓喜に満ちた感覚のものです。どのように感じるかは個人によって差があり、またその都度違い、性愛のパートナーに対してどんな感情を抱いているかによっても大きく左右されます。

一般的に男性は、女性と比べてかなり容易にオーガズムに達することができます。若い時なら、性的な想像をしたり、魅力的な女性を目にした時、また夏の夜に身体を寄せ合うダンスやなまめかしい雰囲気などがあれば、それでもう十分に射精が起こります。

とはいえ、男女ともにオーガズムの体験には大きな違いがあります。男性の場合で言えば、偶然そこにいる女性とではなく、本当に好きだと思って信頼している女性と一緒にいる時にだけ幸福感や安心感による強い気持ちが得られます。

一般的に女性は、オーガズムにおいて肉体的な感覚や感情を解放することが難

しい傾向にあります。大多数の女性にとっては、性戯の果てに本質的なオーガズムに達して頂点を極めるまでには時間がかかります。時には、何年もかかるかもしれません。けれども、そんな女性達でも、2人で一緒にいたり親密にしたり、愛撫したりすること自体は恋愛にとって根本的なものだと考え、性愛はすばらしいと感じたりするのです。

性愛の際や性交後に緊張感が解放されなかった場合、徐々に不満足感を残してしまうことになります。ほかの人の歓喜に満ちたオーガズムについて知ってしまうと、何か自分に問題があるのではないかと考えて不安になり、その結果、性愛の際に何とかオーガズムに到達しようと無理な努力をすることになります。これを「オーガズムハンティング」と呼んでいます。しかし、オーガズムとは追い求めれば求めるほど遠のいてしまうものなのです。オーガズムは自然に訪れるものであって、あなたがこれから捕まえに行くことのできるものではないのです。

多くの若い女性にとって、自分を解き放つ、つまり身を任せることができるようになって、親密な関係や肉体が求めるものを享受することができるようになるまでには、感情面での密接なつながりや信頼、安心感が必要で、また誰にも妨げられずに一緒にいられる環境が必要です。女性の心の奥にある抑制の気持ちを捨て去り、熱い想いのままに身を任すことによってオーガズムの世界に入れるのです。

一般的に、男性に比べて女性の方がオーガズムを得るのに時間がかかるということは、性愛生活上、何らかの問題を起こすことがあります。「第4章 大小の問題」を見て下さい。とはいえ逆に、男性の方が射精に至るのが難しく、女性の方が容易にまた早くオーガズムを得られたり、続けて何回もオーガズムを得られる人もいます。

オーガズムを得るか得ないか、またその速さや回数はさほど重要なことではありません。重要なことは、みなさんがどのように性愛を体験するかということです。性愛が与えてくれるものによって精神的にも肉体的にも充足感を味わっているなら、ほかの人がどのような体験をしているかと考えることは意味のないことです。オーガズム自体は性愛の目的ではなく、私たちが愛し合う時に得られる心地良い体験の一部でしかありません。

時折、特定の場所を刺激することによって女性のオーガズムは得られるのかどうかということが議論されます。陰核を

オーガズム

特に集中的に愛撫することによってオーガズムが得られる（クリトリスオーガズム）と言う人もいれば、膣内の一か所（Gスポット）を押すことによって得られるのだと主張する人もいます（膣オーガズム）。しかし、このような技術的な議論においては、女性は魂（心）をもつ人間であって、ボタンを押せば敏感に反応するような肉体だけをもっているものではないということが忘れられています。

割礼を受けたためにクリトリスがなかったり、膣への挿入ができなかったりする女性でさえ、適切なパートナーとそれにあった状況さえあればオーガズムを得ることができるのです。オーガズムを得るということは、ただ肉体だけの解放ではなく、魂や心が解き放たれることなのです。「第3章 愛－性愛－セックス」と「第4章 大小の問題」もあわせて見て下さい。

オーガズムの段階 —— 性交の段階の項を参照して下さい。

オーガズムハンティング（オーガズムレース） —— オーガズムの項を参照して下さい。

おかま —— ホモセクシュアルの男性のことです。この言葉はもともと侮蔑的なものとして使われていましたが、ホモセクシュアルの人達は自らを「おかま＝ゲイ」と表現することで、この悪口がもたらす苦痛を和らげようとしてきました。*

　＊：もちろん、これは著者の見解である。

雄牛 —— これは、1人の娼婦の客、または彼女のポン引きの名称であることもありますが、女好きの男性（サティリアシス）の意味もあります。

おっぱい —— 乳房の項を参照して下さい。

男好き —— 男好きの女性で、相手を選ばない人のことです。

男の子の乳房 —— 女性化乳房の項を参照して下さい。

男らしい —— 性的な領域だけでなく、そのほかの領域においても男性的で冒険心に富み、精力的であることです。

音をたてる女性陰部 —— 性交の時、膣に空気が吸い込まれると、おならのような音が出ます。これを恥ずかしがることはありません。ただ、性愛における愉快な現象だと考えればよいのです。

オナニー（マスタベーション） —— 自慰のことです。オナニーは、通常オーガズムに達することを目的として自分の性器を自ら愛撫することです。相互でオナニーをするというのは、恋人同士がお互いの性器を愛撫し合うことで、オナニーを共有するというのは、複数の人間が集まってグループをつくり、それぞれ同時にお互いのグループのなかでオナニーを行うことです。後者は、思春期にある少年達の間では普通ですが、それは彼らがホモセクシュアルであるということではなく、ただ単に自分や他人を探究したいという興味心や欲求の表れなのです。

オナニーという言葉は、モーゼの書第1巻（創世記）で語られている「オナン」という名前に由来しています。オナンの

兄が亡くなった時、**妊娠**させる目的から、神はオナンに兄の未亡人と結婚するように命じました。オナンは兄嫁を訪問した際、自分の**精液**を地に洩らして神を欺いたため、神はオナンを罰して死に至らしめたのです。

聖書にあるこの話は、オナニーに対する**タブー**と非難を生み出すことを助長する結果となってしまいました。そして、多くの人達が、自分自身の肉体や性的な**ファンタジー**を探求するオナニーという健康で自然な生命の発露に嫌悪を示すようになったのです。この話によれば、オナンは自慰ではなく**中断性交**をしたことが罪となったわけですが、どういうわけか彼の名前がオナニーの由来となってしまったのです。

すでに幼児期の初期、子どもは自分の性器に関心をもつようになり、多くの子どもが自分の性器に触れることで得られる感覚を試そうとします。ある時期に子どもが、自分の性器をこすったり、枕や揺れる木馬に押し付けるのは非常に一般的な行為です。そして、幼児であっても、このようにすることで一種の**オーガズム**が得られるのです。

子どもがオナニーをしている現場を見た大人は、時にヒステリックに反応したり、非難したりします。これは、オナニーが自然な行為であることを知らずにいるのが原因ですが、自分自身のセクシュアリティに対して嫌悪を感じ、拒絶してしまうような態度にも原因があります。しかし、よく考えてみて下さい。子どもが快適だと感じることを非難する大人が、そのことによって性的な感覚が不純で間違ったものだという印象を子どもに与えてしまう場合もあるのです。

通常、思春期にはホルモンの作用によって身体が沸き立つようにも感じられるものです。デンマークでは、男の子の90％以上が定期的にオナニーをし、女の子も50％以上が行っています。オナニーは、若者にとって自分のセクシュアリティ、ファンタジー、感覚や感情、身体の機能を探究する上において役立つ有益な方法なのです。

男の子がオナニーをする時は、通常、手や親指または人差し指で**オーガズム**が訪れて**射精**が起こるまで**陰茎**の周辺を前後にこすります。女の子がオナニーをする時は、**陰唇**、**陰核**、**膣**の入り口、**会陰**付近を触わります。膣に指や物を挿入する人もいれば、太腿をリズミカルに締め付けたり、ふとんや枕、その他のものに腹部をこすりつけたりする人もいます。

道具を使ったり使わなかったりと、自分を愛撫する方法はたくさんあります。よく利用されるのはハンドシャワーです。専門のショップへ行けば、他のもっと進んだ**補助具**が見つかります。

オナニーは、蓄積された性的な緊張のはけ口を身体に与えるだけではありません。私達は、オナニーによって得られる身体の感覚、またオナニーをすることで生き生きと現れ、普段は表に出ない憧れや感情について教えてくれる空想などを通して、自らの性的な反応や欲望について知ることができるのです。

空想のなかでは、私達は望む人とどんな方法を用いても愛し合うことができます。通常、私達の行動は規律や法律といった制約の下にありますが、空想においては自分だけの世界が展開されるのです。「第2章 子どもから大人へ」も見て下さい。

オーラルセックス──口でのセックスの項を参照して下さい。

おりもの──女子の**膣**から流れ出る粘液や液体のことです。正常な状態では、ごく少量で白味がかった無色のおりものが出ます。この成分は、膣の粘膜からの湿り気や**子宮頚管部**から出る粘液です。おりものの量は人によって違いますし、同じ女性の場合でもその**月経周期**上の時期によって異なります。

通常はショーツのなかに生理用ナプキンを入れるほどではありませんが、おりものの量がかなり多く、場合によってはそうした方が快適だと思う人もいます。

以下のことは、おりものの量を増加させる原因となります。

（コンドームを使わない）**性交**の後は男子の精液が流れ出し、一時的におりものの量が増加します。また、**ピル**を使用している女子や**避妊リング**をつけている女性は、その量が多くなることがよくあります。膣や**性器**の炎症（例えば、頻繁に洗浄したり、石鹸で洗浄して完全にすすがなかったりした後など）によっておりものが出ることもありますし、性的な快感を得た後、おりものが一時的に流れ出てショーツを濡らすこともあります。こうしたおりものはすべて正常なもので、不安になったり病気を恐れたりする必要はありません。

あなたが注意を払わなければならないおりものは、以下のような場合です。
・説明のつくような理由がなく、おりものが増加した時。
・おりものの外見または色が変化した時。
・腐った魚のようなきつい臭いのするおりものが出た時。
・鼠径部に炎症が起きたり、さすように感じたり、痛みがあったり、かゆみを感じたりする時。

こうした場合には、医師の所へ行って診察を受けなければなりません。膣あるいは内性器に炎症が起きているかもしれないからです。

量が多く、つんと鼻にくるような臭気のあるおりものは、取り忘れて膣の奥に入り込んでしまったタンポン（**月経**の項参照）が原因となっている場合が少なくありません。こうした場合には、タンポンを取り除けばおりものは止まります。

おりものが増加するほとんどの原因は、簡単にすぐ治るような状況によるものですが、医師がその原因を確定して治療することが必要です。病気のなかには、初期には無害でも、治療せずに放置しておくと不快な後遺症を招くことになってしまうものがあるからです。

尿管にある粘膜も炎症の温床になり得ますし、例えば男女両方において、**淋病**や**クラミジア**などの病気にかかっている時にもおりものは増加します。また、尿道炎の時は尿道口からおりものが出てきます。通常、強烈にズキズキとした痛みのある排尿になります。このように排尿時に痛みがある時は、医師に診てもらう必要があります。

男子や男性には、普通、尿道口からのおりものはありません。勃起した時や性的に興奮した時に、少量の透明なしずくが尿道から出てくることがあります。これは、尿道にある腺から分泌される一種の潤滑液で、まったく正常なことです。炎症が原因となるおりものはドロッとして濁っており、黄色または黄緑がかった

色をしています。第7章の265ページを見て下さい。

【カ】

外陰部 ── 股や性器の周辺の領域。

疥癬（かいせん） ── かゆみを伴う皮膚病で、疥癬虫が原因となるものです。疥癬虫は皮膚の下に存在し、皮膚の角質層の内部に「疥癬トンネル」と呼ばれるトンネルを掘って寄生します。密接な身体的接触によって感染しますが、特に危険なものではなく、簡単に治ります。「第7章 STD－性感染症」を見て下さい。

解放されている、リベラルな ── 性的な偏見や道徳的な制限から解放され、それにとらわれない寛大な心の状態を言います。私達は、自らの意志で道徳的な境界線を移動させたり、心のなかから何らかの偏見を追い出すことができます。ただ、すべてを受け入れたり、何にでも耐えられるような完璧な寛容の精神をもてるかとなると、それは実際には難しいでしょうし、また必ずしも望ましいことではないでしょう。

考えても見て下さい、性的な暴行や虐待をとがめ立てせずに黙って見逃すべきでしょうか？ 差別に耐えるべきでしょうか？ 不寛容や偏狭な態度に耐えるべきでしょうか？ 自らを自由で因習などにとらわれない寛容の精神をもつ人間だと思っている人は、通常、自身がもっている偏見には気づいていないものです。

隠れゲイ ── 自分が同性愛的であることを周囲に隠そうとする**ホモセクシュアル**の男性のことです。なぜそうするかというと、恐らく周囲の人や自分自身の**偏見**と闘う勇気がないからです。

自分のホモセクシュアリティを開けっぴろげに表示する男性を「公表したゲイ」と呼びます（彼は、深い水に飛び込んでしまった人、開花した花です*）。

* ： springe ud（デ語）（come out）は、①何かに飛び込む、②開花するという意味をもつ。公表することを「カミングアウト」とも言う。

隠れレズ ── 自分の同性愛的傾向を隠そうとしているレズビアンの女性のことです。─隠れゲイの項を参照して下さい。

カサノヴァ ── 1700年代に存在したイタリア人で、数多くの女性を誘惑した男性です。自らの愛の遍歴を、12巻以上にわたって書き記しました。

核家族 ── 子ども、母親、父親から成る家族のこと*です。その他の家族構成（片親と子ども、崩壊した夫婦関係の後にできた家族、大家族など）と対置するものです。

* ：日本では、1組の夫婦、または1組の夫婦と未婚の子どもからなる家族と定義している。

カストラート（去勢者） ── 宦官（かんがん）の項を参照して下さい。

家族計画 ── いつ子どもをもつか、誰ともちたいか、また何人ぐらい欲しいかなどの計画を立てることを家族計画と言います。つまり、いつどのように家族が形

第1部 事典項目 25

成されるのがいいのかと積極的に考えることです。家族計画は、賢明な（良識ある）避妊を行うことによってのみ可能です。「第5章　避妊－あなたの愛を守って下さい」を見て下さい。

硬くなった一物（いちもつ）── 硬くなったペニス、勃起した陰茎、屹立したもの、立った少年、あるいは単刀直入に「鉄」とも言います。勃起の項を参照して下さい。

カタル ── 粘膜の炎症のことです。例えば、尿道カタル、膣カタルなどがあります。また、性感染症であることがあります。「第7章　STD－性感染症」を見て下さい。

カップル（カップル関係） ── ある1組のカップルは、それぞれの背景や成長過程、感情や人生に対する態度、夢や憧れ、そしてそれぞれが欲求をもつ2人の人間から成り立っています。そのカップル関係においては、両人共が自分の夢、憧れおよび欲求が満たされることを期待しています。これはしばしば、お互いにこうした要求を満たしてくれることを求めたり期待する理由となります。そして、相手の欲求が自分のものとは違う、恐らくまったく反対のものであることが分かった時には、失望や争いを生み出す原因ともなり得ます。

カップルの関係というものは、何もしなくてもよいというものではありません。お互いがその関係をよくするために努力をすれば自ずから好転するものです。その代わり、その努力は人生を通して変わることのないものとして継続することになります。なぜなら、私達は生涯ずっと成長し続け、欲求や考え方を変えていくからです。

充実したカップルの関係は、多くの大人達にとって様々な行動の原動力となる基盤となります。けれども、多くの人々は、仕事や趣味、その他の活動にあまりにもエネルギーと時間を使い過ぎた結果、お互いに離れていき、生じてしまった大きな隔たりに橋を架けることができなくなって、関係にひびが入ってしまうケースが多いです。

共同生活を営むにはいくつかのルールがありますが、そのなかで最も重要なのは次に挙げるものです。

❶もし、あなたがパートナー関係を維持したいのであれば、相手を束縛してはいけません。相手が自分を伸ばしていけるように自由を与えましょう。
❷正直であるということは、すべてを語るという意味ではありません。お互いに秘密をもつ権利があります。ただ、

カポジー肉腫

特発性多発性出血性肉腫。血管内皮細胞由来のまれな腫瘍（しゅえき）。皮膚に暗赤色の腫瘍が多発する。中高年の男性に好発（こうはつ）し、下肢に浮腫を伴って腫瘍を生じるのが典型的である。経過は急性のものから20年近くになるものまで様々である。皮膚以外にリンパ節、消化管、骨などにも生ずることがある。（中略）最近では、AIDS（後天性免疫不全症候群）患者に高率にカポジー肉腫の発生が報告されている（『最新医学大辞典』医歯薬出版株式会社、1987年）。

> **カレッツァ**
>
> 「インドで昔から行われている保留性交あるいは延長性交。男性は、呼吸制御、瞑想、体位、指圧により射精の保留を訓練される。カレッツァは受胎調節の手段としてばかり行われるのでなく、帰依者は完了することなく繰り返し射精に近づくことにより、性的快楽を延長し、オルガスムに匹敵するものを幾度となく経験するとも主張する。この行は東洋の様々な国ばかりでなく、ニューヨーク州北部のオナイダ共産村にも見いだされている」(『現代セクソロジー辞典』R.M.ゴールデンソン、K.N.アンダーソン/早田輝洋訳、大修館書店、1991年より)。

怒りであれ、喜びであれ、失望や不安あるいは歓喜であれ、自分の感情を素直に表現することが大切です。感情は、あなたの一番奥にある自我です。そして、もしそうした感情を偽るなら、あなたはパートナーと虚偽の生活を営むことになってしまいます。

❸パートナーに、あなたの思慕の気持ちや欲求を話して下さい。だからといって、パートナーにそれらを満たすことを求めたり期待したりしてはいけません。みなさんは、お互いの欲求を満足させるために存在するわけではないのです。「第2章 子どもから大人へ」と「第4章 大小の問題」を見て下さい。

カポジー肉腫(特発性多発性出血性肉腫) —— 稀にエイズ感染者に見られる悪性の腫瘍のことです。「第7章 STD-性感染症」を見て下さい。

ガラスの破片を排尿する —— 例えば、もし淋病やクラミジアに感染して尿道炎になったら感じる、排尿時の身を切り裂くような痛みを伴う感覚のことをデンマーク語でこのように表現します。「第7章 STD-性感染症」を見て下さい。

ガラント(galant) —— これは、礼儀正しい、丁重な、紳士的な、という意味の言葉です。この言葉は、「galan=愛人、特に既婚女性の愛人」あるいは「galla=パーティー用の華やかな衣裳」などの単語と同じ仲間です。

カレッツァ(karezza) —— 特殊な形の性交方法。この方法では、**オーガズムを避ける(保留する)**ことが快感を増長させ、肉体だけでなく精神的な快感に到達するとされています。

姦淫(かんいん) —— 姦淫をして生活するということは、金銭をとってセックスのサービスを提供するという意味です。かつて、姦淫という表現は、非夫婦関係(婚姻届のない夫婦関係)に関しても用いられました。売春の項も参照して下さい。

感覚トレーニング —— 愛撫トレーニングの項を参照して下さい。

感情 —— 感情というのは、あなたが何かを感じる時に認識する感覚的な印象のこともありますが、例えば、怒り、喜び、悲しみ、至福、憂鬱（メランコリー）、慈しみ、憎しみ、嫌悪、欲望、欲求など、あなた自身が心のなかで気づいたり感じ取ったりするものでもあります。

恐らく、自分の感情を抑えつけたり、いっさい外に表さないようにすることもできるでしょう。しかし、そうした感情を自身に偽ることはできません。感情は、あなたが実際にはどんな気持ちでいるのかを教えてくれるものです。感情をよく知り、まず受け入れて、その感情をどう処理したらよいかを決めることが最良です。感情はあなたがもっているもので、行動はあなた自身が決定するものです。

あなたが自分の身体で感じるもの、そして心で感じるものは、決して切り離すことのできないあなたの性愛と愛の一部分なのです。**刺激すること**の項も参照して下さい。

宦官（かんがん）—— 去勢された男性のことです。去勢とは、手術で精巣を除去したり、事故などで失ったりすることです。また、精巣が機能しない場合に摘出してしまうことも含みます。**去勢**の項を参照して下さい。

宦官達は、ハーレムの番人として使われました。なぜなら、ハーレムの女性に手を出そうとする欲求が精巣とともになくなっていると考えられたからです。しかし、**性欲**は性腺などだけに存在するわけではなく、魂（心）のなかに存在するものです。宦官にも性的な欲求が起こりますし、快感を伴う恋愛の一幕を演じることもできます。

感染 —— 感染物質（例えば、バクテリアやウイルス）によってある人から他の人へうつることです。

密接な身体の接触、粘膜間の直接的な接触、あるいは直接的な輸血などによって、人から人へと感染する病気もあります。これらの病気は、主に性的な接触で感染します。「第7章　STD－性感染症」を見て下さい。

乾燥膣 —— 滑らかな状態の項、そして第4章の200ページを見て下さい。

危機 —— 困難で、重大な状態における決定的なターニングポイント（転機）のことです。私達はみな、一生の間に一度は精神的な危機に陥ります。愛する人を失うかもしれませんし、恋人が去ってしまうかもしれません。あるいは、経済的な理由または事故などで人生が崩壊してしまうかもしれません。恋人を失った悲しみや離婚は、陥る可能性が最も高い危機です。

危機の状況にある間は、耐えられない、もしくは辛いと感じます。危機から抜け出す早道は何もありませんが、苦痛を和らげる方法はあります。ですから、できる限り切り抜けていこうと努力することです。

悲しみや痛みに対して正直になること、またそれを表現すること、そして繰り返し何度もそれについて語ることが大切です。危機の時には**友人**が必要です。真の友人なら、危機について真剣に話を聞いてくれて忍耐強くそばにいてくれますし、親身になって相談にも乗ってくれます。

たとえ危機が辛いものであったとしても、それが折り返し地点であったり、新

しい何か（過ぎてしまったものよりも良いものである可能性があります）への出発を意味する場合もあります。危機を切り抜けたら、強さを取り戻して、人生の新しい段階に踏み込んでいくことができます。危機は、やがて夜が明けて新しい日がやって来る前夜の暗い状況だと考えることもできるでしょう。「第4章　大小の問題」も見て下さい。

危機センター（駆け込み寺）── 多くの大都市では、様々な形で個人がイニシアチヴをとって「危機センター」を開設しています。そこでは、危機にある人々に対する緊急の援助を提供し、専門の心理学者、社会福祉士、あるいは法律家などが、危機の過ぎた後の人生を再建するための支援を行っています。危機センターは、夫や同居人の暴行にあった女性が一番多く利用しています。*

*：「第10章　アドバイスと指導」にも一部情報あり。

危険なセックス── 自らや他人を傷つけることになり得る性行為のことです。

　避妊せずに新しいパートナーとセックスをすることは、最悪の場合、命を落とすことになりかねないような病気にかかる危険性もあります。「第7章　STD－性感染症」を見て下さい。リスク集団に入っている（エイズ感染）パートナーと避妊せずに性行為をすることは愚かなことですし、また生命にとっても危険です。

　どんなにその方面の欲求や欲望が強くても、欲求を満たすことで他人を肉体的および精神的に傷つけるという理由から避けなければならない形態の性行為が存在します。その例となるのが、様々な形での他人に対する性的抑圧（**強姦、近親相姦**、性的強制行為、子ども達への性的暴行など）です。こうした方面の性的な欲求をもっている場合は、空想の世界で行うことで満足するべきでしょう。もし、それができないのなら医師の治療を受けるべきです。「第9章　愛を踏みにじること」を見て下さい。

　多くの人々が行う恋の遊戯においては、程度の軽い、あるいは激しい**サドマゾヒズム**的な行為も行われます。もし、パートナーの両方が**性戯**の内容に関して同意し、両者がそうした方法に喜びを感じるのであればお互いを傷つけることはありません。「第8章　愛の少数派」を見て下さい。

　パートナーの一方が相手に対してそうした行為を強制したり圧力をかけたりするようになり、相手がそれを誤った行為だと感じるようになった時に初めてこうした行為が危険で人を傷つけるものとなります。様々な要求や欲求が起こってくるのは仕方のないことで、そのこと自体には私達は責任がありません。しかし、他の人達のことを考えて、こうした欲求を抑制するなど自らを管理していく責任はあります。

擬似ペニス（ディルドー：dildo）── 補助具の項を参照して下さい。

騎乗位── 性交の体位の一つで、男性が仰向けになり、女性がその上にまたがって座ります。この体位を好む人はたくさんいます。女性が積極的になり、心地よいと感じる方法で思いのままにすることができるからです。

騎乗位

キス── 2人の人間が口（唇）を合わせることです。

　私達が、口をいったい何に使っているかを改めて考えると結構びっくりします。純粋に解剖学的に言うと、口は消化組織への入り口であり、そこへ生きる糧としている食物や水分を送り進める前に私達は味わい、咀嚼し、口のなかで唾液と混ぜあわせます。口はまた、私達がお互いに伝え合ったり（話したり）、感情を表現したり（歌ったり、口笛を吹いたり、叫んだり、泣いたり）する時に使う重要な器官でもあります。

　口は楽しみの器官です。食べ物の歯ざわりや味は口のなかで判断され、満足感や楽しみ、あるいは嫌悪感などを私達に感じさせるのです。

　私達は乳児期から、食べること（授乳）と愛情、安心感、楽しみとを結びつけることを学んできています。赤ん坊が母親の乳首を吸った時に感じる感触を、私達は一生もち続けます。そして、喫煙者やアメなどをしゃぶる甘いもの好きの人のように、安心感や楽しみを得るために口で吸いますが、またそれだけではなく愛のためにも吸うという行為をします。

　口は重要な性愛の器官の一つで、現に、私達は**性器**に名前をつける際、口にまつわる名称をいろいろと使っています。例えば、**陰唇**、**子宮口**などです。

　キスは一律ではなく、感情の程度を表現することができます。性的な意味合い

のない唇への軽いキス、頬へのキス、額へのキス、こんにちはのキス、さようならのキス、友情のキス——これらはすべて、お互いに良い、温かい感情をもち合っている人間であることのちょっとした愛情表現です。

　口を開けて舌をもて遊ぶ性愛のキスは、思慕、欲望、好意などの表現です。そして、お互いの口以外の場所にもキスすることができます。恋する相手の足の親指の先から髪の毛の先までにキスすることによって、私達は相手がどれほど素晴らしいかを伝え、快いすべてのものを味わうのです。

　キスを高飛びやマラソンのような競技と考える人達がいて、彼らは誰が一番キスが上手いかと競い合ったりします。しかし、キスはほかの愛撫と同様、感情の表れでありテクニックの問題ではありません。

キスマーク——恋する2人が本当に好き合うあまりにお互いをむさぼりつくしたいと思う時、よく噛んだり爪で引っ掻いたりします。また、キスマークなどもできやすくなります。それは、お互いを「感じたい」と思う無意識な願望の表れでもあります。このしるしを見て周囲の人達は、恋に落ちている人がキスマークをつけた相手に夢中であることが分かるのです。

　しかし、こうした小さないくつもの引っ掻き傷が楽しんでいるような愛撫や興奮の表現である限りはよいのですが、もし不快だと感じるようなやり方で相手が噛んだり、爪を立てたりするのであれば、そのことをはっきりと相手に伝えなければなりません。

期待——私達が、ある出来事について前もってイメージする思考や想像のことです。期待は、以前に起こった類似の出来事から得た知識や、他人の体験を聞いたこと、本で読んだり、見たり、あるいはただ想像したようなことの上に成り立っています。

　初めての**性戯**や**性交**に対する期待は、当然、自分自身の体験によるものではなく、友人達の話、本、雑誌、映画、学校で行われる性教育の授業、両親から得る情報などによって築かれていきます。男子と女子とでは親密に話す時のやり方に大きな違いがあり、男子向けおよび女子向けの本（資料）からそれぞれ情報を収集することが多いのです。感情について率直に話をすることは難しいため、初めて愛し合う2人の期待はまったく異なったものになります。新しい感情や感覚に対して感じる確信のなさ、正しく振る舞えないこと、十分でないこと、またどうしてよいか分からなくなるのではないかという不安が期待を裏切らせることにもなります。

　主人公の女性が、恋人に抱きしめられた歓喜のあまり空に舞い上がって何千もの星に砕け散るような経験をする。もし、あなたがそんな内容の小説を読み終えたばかりだったとしたら、それとはあまりにもかけ離れた自分の情けない現実の状況を発見してがっかりしてしまうでしょう。なぜなら、あなたはコチコチになってベッドに横たわり、考えていることといったら、痛くはないか、コンドームが破れたりしないか、性戯の最中に両親が帰ってきたりしないかなどということなのですから。

　恋愛とは、生涯を通じて努力を重ねて

いかなければならないものです。あなたが期待しているような、星のごとく輝く至福の時は人生で必ず何度か訪れるでしょう。けれども、だからと言って、ただその時がやって来るのを毎回期待して待っているだけではだめなのです。

奇態性交（趣向の変わった性交） —— トイレットセックスなど、性行為の特殊な形のことです。多くの売春婦は、雑誌などで奇態性交の広告を出しています。

亀頭 —— ペニスの最先端部は、ラテン語で「glans penis（陰茎亀頭）」と言います。女子の場合、**陰核**の最先端にある小さな部分を「glans clitoridis（クリトリスの頭、陰核亀頭）」と呼んでいます（陰唇が集まっている前の方で、小さな皮膚のひだの後ろに隠れています）。

気持ちがよい*（**快い、素敵である**） —— ある人、物、事柄などが魅力的である、心地よく感じられる、欲求や喜びを呼び覚ますと言う時に、私達は「気持ちがよい」という感情を抱きます。

　ある人が気持ちのよい人だと他の人から思われるということは、その人の外見とは関係ありません。それは、その人がもっている、人間的に強く他人を惹きつける力のせいです。このような魅力は、良い面も悪い面も含めて自らを受け入れて、自分の人生や身体、そして自分の仲間達に対して喜びを感じていれば誰しももてるものです。

　自分自身やその人生に喜びを感じることを、独りよがりとか自己中心的であることと一緒にしてはいけません。独りよがりや自己中心的であるということは、周囲の人々にとっては不快に映るものです。

　*：(dejlig) この言葉には、快い、美しい、おいしい、魅力的だ、快適だ、素敵だなどのニュアンスが含まれる。

客引き少年（ゲイ専門の男娼） —— ゲイを客とする男娼のことです。彼自身がゲイである必要はありません。他の売春婦（男娼）と同じように、彼はお金のためにセックスを提供するのであり、自身の快楽のためではありません。ゲイ専門の男娼は、エイズに関してそのリスク集団に属しています。第7章の262ページを見て下さい。

キューピッド —— ローマにおける愛の神です。いろいろな形で恋愛と結びつけて考えられ、恋人達の心に矢を打ち込む、小さいお茶目な少年として描かれています。多くの言語において、キューピッドは恋愛に関連する言葉として使われています。フランス語では「amour」、スペイン語では「amore」と言います。

境界線 —— 私達はみんな、正しいと思うこと、したいと思うこと、参加したいと思うことに対して自分なりの境界をもっています。その境界を越えた反対側には、「間違っている」とか「好ましくない」という思いが存在します。それぞれが内面に設定している境界線は、人生全般を通じて変わっていきます。つまり、私達の体験や経験に関連して変化していくのです。

　恋愛（性愛）生活においてもこうした境界線は存在します。それは、動かさずに守ったり、必要な時には自身で移動さ

せなければならない大切な境界線です。自分にプレッシャーをかけたり、意に沿わない要求をのんだりすれば不快な体験をすることになります。それは、愛や性愛とはまったく関係のないものです。ですから、どこにその境界線が存在するのか、またどんなことに参加したいのかについて明確な信号を送ることが必要です。恋愛においては、「ノー」と言うことは「イエス」と言うことと同じくらい重要なことなのです！

　同様に重要なことは、その境界線を相手が越えようとした時に、自分自身の境界線を提示したり説明したりすることです。そしてまた、恋愛相手の境界線を尊重することも同じぐらい重要です。相手を説得したり、圧力をかけたり、約束をしたり、暴力を使ったりして無理やり境界線を越えると、あなたは性的暴行や権力の誤用ということで罪に問われます。

　権力は、恋愛とはなじまないものです。「ノー」と言うこと、そしてその言葉を尊重することが大切なのです！　それに、私達はその言葉を使うための言語をもっているのです。また、「ノー」という言葉は、あくまでも否定を意味するものであって、「恐らく」とか「多分」という意味ではありません！

強制 ── 愛、性愛、セックスにおいては、両者が喜びや快楽を得られるルールのみが通用します。強制、虐待、圧力は、容認できるものではありません。

　私達は様々ですし、その時々に様々な欲求や欲望をもちます。性愛関係で心躍るような刺激的なことは、2人が一緒になってお互いの発見に出かけ、お互いの欲求を（隠れた欲求も）探究し、それら

を目覚めさせて試してみることです。けれども、その時は2人で連れだって行くことが大切ですし、お互いの内面の**境界線**を越えてはいけません。

　性愛のパートナーを、自分自身の快感や欲望を満足させるものとして使うことはできません。ただ単に満足したいのであれば、必要なものをどこかで購入して空気で膨らませればよいのです。**補助具**の項を参照して下さい。

　サドマゾヒスティックな愛の関係においては、強制や服従が性的な遊戯や快感の一部となっています。もし、両方がそこから喜びを得られるのであれば、そしてお互いの境界を越えずに守っているのであれば、それは彼ら自身の問題となります。第8章の282ページ、第9章の288ページを見て下さい。

虚栄心（うぬぼれ） ── 虚栄心は、他人に対してよい印象や魅力的な印象を与えたいという、私達の内面にある欲求です。そうした印象を与えることができれば、周りの人達は私達の外見や態度などを好ましく思ったり羨ましく思ったり、また尊敬したりするようになります。

　私達の大多数は、多かれ少なかれうぬぼれているものです。うぬぼれは、外見と内面の両方において私達自身にこのようにあるべきだという要求を突きつけます。過剰な虚栄心は、病的な自己中心主義や、ささいな批判あるいは中傷に対する脆さとして現れてくることがあります。それは、本人にとっても、またその周囲の人達にとっても負担となります。

去勢 ── 性腺（女性では**卵巣**、男性では**睾丸**）を除去することです。去勢は多く

の場合、手術によって行ったり、ある種の病気の時には放射線を照射して行います*。以前は過激な性犯罪の治療として用いられましたが、去勢されても**性欲**はなくなりませんし、この種の去勢はもう行われていません。

性欲が強過ぎるために本人が苦痛となるような特定の場合には、薬剤によってその人（主に男性）の性欲を沈静することができます（薬剤去勢）。ただし、その効果は薬剤を服用している間しか現れません。宦官の項も見て下さい。

去勢と**不妊法**、**断種法**を混同してはなりません。

* ：性腺に放射線を照射することによって、去勢と同じ効果が生じる。

緊急避妊薬（モーニングアフターピル＝性交後ピル）──「後悔の避妊薬」の項と、「第5章 避妊−あなたの愛を守って下さい」を見て下さい。

近親（同系）交配──近しい一族が何世代にもわたってお互いに子どもを繁殖させていく時、これを近親交配と呼びます。近親交配では、相続される特徴的な性質（良い性質も悪い性質も、また遺伝的な病気も）がより顕著になっていきます。

近親交配は、農業の分野で意図的に動物の交配を行う時に利用されます。そこでは、特定の性質をもった動物を交配によって生み出そうと試みます（例えば、肉付きの豊かな豚、たくさんの乳を出す乳牛、多くの卵を産む鶏など）。

近親相姦（インセスト）──近しい家族の成員間での性的関係のことです。例えば、実父・継父と娘、あるいは兄弟と姉妹などです。ここでの性的関係とは、性交および様々な形の性的なペッティングを指します。お互いに好意をもっている人達の間で行われる自然な抱擁やキスなどの一般的な愛撫と一緒にしてはいけません。近親相姦は法律で禁止されており、罪になります。「第9章 愛を踏みにじること」を見て下さい。

キンゼイ報告──アルフレッド・キンゼイ（Alfred Kinsey）はアメリカの動物学者で、もともとはハチの研究をしていましたが、のちに人間の性生活の研究に熱意をもって身を投じ、性生活の多様性を論じた二つの報告書を発表しました。人間の性生活がいかに多彩であるかを明らかにしたことによって、全世界に、困惑、驚愕、嫌悪を巻き起こしました。

禁欲──性的な節制をすることです。一例を挙げると、カトリックの司祭や修道女が使命に身を捧げるため、性愛に関連する思考や欲求に妨げられないよう禁欲的に生活することです。多くの宗教の宗派では、性的な感情や行動が罪深く不潔なもの（肉の欲求）と見なされています。そういうところでは、性生活は一族継承を目的とした場合にのみ容認され、夫婦という枠のなかにおいてのみ行ってもよいとされています。つまり、欲情のなすがままに行うことは許されないのです。

人間同士の愛は、人生が私達に与えてくれるもののなかで最も美しく、豊かな経験をもたらします。その愛と同様、性的でエロティックな要求は人間存在全体の基盤であり、人間同士の愛と切り離すことができないものです。私達がどのような創造主を信じているにせよ、その創

造主は、**愛**、**恋**（**性愛**）、**セックス**への私達の要求を備えて人間を創造したのです。ですから、こうした根本的な要求を抑制したり、罪深いものだと見なしたりすることは、調和のとれた人間を生み出すことにつながりません。

セックスは私達自身の一部ですから、自分のセクシュアリティを否定することは自分自身を否定することにもなるのです。愛は、贈り物であり、罰ではありません。しかし、愛やセックスの要求は、たとえ私達が何らかの理由で独自の生涯を生きたり、人生のある時期で禁欲的に、つまり他人との性的な関係をもたずに生活したりしたとしても様々な方法で満たすことができます。愛やセックスの要求を絶つという決心は、自分の感情を否定するという意味ではなく、ただ単に独自のやり方でこうした要求の管理をするという方法を選択したにすぎないのです。

クイーン —— 女装をし、化粧をした男性（しばしば**ゲイ**）に対する名称として使われています。**女装アーティスト**の項も参照して下さい。

空想 —— 空想は、様々な状況や人々、情景や一連の出来事などを自己の内面で想像することができる能力です。現実の上にさらに進展させた状況を構築したり、そこに様々な色をつけたり、現実には存在しないものをつくり上げたりするのに空想（力）は使われます。空想は、子どもや芸術家、科学者の大切な道具ともなり、新しいものの創造や進歩の一つ一つの基盤を成すもので、各人が自分と自分の周りにある世界や人生を理解して体験していく時にきわめて重要なものです。

また空想は、恋愛やエロティシズム、セクシュアリティ（性行動）と切り離すことのできないものです。私達は、空想のなかで誰とでも愛し合うことや、**タブー**とされているやり方、そして現実には決してしようとは思わないようなやり方で人を愛することなどができます。このように空想は、もしかしたら他人を傷つけるかもしれないという理由で行うことがはばかられるような欲求などに対する一種の安全弁としても機能しています。

あなたの空想はあなた自身のもので、あなたが自分のために心のなかにとっておいたり、他人に明示したりする権利をもっています。

口でのセックス（オーラルセックス） —— お互いの**性器**を吸ったり、なめたり、そこにキスをしたりすることは、多くの人々が気持ちのよい性戯の一種だと考えています。

オーラルセックスでは**妊娠**はしませんが、喉に性病（例えば、**淋病**）が感染する可能性が大いにあります。ちょうど、エイズがこのようにして感染するのと同じです。「第7章　STD－性感染症」を見て下さい。

そのため、多くの人々はオーラルセックスを特定の恋人とのためにとっておきます。そして、オーラルセックスを楽しみとするのなら、清潔にしておかなければなりません。そうでないと、嫌な体験をするはめになってしまいます。

オーラルセックスは、女性が男性の**陰茎**を吸うときには「フェラチオ」と呼ばれ、男性が女性の**外陰部**をなめる時には「クンニリングス」と呼ばれています。

第1部　事典項目　35

口説く（言い寄る）こと、求愛すること —— 多くの人々が、しつけを通して教え込まれている性的役割によって決定されている行動の一つです。通常は、親しくなりたいと思っている女性を口説くのは男性です。男子／男性は、様々な方法で口説くことができます。例えば、その女性に情熱的な手紙や詩を書いたり、赤いバラを贈ったり、いかに彼女を素晴らしいと思っているか伝えたり、その女性に対して優しく振る舞ったりします。

性的役割のパターンにおいて、口説くという行動が容認されているのは明らかに男性の方です。とはいえ、女性にその方法がないわけではありません。女性もまた、自分の彼に対する関心や賞賛の気持ちを示す、そつのない、センスある、適切な方法をたくさんもっています。

口説く（求愛する）際に共通していることは、恋をしている方が、好きな人に対していかに魅力的で素晴らしいかをあらゆる方法で示すということです。その結果、相手が自分自身のことを素晴らしい、魅力的だと感じるようになり、また実際そのような人になったりするのです。そうすると、求愛する相手に自分のことを素晴らしい、魅力的だと感じさせるようにもなります。初めの頃の熱い恋が静まった後もお互いに求愛し続けることができれば、カップルにとっては好ましい関係となります。

クナウスメソッド（リズムメソッド＝安全期） —— 最も不確実な避妊方法で、女性の**月経**周期上、妊娠の可能性が一番高い時期（だいたい**排卵**の時期）には性交を避けるというものです。「第5章 避妊—あなたの愛を守って下さい」を見て下さい。

クラインフェルター症候群 —— 男性において、生まれつき**性染色体**の構成が異常である状態のことです。**性染色体異常**の項を参照して下さい。

クラミジア —— 生殖器の炎症や尿道炎を引き起こす感染症で、淋病に似ています。「第7章 STD－性感染症」を見て下さい。

クリトリス —— **陰核**の項を参照して下さい。

クリトリスオーガズム —— この世界で、女性のオーガズムについてほど徹底的に、また白熱した議論が行われてきたものはないでしょう。その議論は主に、どこでオーガズムが引き起こされるのか、クリトリスの刺激（愛撫）なのか、それとも**ペニス**が**膣**にある時なのかを問題としてきました。けれども、この議論全体においては、女性は機械ではないこと、またオーガズムの問題は、押すべき正しいボタンを見つけ出すことを扱った技術上の問題ではなく、親密さ、慈しみ、安心感、信頼、好意など（これらを提供することは、男性にしてみればある一つの決まった場所を押すことよりも難しい）の問題であることが忘れられているようです。オーガズムの項を参照して下さい。

クリーム —— 診査（触診）用クリームの項を参照して下さい。

クンニリングス —— 女性器をなめたりして愛撫することです。**性戯**のなかでよく

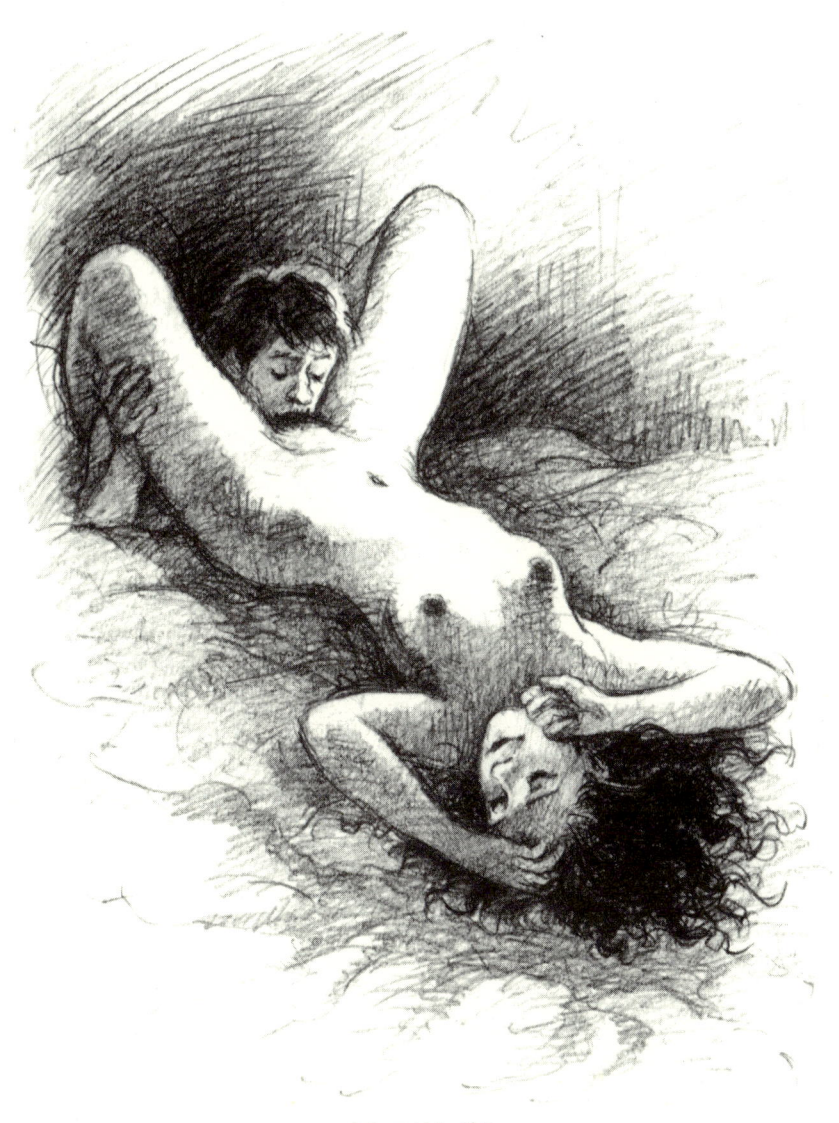

クンニリングス

行われるものの一つで、男性が女性の性器をなめたり、キスしたり、吸ったりすることです。レズビアンの女性達は、交互または同時にこの方法で愛し合うことができます。吸われる部分が男性の性器の場合は「フェラチオ」と言います。

オーラルセックスをする時には、身体を清潔にしておきましょう。でなければ、する側は心配になって心ゆくまで楽しむことができないでしょう。清潔にしてある性器であれば、きれいに洗った身体の他の部分と同様、欲望を起こさせます。

オーラルセックスは、**性交**と同様に感染の危険をはらんでいます（「第5章 STD－性感染症」を見て下さい）。ですから、オーラルセックスはあなたの決まった（そして誠実な）恋人とだけのためにとっておいて下さい。

ゲイ —— 男性同性愛者（ホモ）を表す言葉です。

ゲイ解放前線（BBF：Bøssernes Befrielsesfront） —— 自分がゲイであることを公表し、ホモセクシュアリティに対する**偏見**と闘うことを目的としている

運動（活動）のことです。

頚管部検査 —— 子宮頚管部の細胞検査のことです。この検査は綿棒を使って行われ、痛みはまったくありません。綿棒はガラスプレートに塗布され、顕微鏡で検査されます。頚管部検査は、多くの場合、一般的な**腹部検診**の時に行われます。細胞検査の目的は、がん細胞または早期段階では100％治癒できる子宮頚がんの初期段階を示す細胞を認識することです。デンマーク国内の多くの場所では、25歳から55歳の女性が無料で3年ごとに頚管部検査のサービスを受けています。*

 ＊：現在のところ23歳から60歳の女性が対象だが、各県によって多少の差がある。

芸者 —— 日本のプロの女性ダンサーのことです。

ゲイ・レズビアン全国協会（LBL＝Landsforeningen for Bøsser og Lesbiske） —— この協会は、多くの方法で**同性愛者の生き方に対する理解と容認**を促進し、情報活動を行い、法的な援助

ゲイ解放前線

BBFは、1971年デンマークにおける最初の同性愛に関する運動としてスタートした。BBFは、政治的活動とセクシュアリティに結びついた、妥協することのない攻撃的な路線をとっている。BBFの目的は、BBF内外での性に関わる政治的活動をみんなに認識してもらうこと、また教育機関、職場、メディア、街頭においてゲイに関する政治的活動の情報を知ってもらうことである。LBLとも提携・協力して活動を進めており、Christopher Street Liberation Day（アメリカ人の同性愛者たちが警察の残虐行為に抵抗した日）を記念するデモにも毎年参加している。

ゲイ・レズビアン全国協会

　LBL は、性に関わる政治的な活動に関心をもつ人々のための組織で、同性愛（レズビアン、ゲイ）と両性愛者の政治、社会、文化および労働市場における平等的処遇に対して、社会のあらゆるレベルで取り組んでいる。この組織は、すべての人間が、性、年齢、民族的出自、宗教、文化上の違い、性的に置かれた状態にかかわらず、またどのような家族形態における生活を選択しているかにかかわらず、個性や特徴を発現する可能性をもつべきであると考えている。

　この組織は1948年に「1948年同盟」としてオルボー市でアクセル・ロンダール・マッセンによって設立された、世界で最も古い同性愛者に関わる利害団体の一つである。この組織ができた時期は、同性愛者が周囲からほとんどその存在を尊重されていなかった。

　LBL は、コペンハーゲン支部、コペンハーゲン青年支部、オーフス支部、国際部の四つの部門から成っている。国際部は、ILGA（＝The International Lesbian and Gay Association）や ILGA-EUROPA と提携活動している。同性愛の若者やその家族のための匿名の電話相談、子どもをもちたい同性愛者のためのカウンセリングなども行うほか、コペンハーゲン支部およびオーフス支部では、学校や様々な団体、企業などを訪問し、同性愛や両性愛について説明会を行っている。

　LBL のウェブサイトで様々な情報を得ることができる。（www.lbl.dk参照）

と社会的医学的なカウンセリングを提供しています。LBL は、公的機関と提携してエイズ撲滅のために重要な仕事を行っています。「第8章　愛の少数派」と「第7章　STD－性感染症」を見て下さい。

穢（けが）れがない ── 「罪がない」という意味です。この言い方は、**処女**つまり**性交**の経験がない少女に関しても用いられます。

下疳（げかん） ── **梅毒**（硬性下疳）や軟性下疳に対する共通の名称です。「第7章　STD－性感染症」を見て下さい。

ケジラミ ── 陰毛のなかで生息し、繁殖するシラミの一種です。ケジラミは**性交**によってうつりますが、危険はなく簡単に処置できます。「第7章　STD－性感染症」を見て下さい。

ゲスタゲン（黄体ホルモン物質） ── 性ホルモンのプロゲステロンと同じ働きをするホルモンのことです。人工的につくり出したゲスタゲンは、様々なタイプのピルや、不規則な**月経**の治療に用いられるホルモン剤のなかに入っています。「第5章　避妊－あなたの愛を守って下さい」を見て下さい。

血液検査 ── いくつかの性感染症は、血液検査で見つかることがあります。例え

ば、梅毒やエイズなどがそうです。デンマークでは、妊婦全員が梅毒のための血液検査を受けます。医者は腕の静脈から血液を抜き取って検査しますが、痛くはありません。「第７章　STD－性感染症」を見て下さい。

月経 —— 性的に成熟した少女や女性に起こる毎月の出血のことです。月経は、**妊娠をしていなければ排卵**の数週間後に子宮腔から剥離する、血液と粘膜の混じったもので成り立っています。月経に対する呼び方はいろいろあります。「メンス」「月のもの」「出血」「問題」「赤いもの」「汚物」などです。こうした名称のいくつかは、まったく自然な身体の機能である月経について、気楽にまた直接的に口に出すことが依然としてはばかられているという事実を示しています。

月経は、女性のホルモンシステムと生殖器との間の最も素晴らしい協力のたまものです。そして、正常な月経は、その女性が健康であることを意味します。病気の時や身体や精神に負担がかかった時、月経が遅れたり一時的に月経が止まったり（二次的**無月経**）します。一例を挙げれば、激しい肉体的トレーニングであったり、減量のための食餌療法であったり、ストレスおよび悩み事が重なった場合などです。また、妊娠しているのではないかという不安、失恋などの悲しみは、月経がなくなってしまう一般的な原因でもあります。

少女の最初の月経（初経・初潮）は、普通**思春期**に入ってから１年あるいは数年後にやって来ます。つまり、10歳から15歳ぐらいの年齢です。けれども、何の問題もなくて、人によっては最初の月経が９歳の場合もあれば17歳の場合もあります。両親が、自分の娘と月経について、それがやって来る前に話し合うことがとても大切です。そうすれば、突然腹部から出血しても少女が恐怖に襲われることはないでしょう。

月経（出血）が始まるということは、少女達が性的に成熟し、**性交**をすれば妊娠する可能性のあることを意味します。通常、少女の月経が定期的になるまでにはある一定期間を要します。人によっては、数年にわたる場合も時々あります。理由は、月経と排卵を支配するホルモンの間の相互関係が完成するまでに時間がかかるからです。それが完成すると、月経は20日から30日の周期で３、４日から１週間の期間という一定したパターンでやって来ます。また、出血の程度には大きな違いがあります。

月経が始まる前の時期に息切れがするように感じたり、イライラしたり、さほど重要でない問題に対しても立ち向かう力がなくなったりする人もいます。月経の始まりの頃にはお腹が痛くなり、時にかなり激しい痛みを伴う場合もあります。

気分の移り変わりが激しくて、それが負担になったり、生理痛が辛かったりすることがあるかもしれませんが（**マイナス日、調子の出ない日**）、それはすべて自然な月経の経過を表しているのであって、病気の兆候ではありません。

生理痛が耐えられないほどであれば、医薬品で和らげることができます（ホームドクターと話して下さい）が、自分でも多くのことができます。散歩、自転車に乗ること、ジョギングをすることなどは痛みを和らげるのに役立ちます。また、お腹を温めるのもよいでしょう。調子の

出ない日は、特別なことをせずにできる限り普通の日と同じように過ごし、不快感に振り回されないようにして下さい。

男女とも、良い香りをさせて魅力的でいたいのなら、日常生活の上において**清潔さ**を保つことが当然であり、また必要です。月経の間は、普段より清潔にすることが必要です。**性器**を頻繁に洗うか、すすぐかして下さい。そうしなければ、**陰唇**や**陰毛**に残存する生理の血にバクテリアが繁殖して、悪臭を放つことになります。**膣**は洗ってはいけません。なぜなら、膣は自然に清潔さを保っているからです。膣のなかには、膣や子宮を清潔にする有益なバクテリアがあり、それによってバランスが保たれています。

月経の血を吸い取るためには、生理用ナプキンやタンポンなどが用いられます。ナプキンには、様々な大きさや血液を吸い取るための機能を備えたものがあります。価格もいろいろですが、一番値段の高いものが必ずしも最良なわけではありません。広告のコピーに惑わされてもいけませんし、見た目のきれいな包装に心を奪われてもいけません。高い商品を買い続けると、かなりのお金を使ってしまうことになります。

ナプキンは、出血の量に従って定期的に取り換えます。使用済みのナプキンは、トイレのなかに投げ込まず、汚物入れに捨てて下さい。トイレが詰まる原因は、多くの場合使用済みのナプキンなのです。

タンポンは短くて太いタバコのような形をしていて、片方の端に紐が付いています。紐が外に垂れるようにして膣に挿入します。血や水分を吸い取ってタンポンが膨張します。紐を引っ張れば取り出せます。

タンポンの紐がずれ上がってしまったり、取り出すことを忘れたり、自然にはずれたと思ってしまうことがあります。取り忘れたタンポンが膣内部の炎症を引き起こす原因となり、通常、悪臭を放つ**出血（血流）**が起こってからそのことが分かったりします。稀な場合には、長い間挿入しているタンポンが敗血症を伴う腹部の炎症の原因となることがあります。いつもと違っていたり臭いがしたりするような出血があったり、また月経の最中に病気になって熱が出たりした場合には、当然、**医師**の診断を必要とします。

大多数の少女は、たとえ**処女**であってもタンポンを使うことができます。処女膜の穴は、通常、タンポンを通してくれます。膨張したタンポンを取り出す際に処女膜が破れることもありますが、そんな場合はもうすでに破れてしまっているのですから、後になって処女膜が破れたかどうかについて思い悩まずに済みます。

月経の時には、ナプキンを使用するのが一番よいでしょう。タンポンは、ナプキンが実用的でない場合、例えば海に行った時やスポーツの試合の時、または非常にきついズボンをはかなければならない時などに使用すればよいでしょう。また、タンポンを使用する場合は頻繁に取り換えて下さい。

月経が生活上支障をきたすことがあったとしても、月経のあることを嬉しく思わなければなりません。正常な月経は、あなたが健康で**受胎性**をもち、あなたの身体が正常に機能し、ホルモンシステム上において優れたバランスが保たれているしるしなのです。あなた自身、そしてあなたの月経についてよく知り、うまく対処できるようにして下さい。なぜなら、

受胎性のある期間、つまり月経が始まってから45歳〜55歳ぐらいにやって来る**閉経**の時期まで、ずっと月経と付き合わなければならないからです。

月経の停止 ── 月経が停止するということは、妊娠の最初の兆候を意味します。月経の予定日より約1週間ほど遅れれば、**尿検査**で妊娠しているかどうかが分かります。デンマークでは尿検査は無料で、**医師**のもとで受けることができます。お金を出せば薬局で受けることもできますし、あるいは検査用のセットを購入して自分で調べることもできます*。月経が停止するのは、妊娠以外にも別の原因がたくさんあります。無月経の項、「第1章　愛から子どもへ」と「第2章　子どもから大人へ」を見て下さい。

　　*：日本では受けられない。簡易キット
　　　　（尿検査）は購入できる。

ゲニタリア（生殖器、性器） ── 性器（生殖器）の項を参照して下さい。

下品な、みだらな ── 服装や行動が、挑発的、無作法、不道徳なことです。

検閲 ── 検閲とは、ある行いの審査をすることです。多くの場合、文書や写真・絵、映画などが社会的に容認できるものであるか、あるいは禁止すべきものであるかを審査するという意味において用いられています。世の中には、他の人が体験することが社会的に許容されるかどうかを、自分なら決定できると思い込んでいる人達がいます。検閲とは、そう考える人達によって行われる行為なのだと言えるでしょう。検閲というシステムは世界中に普及しており、特に現実を隠したりゆがめたりする道具として、あるいは情報や芸術的な表現・活動を弾圧する道具として権力者達によって使われることがあります。

また検閲は、政治的、宗教的あるいは道徳的なものであることもあります。道徳的な検閲は、人が愛し合う時、お互いにする行為を何かで読んだり見たりするのは道徳上好ましくないだろうとか、他の人の性的な行為にそそのかされるのはふしだらなことである、とする想定に基づいています。

デンマークでは出版の自由があり、エロティックな行為をする映画や写真や絵を社会的に見せることが許されています。しかし、映画館で上映される映画の検閲は依然として存在し、12歳あるいは16歳未満の子ども達は観ることができない映画があります。ところが一方では、その同じ映画でもビデオでならば自由に（自宅などで）観ることができるのです。

「自由」と言われる行為には責任が伴います。ですから、映画を制作したり雑誌や本を出版したりする者は、子ども達がポルノ的な作品の対象として利用されないようにする責任を負っています。子どもをポルノに利用するのは、あらゆる形態の性的な暴行と同様、罪になります。**ポルノグラフィー**の項と「第9章　愛を踏みにじること」を見て下さい。

けんか ── けんかは、人間関係上において役に立つものであり、また好ましいものであることがあります。けんかの時、私達は様々な感情、つまり怒りや苛立ちなどを表示する機会を得ます。こうした感情は、表示する機会がなければ心に蓄

積していたり、日常生活のなかに滲み出てしまったり、仮装した姿、例えば鬱状態として現れたりしてしまいます。

　カップル関係における多くのけんかの場合は、相手を激しく罪に問うたり、その相手が自己防衛上、再び同じように相手を撃ち返したりします。また、その後でこの２人は、何時間も、何日も、何週間もむっつりしたり、自分の殻のなかに閉じこもったりしてしまいます。

　この種のけんかは、関係を摩滅させて傷つけることになるうえ、今後の進むべき方向に関する和解や約束事には到達しません。それらの和解や約束事は絆を強めるものですから、関係を維持するために努力したいと考える場合に特に必要とされるものなのです。そして、一生にわたって行うこの作業には両方の努力が要求されます。

　けんかは必然的に勝者と敗者を生み出すことになりますが、場合によっては、両方が敗者になることもあります。逆に、健全で良い結果をもたらすけんかは、２人の勝者を生み出すことになります。

　多くの親は、子どもが見ている前でのけんかを恐れます。両親がお互いに怒っている姿を見たら、子どもが傷ついてしまうと考えるからです。その代わりに親は、子どもが外出したりベッドに入ったりする時までけんかをしていることを隠したり、怒って不機嫌なままでこそこそと動き回ったり、むっつりと黙り込んだりして、お互いや子どもに対してもぶっきらぼうに振る舞います。

　この不機嫌で押し黙ったままの雰囲気は、子どもを不安にさせて戸惑わせます。なぜなら、子どもには一体何が起こっているのかが分からないからです。このような状態は、激しく白熱して声高に叫ぶけんかよりも子どもにとってはたちの悪いものとなります。

　激しいけんかの場合は、普通、仲直りをした後に、両親の嬉しそうな様子や愛に満ちた雰囲気が訪れるものです。両親のこのようなけんかの現場を見て、人間はけんかをすることもあるのだ、お互いに怒りをぶつけ合うのもなのだ、しかし、やはり愛し合うものなのだということ、そして怒りやけんかが家族への脅威とはなり得ないことを子ども達は知ります。

　私達は、自分の子どもに、そしてお互いに、怒りや喜び、そして愛情を表示するべきです。**争い**の項と「**第４章　大小の問題**」を見て下さい。

挙睾筋（けんこうきん）── 男子の陰嚢のなか、皮膚のちょうど下にある平らな筋肉のことです。この筋肉が睾丸を上下させ、それによって精巣が常に適温を保つようになっています。陰嚢や太腿の内側をなでられたりすると、この筋肉が縮んで睾丸をもち上げます（挙睾筋反射）。

恋 ── 恋とは、１人の人間に対して強く性欲をかき立てられるような魅力を感じ、そして惹きつけられる感情の陶酔状態のことを言います。ある人が恋に落ちて陶酔状態であることは、周囲の人々にもすぐ分かります。なぜなら、その人の態度に著しい変化が表れてくるからです。

　恋をしている人自身は、世界が変わったような体験をし、今までとは別の光のなかで人々を見つめ、違った色彩のなかで人生を見つめるようになります。恋をしている人が自分の状況を陶酔状態と感じることは稀で、それどころか逆に人生

の意味すべてと受け取ってしまいます。そして、現在抱いている自分の感情は永久に続くものであるという、揺るぎない確信までもっています。けれども、恋は一過性のものであり、遅かれ早かれ平凡な日常が姿を現します。つまり、恋をしている人は、世界の七不思議にも匹敵するほど魅力や神秘性をもっていると思い込んでいた相手が、実は長所も短所もちあわせた人間であることをある時に発見するのです。

恋が終わってしまえば、相手のなかに見たものがいったい何だったのかは恐らく分からなくなってしまうでしょう。あるいは、お互いの現実の自己を見て、慈しみやいたわりを感じ合うようになったり、一体感をもったり、間違ったところやゆがんだところ、欠点などをもったまま愛し合ったりするようになるでしょう。

恋をしている人は、相手のことをまったく欠点のない完全な人間だと思っています。けれども私達は、間違いや欠点、不完全なところなどがあることを承知のうえで、あるいはまさにそうした点があるからこそ、自分が愛しいと思う人を愛してしまうのです。

私達は、人生全般にわたっていつでも恋に落ちることが可能です。お年寄りの恋においては、熱烈になることがよくあります。そして、そのことが子どもや孫にとって問題となることも珍しくありません。彼らは自分の親などの高齢者の恋愛を常に喜べるわけではなく、**嫉妬**が原因で起こる**憤り**や、まるで被害を受けたかのような態度をもって反応してしまう場合が多いのです。

また、同性の2人も、異性同士の場合とまったく同様に恋に落ちることができます。つまり、性が同じだからとか違うからといって感情は変わらないのです。人は、ある性や性器などに恋をするのではなく、1人の人間に恋をするのです。そして、自らの意志や良識を越えたところで恋に落ちてしまうものなのです。「第8章　愛の少数派」を見て下さい。

恋の遊戯 —— 愛し合っている2人が行う遊戯などのことをいい、出会った最初の相手にうっとりと見とれるような視線を送ること（**男女の戯れ**）から**性戯**や**性交**までいろいろあります。

後悔の避妊薬（モーニングアフターピル＝性交後ピルに対するデンマークの俗称）
—— デンマーク語で、「緊急避妊薬」とも呼ばれています（日本では「事後避妊薬」とも言う）。**避妊**することなく**性交**してしまったり、コンドームが破れてしまったりしたら、24時間以内に2倍の用量のピルを服用することで望まない妊娠を避けることができます。ただし、どんなピルを使ってもよいというわけではありませんし、決まった間隔で用いなければなりません。このような事態となったら、遅くとも翌日には医師と連絡をとらねばなりません。

この方法は正しい避妊ほどには確実なものではありませんし、**月経**が一時的に不規則になることもあります。ですから、あくまでも緊急の場合の処置としてのみ利用するものであると認識して下さい。「第5章　避妊－あなたの愛を守って下さい」を見て下さい。

睾丸 —— **精巣**の項を参照して下さい。

強姦 ── 相手の意志に反して性的行動を強制し、その強制が肉体的な暴行あるいは脅迫によって行われると強姦になります。

性的な暴行に対しては、なぜそうしたかという様々な言い訳があるでしょうが、どれも許されるものではありません。たとえ犠牲者が「ノー」という言葉を発することができなかった場合でも、「ノー」は「ノー」です。どんな場合にせよ、他の人を自分の性的な必要性のために利用することは無情なことであり、非難すべきことです。強姦は罰せられるのです。291ページを見て下さい。

好機 ── もし、あなたが、今がチャンスだとばかりに目の前の機会をとらえて、運試しのつもりで赤信号を無視して車などを走らせたら大変な結果を招くことになるかもしれません。また逆に、それから逃れることもひょっとしたらできるかもしれません。しかし、危険を冒して毎回信号無視で運転するようなライフスタイルになってしまったら、いつか必ず悲惨な事態に陥ることは目に見えています。

恋愛というものは危なっかしいものです。そして、命取りになってしまう可能性すらあります。望まない妊娠の危険性がありますし、死んでしまうかもしれないような病気に感染する危険性もあるのです。「第7章 STD─性感染症」を参照して下さい。

性愛の相手を数多く取り替えれば取り替えるほど、そして自分を守ることに手を抜けば抜くほど恐ろしい結果を招くことになります。「第5章 避妊─あなたの愛を守って下さい」を見て下さい。

好機をつかんで行う冒険的な賭けはワクワクすることでしょう。しかし、手にするものは、あなたの労働や努力に対して釣り合うものであるべきです。恋愛において、ロシアルーレットのような無謀な賭けをするとその結果は保証できません。次に、あなたがそのリールを回せば、ピストルが火を吹くかもしれないからです。それが分かってからでは遅すぎます。ですから、思いやりや優しさ、信頼をもってあなたの愛を大切に守って下さい。

後戯（こうぎ）── 性戯や性交の時、恋人達がオーガズムを得たすぐ後にお互いに行う行為です。両者がお互いに心から好意をもっていて楽しい性戯をしたのであれば、後戯は、互いへのいたわりであったりリラックスすること、またけだるい感じの優しい愛撫あるいはただ抱きしめること、そして優しい言葉や満足感に満ちたため息などになります。

しかし、性戯あるいは性交などがお互いに深い感情をもたずに行われた場合や、ただ単に性的なはけ口が欲しいだけの人達が出会ったうえでの結果だったら、後戯は半ばきまりの悪い感情を心のなかに残してしまうような、少々気まずい恋愛遊びになってしまうでしょう。

高級娼婦（二号、愛妾（あいしょう）**、情婦）** ── もともとは、フランス語の高貴でエレガントな売春婦、娼婦に対する名称＊です。
　＊：王侯、貴族、金持ちを相手にする。

好色、淫乱 ── 性的な欲望。

合同審議会 ── それぞれの県には、個々の事例において中絶法の規定外で特別な許可を与えることのできる医師や法律家

後戯

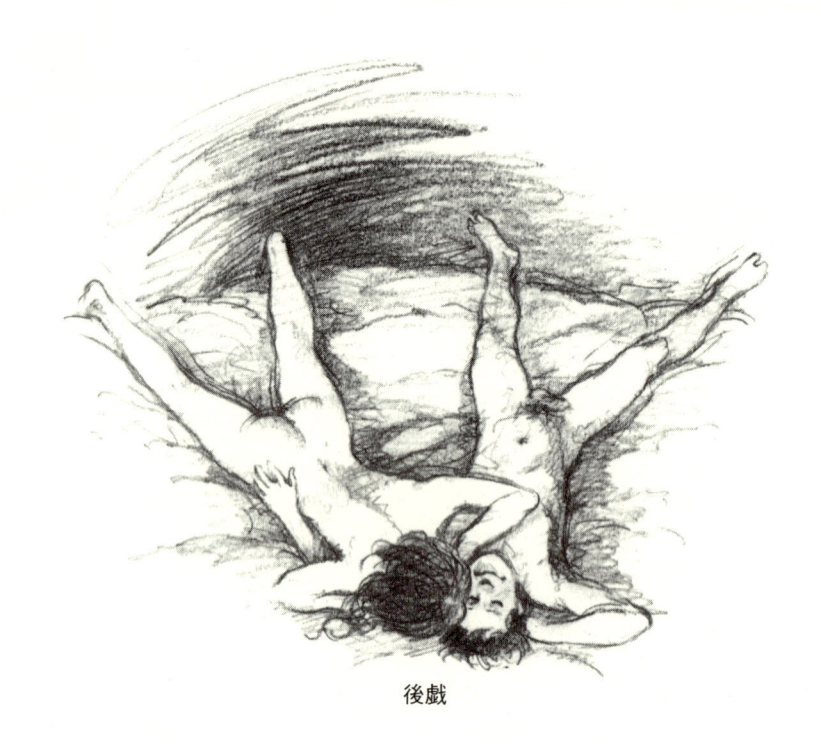

による合同審議会を設置しています。253ページを見て下さい。

行動不安、達成要求 ── 何かを達成するとは、仕事などにおいて、その成果、実績、功績を得るということです。優れたスポーツの功績を収めようとするなら、優勝カップを獲得できるという自信とそれを信じる気持ちが必要であることをすべてのスポーツマンが知っています。もし、自分を信じる心をもっていないのであれば、どんな試合においても敗者となってしまうことは確実です。

恋愛生活や性生活を、一つの試合や競争だと考える人が多くいます。そこでは、最も優秀な人間（恋人、愛人）であることが問題となり、恋愛に必要とされるものがちょうどスポーツ用具のようにできる限り最良のもの（ペニスは長さが十分であるか？ 乳房の大きさはどうか？ 太りすぎているのか痩せすぎているのか、がに股かなど）であることが望まれます。

もちろん、私達は恋愛生活において成功を収めたいと思いますし、好きな人から素晴らしい、好きだと感じてほしいと思っています。そして、当然、愛する人を満足させられないのではないかとか、相手を喜ばせることができないのではないかなどという心配もします。多くの恋愛経験がなければ、それらの心配も当たり前のことです。

おそらく私達は、お互いにとって最高の幸福状態へ直行する切符を見つけてくるのは自分の役目だと思っているのかも

しれません。しかし、さほど経験豊かでない私達がどのようにその切符を探し出すことができるのでしょうか？

達成すべき功績として愛を解釈し、十分に達成できなければ恥ずかしいと考えることは、**性戯**を台無しにする可能性が高くなります。例えばそんな時、所有者の達成要求に応えるという使命を得たペニスはストライキを起こし、一時萎えてしまうことでしょう。これはインポテンスではなく、不合理な要求に対する自然な身体の反応なのです。

性愛はスポーツ競技ではありません。一番に到着する必要もなければ、最も優秀でなければならない必要もありません。**オーガズム**を得たいという望みに翻弄されている女性は、オーガズムを追い求めれば追い求めるほどそれが遠のいてしまうことを発見するでしょう。

愛、性愛、そしてセックスとは感情を表示することであり、見返りを要求することなく自分と自らの肉体を与え、受け取る感情や愛撫を享受して感じることなのです。あなたが達成しなければならない唯一のことは、自分を開放し、好奇心や思いやりを示し、誠実さにあふれ、そして陽気でいることです。「第3章 愛−性愛−セックス」と「第4章 大小の問題」も見て下さい。

更年期 ── 通常45歳～55歳頃に訪れる女性の移行期。**卵巣**が機能を停止し、**月経**が止まり、その女性は**妊娠**ができなくなります。

何人かの女性は、一時的に更年期にのぼせや疲労、不安定感を感じることがあります。治療方法としては、短期間または長期間にわたる**ホルモン**治療が役に立ちます。

50歳代の男性の一部においては、疲労、不安定感、性欲の減退などの苦痛を訴えることがあります。これを「男性の更年期」と呼ぶ人もいますが、原因はホルモンではなく、その男性の日常生活、すべての活動分野で若い力に追い越されたという気持ち、これからやって来る老齢期への眺望、そして果たして自分は人生の夢に到達できたのかという想いなどが理由になります。

後背位性交（バック） ── 男性が女性の背後から行う**性交**のことです。後背位性交には、膣性交と**肛門性交**（アナルセックス）があります。

交尾（性交） ── 動物の性愛活動に主に用いられる言葉です。

興奮 ── 感情が支配する状況のことです。

行動不安

後背位性交

この時の感情は怒りや憤慨であったり、ある指導者が一種の催眠的な影響のもとで大衆の心をつかむような煽動であったりします。

性愛によっても興奮状態になります。その時に、心、思考、行動を支配するのは欲望や熱情などです。

興奮の段階 —— 性交の段階の項を参照して下さい。

合法的 —— 法にかなっているという意味です。例えば、合法的な**中絶**などです。「第6章 中絶−緊急対策」を見て下さい。

黒色面皰（黒にきび） —— 皮膚のなかにある皮脂腺が詰まった状態のもののことです。真ん中に黒い点のある、小さな吹き出物として現れてきます。にきびの項を参照して下さい。

腰抜け男 —— 怖がりやの男子、あるいは**フェミニン（女性的）**な外見の男子を意味します。両方とも、この言葉は見下した侮蔑的な意味で使われています。

個人対集団（帰属集団からの圧力） —— 私達の多くは、自分の行動は自分で決め、自分の肉体や精神に対して決定を下す権利をもつと考えています。しかし、これは部分的にしか正しいとは言えません。すべての生活の領域で、自分の周囲にいる人々の介入が私達を支配しています。これは、私達の最も親密で私的な生活においてでさえそうですし、**愛**、**性愛**、セックスに関しても言えることです。

私達が、何を、いつ、誰と行うかは、自分だけでは決定するわけにはいきません。私達の行動やセックスの発現は、私達の・集・団（つまり、私達が帰属していると感じる人々）や私達が属している社会の規範に広く依存しているのです。
「お互いにすること」が何であるかは、その人が若く、恋に落ちていて、ユトランド半島中部のミッション系の環境に属しているのと、ノアブロー*の暴走族に属しているのとでは大きく違います。

学校のクラスのなかでさえ、そこに存在する二つの小集団における規範に大きな違いがあります。私達は、みんなどこかに帰属する必要がありますし、同じような気質をもつ人々のなかに混じり、私達を受け入れてくれる仲間や連帯感を感じる仲間をもつ必要があります。これは、子どもも大人も同じことです。私達は外へ向けて自分の帰属関係を示し、装い方

（一種のユニフォーム）、話す言語、お互いに対する振る舞い方などで人生を送るうえでの態度をある程度表示しています。

愛、性愛、セックスは、感情活動の最も本質的で個人的な部分です。にもかかわらず、その行為を私達は自分の属する集団の決定にまかせてしまうことが多く、また集団がかける圧力をそのまま受け入れてしまい、内心ではしたいと思っていないようなことでも集団の圧力のままに行ってしまうことが時々あります。

多くの**性交**（そして、多くの初体験）を帰属集団がかける圧力のままに行ってしまう場合もあります。そこでは、恐らくその若者が内心ではその気持ちがなくても集団の規範に応えたいと思うために性交を行ってしまうのです。

またその逆に、若くて、恋をしていて強い性愛の欲求があるにもかかわらず、性愛が夫婦という枠のなかでだけしか許されない宗教団体に属していれば、愛し合う「許可を得る」ために非常に若くして結婚をしてしまうということも起こります。

私達の誰もが、人生における多くの状況で集団の圧力に屈していると言えます。しかし、自分を探し求め、恋愛生活における自分の内面の声や欲求に耳を傾け、周囲の圧力から自分を解放しようとする努力が大切です。それは容易なことではありませんが、自尊心をもちたいのであれば必要なことです。自分を受け入れて自分を好きだと思うことは、他人を受け入れて愛するための第一条件となるのです。

＊：首都コペンハーゲンの一市街区域。

子ども —— 受精によって、新しい人間の生命が形成されます。「第1章 愛から子どもへ」を見て下さい。

私達は、新しい小さな生命が女性の子宮に宿って成長する間を「**胎児**」と呼び、その胎児が生まれてから成育するまでを「**子ども**」と呼びます。

人間の生は、受精から死に至るまで絶え間なく発展と成長を続けます。胎児、子ども、大人という名称は、その生の様々な段階に対して人為的に付けられた呼び方です。

骨盤底 —— 骨盤底は、**性器**や直腸を取り巻く筋肉からできていて、特に女性では性交時の充実感や排尿機能に大きな影響を及ぼします。出産によって骨盤底の筋肉は弱くなり、のちになってからは尿を我慢するのが難しくなることがあります（失禁）。飛び跳ねたり、笑ったり、咳をしたりする時に尿をもらしてしまう女性が少なくありません。これは、体操による訓練で解決できます。次項目を参照して下さい。

骨盤底体操 —— この体操では、骨盤底の筋肉を強くする目的で筋肉を引き締めます。子どもを産んだ女性は、出産後最低半年間、1日に数回はこの体操をするべきです。また、この体操は、性的な問題の治療にも使われています。「第4章 大小の問題」を見て下さい。

骨盤底体操に関する本は、図書館で借りることができます。

言葉によるセックス —— 言葉を使ったり言葉を聞くことによって得る性的な快感や興奮のことです。優しくてきわどい言

葉は、性愛における一般的な香辛料となります。

子どもとセックス ── 生まれた時から、私達は性的な感情や関心をもっています。幼児は自分の**性器**をいじりたがりますし、あらゆる年齢の少年少女はそれによって**オーガズム**を感じることがあります。もう少し年齢が上になると、自身の身体がどのようにつくられていて、どのように機能するかだけなく、他人はどうなのかということにも興味をもち始めます。そして、その興味は様々な遊びによって表出します。例えば、**お医者さんごっこ**、ままごと（家族ごっこ）、性交ごっこなどです。

　これらの興味は自然で健康的な好奇心の表れであり、子どもが成長し、もはや遊びが遊びでなく現実の出来事になるその日に備えたトレーニングなのです。

　子ども達の恋人ごっこに憤る大人達もいますが、多くの場合、それはその大人自身が自分の恋愛生活に抑制された関わり方をしているからです。そして、そうした大人達は、自分の子どもを何事もなく平穏に遊ばせようと躍起になるのです。

コールガール ── 客が指名して呼べる売春婦のことです。この形態の**売春**は、広告などでは「エスコート」（案内、付き添い）と呼ばれ、そうした売春婦は自らをエスコートガールと見なしています。エスコートの内容は、街でのナイトライフ、ビジネスの晩餐やホテルのベッドなどに同行することです。

コンジローマ ── **性器**周辺にできるイボ状の腫瘍で、ウイルスによって起こります。コンジローマは感染します。コンドームは感染を予防します。「第7章 STD－性感染症」も見て下さい。

コンドーム（ゴム、避妊具） ── コンドームは薄くて強力なゴムのカバーで、**性戯や性交**の時、膣（口、直腸）に挿入する前に硬くなったペニスに上から被せます。

　コンドームは、確実で簡単な優れた**避妊具**です。望まない**妊娠**を防ぐとともに、エイズや他の性感染症も防ぐ唯一のものです。そして、新しい、または次々と相手を交換するような性交をする際には、たとえ別の**避妊**方法を同時に行っていても常に使用すべきです。その使用方法と効能に関しては、「第5章 避妊－あなたの愛を守って下さい」と「第7章 STD－性感染症」を見て下さい。

【サ】

最愛の人 ── 現在、一番愛しいと思っている人のことです。決まった恋人であったり、一緒に住んでいる人のことであったりする場合もあれば、恋に落ちたけれども翌日には飽きてしまう人であったりする場合もあります。または、たった今ここで愛し合ってはいるけれど、翌朝、隣りで目を覚ましたら気分が悪くなるような人のこともあります。たとえつろいやすいものであっても、最愛の人に対する感情は強いものです。

最低年齢 ── 性的な最低年齢は15歳です。これは、法律によって15歳未満では性的

性的最低年齢

　日本の場合、青少年の売買春行為を禁じた法律（児童福祉法34条1項6号）のなかでは、ここに該当する「若者（青少年、児童）」の定義として18歳未満の男女となっている。また、長野県を除く46都道府県の自治体では青少年健全育成条例を制定し、何人も青少年を相手に「淫行」「みだらな性行為等」「わいせつな行為」は禁止とし、大人に処罰する規定（5県は青少年自身も処罰対象）があるほか、それらの行為を教える・見せる行為などを規制する条文（淫行処罰規定）の通称である「淫行条例」というものが存在する。ここでも、青少年は18歳未満の男女を指しているが、何歳から青少年不純異性交遊になるかの規定、また性交禁止年齢などの規定はない。

　諸外国の場合、性行為に関する年齢制限、すなわち性交同意年齢（Age of content. 性交の同意能力があると見なされる年齢）が存在する。これは、性行為に関する実質的理解が可能か否かを基準の中心にして設定されており、多くの国では14歳～16歳程度となっている。ただし、売買春については18歳未満を買春することが禁じられていることが多い。日本の現行刑法（強制わいせつ罪、強姦罪を規定。13歳未満への行為は暴行等を用いなくても処罰）では性的同意年齢は13歳に設定してあるが、児童福祉法は18歳未満を児童とするため、一般には18歳以上という認識が広まっている。

　2004年9月22日、東京都は中学教師らでつくる「青少年の性行動について考える委員会」を設置し、「保護者らは安易な性行動をさせないよう努めなければならない」といった罰則のない規定を「都青少年健全育成条例」で設ける構想について議論した。人工妊娠中絶や性感染症の低年齢化に歯止めをかけることが目的で、中学生以下の性行為を条例で抑止できないかとの狙いもあった。この委員会では「特に、義務教育程度の時期の青少年については、性交を慎むべきであること」が委員の一致した意見であるとし、「その理由は、義務教育期間である中学生までの時期は、大人になる前の準備段階と考えることができ、人間としての生き方、コミュニケーション能力など社会で生きていくための必要最低限のものを、まず学ぶべきであること、また、性や性のリスクという非常に大事な問題を正しく理解できるのか疑問であることなどである」と述べられている。

　現行の「都青少年健全育成条例」では、「青少年に対する反倫理的な性交等の禁止」の部分で第18条の6に「何人も、青少年とみだらな性交または性交類似行為を行ってはならない」と規定されているのみである。

（参考：朝日新聞、「ヤフージャパン」ニュース2004年、
www.5f.biglobe.ne.jp,
www.metro.tokyo.jp,
http://ja.wikipedia.org）

な交わりをもってはいけないと定められているということです。性的な交わりとは、多くの場合**性交**を指しますが、15歳以上の女性あるいは男性が、15歳になっていない少年／少女と（性交以外の）別の形のセックス（指で触れること、性的な愛撫）をしても罰せられることがあります。もちろん、その関係が子どもの側から見て自発的なものであったとしても同じです。

性愛生活を始めるのに年齢制限を行うということは四角ばった話で、性愛生活の実験を試みている15歳未満の恋人2人に罰を与えようと考える人はおそらく両親を除いてほかにはいないでしょう。当然、成熟度と**性戯**を行いたいという欲求には人によって大きな差があります。

年齢にかかわらず、お互いが望まない**妊娠**や性感染症から自分達を守るための十分な知識を備えて用心ができるようになって、初めて性交を行う準備が整ったということになるのです。「第5章　避妊－あなたの愛を守って下さい」と「第7章　STD－性感染症」を見て下さい。

性的な最低年齢に関する法律は、若者が愛し合うこと（性的な関係をもつこと）を妨げるために制定されたものではなく、大人による性的な利用や暴行から子どもや若者を守るために制定されたものです。「第9章　愛を踏みにじること」を見て下さい。

挫折 —— 挫折するということは、常に辛いものです。**性愛**や**恋愛**の分野でもそれは同様です。あまりにも多くの挫折、または克服することが難しすぎる挫折は、自らに**劣等感**を与えて惨めさを感じさせてしまいます。そのため、仮に次にチャンスが訪れた時も、また新たな挫折をするかもしれないという恐れを抱いてしまい、そのチャンスをのがしてしまうことがあります。

しかし、たとえ挫折が辛く痛みのあるものであったとしても、その体験は決して無駄にはなりません。挫折を通して、私達は自分自身や他人について多くのことを学び、将来役立つであろうことをそこから得ることができます。常に未来はあるのです。今日、あなたが味わった挫折は、まさに明日あなたが勝ち取る勝利の基盤となるかもしれません。

殺精子剤（クリーム） —— ペッサリークリームの項と、231ページを見て下さい。

殺精子剤（フォーム） —— 231ページを見て下さい。

サディズム、サディスト —— 他人に苦痛を与えたり虐待することによって性的な快感を感じる人のことを「サディスト」と呼んでいます。この名称は、無情、粗暴あるいは暴力的な行動をする人に対しても用いられますが、その場合は、本質的なサディズムとは関係がありません。

サディストという名称は、フランスの小説家サド侯爵に由来しています。彼は、苦痛を与えたり拷問したりすることによって得る性的快感について著した人です。282ページを見て下さい。

サティリアーシス —— ニンフォマニア（女性性欲過剰症）の男性版です。サティロスというのは、助平、雄牛、つまり淫乱な男性のことです。

サド・マゾヒズム —— サディズムでは虐待することで、またマゾヒズムでは虐待されたり苦痛を与えられたりすることで性的快感を得ます。一方がサディストで、もう一方がマゾヒストであるサド・マゾヒズムの関係では、双方が喜びを得られることになります。

恋愛でサディスティックな快感に溺れたり、想像でそうした夢や憧れをもつことと、その人の人間性とは何の関係もありません。サディストは、通常感じがよく、優しくて穏やかな人ですし、マゾヒストは強健で支配的な人であることが多いです。282ページを見てください。

差別 —— 性（性差別）およびその視点、人種（人種差別）および肌の色、宗教、国籍などを理由として、人に対して異なる処遇をすることです。デンマークでは差別することは法律で禁止されていますが、だからといって人々の間に広くその考え方が行きわたっているわけではありません。

民主的な社会においても、外見、信仰、あるいは愛し方において少数派に属する人々には厳しい現実が待ち構えています。「第8章 愛の少数派」を見て下さい。

座薬 —— 円錐形の錠剤タイプの薬剤で、肛門に差し込むか（直腸座薬）または**膣**に差し込んで使用します（膣座薬）。膣や腹部における多くの炎症は、膣座薬で治療することができます。

避妊用の殺精子剤にも座薬タイプのものがあります。232ページを見て下さい。

産児制限（避妊、妊娠予防） ——「第5章 避妊－あなたの愛を守って下さい」を見て下さい。

産婦人科医 —— 女性の病気（女性の**性器**に関係のある病気）や出産に関する専門の医師のことです。

肢 —— 腕や足は肢です。肢には、第3の足（陰茎）という意味も含まれています。ペニスの項を参照して下さい。

幸せ ——「そして、彼らはずっと幸せに暮らしました」。このように多くの物語は終わりますし、ついに私は幸せを見つけたと、多くのポップソングでは歌われています。私達は「幸せ」というものを、喜びや満足、歓喜や歓楽に満ちた、争いのない状況として想像します。

しかし、このような状況はそう簡単には存在しません。そして、もし見つかったとしても、私達がその状況に対して退屈で死にそうにならないかどうかは非常に疑問です。

幸せとは充実した人生のことであり、その充実した人生には、喜びや悲しみ、歓喜、失望、怒り、満足、至福などがあります。多くの人々にとっては、充実した人生とはパートナーとの充実した生活であり、充実した恋愛生活、性愛生活です。それは、ただ与えられるものではありません。そのために、努力をして奮闘しなければ得られないものです。愛には、常に気を配ることと、大切に育むという姿勢が必要です。

充実した恋愛生活を得るために行う長い努力の間に、大小多くの幸福の瞬間が訪れます。そして、同時に失望もやって来ます。幸せは永久に続きません。しかし、幸せな状況にある時は時間が消え去って「一瞬」が「永遠」にも感じられるものです。

自慰 ── オナニーの項を参照して下さい。

ジェラシー（嫉妬） ── 愛する人に拒絶されたと感じたり、愛する人を失うことを恐れたり、愛する人の気持ちを疑ったりする時に起こるのがジェラシーで、かなり辛い精神状態になります。

　嫉妬は、恋をした時と同じぐらい強烈に心を占領する感情です。そしてまた、思慮分別をもってしても克服するのが難しいことがあります。

　嫉妬の理由がよく分かっている場合があります。自分の愛する人が熱い感情を寄せてくれていないことを感じたり、愛する人がほかの人に恋をしていることが分かった時です。また嫉妬は、理由のない想像上のものであることもあります。愛する人を失ってしまうのではないかという、責めさいなむような疑いと不安が想像のなかだけで先行してしまうのです。そのような場合は、愛する人が自分を好きでなかったり、密かに嫌っていたり、別の人を愛しているのではないかと妄想してしまうのです。

　理由のない嫉妬は、現実的な嫉妬と同じくらい、あるいはそれ以上に強烈なことがあります。そうした嫉妬は、その感情にさいなまれている人、長期間にわたる疑惑や不信感を抱かれ、スパイ行為をされて堪えられないその人のパートナー、またその2人の関係を激しく消耗させていきます。

　すべての人が、互いの恋愛が横道に逸れた時とか、愛する人がその愛情を他人に注いだ時に嫉妬の感情を知ります。これは、兄弟間、友達同士、恋人同士に起こるごく自然な感情です。つまり、嫉妬を感じて心が痛むということは、好意をもっている人を失うのではないかという恐れを表現したものと考えることができます。

　ただ、理由のあるなしにかかわらず、病的に嫉妬する人、現実が歪められ、世界を嫉妬という感情のなかでしか体験できないほど嫉妬にさいなまれている人の場合は状況が異なります。こういう形態の嫉妬は、深刻な不安感や劣等感からくるものです。自分には何の価値もないと劣等感を抱いてしまったら、私達は、ほかの人から愛され得るのだと考えることができなくなってしまうでしょう。

　嫉妬している人は、留まるところを知らずに相手の愛情の証を求め続けます。「私のこと愛してる？」、「愛していると言って！」というようにです。そして、同時に、愛する人が自分を愛していないという逆の証を探し求めるのです。その結果、自分は価値のない人間なのだという劣等感が事実であるということが証明されてしまいます。

　病的で、支配的、制圧的な嫉妬は、医師や心理カウンセラーの専門的な治療を必要とすることがあります。特に、嫉妬にとりつかれた人やその周囲の人達が健全な人生を送るためにも治療は必要です。

　私達みんなが多かれ少なかれ感じる自然な嫉妬という感情に対しては、しっかりと取り組むようにしなければなりません。そうすれば、私達から力を奪ってしまったり、私達の人間関係を壊したりすることはありません。嫉妬の感情を認め、向き合い、その感情について恋人と話し合うことが大切です。また、私達がパートナーに手かせ足かせをはめてしまうことにならないよう、愛する人に決まった方法で感情を示すことを要求しないよう、

あるいは私達自身、またはパートナーの自由を損なうことのないように努力していくことが大切です。

愛する人をつなぎとめておく最良の方法は、信頼していることを示し、自由を与え、要求するのを止めることです。「第2章 子どもから大人へ」を読んで下さい。

嫉妬

子宮 —— 子宮は女性の内性器の一部です。小さな西洋梨ぐらいの大きさと形をした筋肉で、末端が狭くなっており、**膣**の延長として位置しています。膣から**子宮頸管部**を通じて子宮腔（子宮内）、つまり粘膜で覆われている穴のような空間へと1本の管が通っています。ここから、1本の管がさらに両側へ**卵管**にまで延びています。

子宮の機能に関しては、**妊娠**、**月経**の項、そして「第1章 愛から子どもへ」と「第2章 子どもから大人へ」を見て下さい。

子宮外妊娠 —— 胎児が子宮腔外、通常片方の**卵管**に存在する形の妊娠のことです。

子宮口 —— **膣**から**子宮頸管部**を通じて子宮腔へと通っている管の入り口のことです。子宮を西洋梨と考えると、子宮口は梨の軸がささって止まっている部分となります。142〜143ページの図を参照して下さい。

子宮頸管部 —— 西洋梨の形をした**子宮**の狭くなった末端部です。子宮頸管部は**膣**の底に少しだけ突き出ていて、指で感じることができます。142〜143ページの図を参照して下さい。

刺激すること —— 欲望を目覚めさせることです。性的な刺激とは、誘うような視線から愛撫に至るまで、パートナーと自分自身の性的欲望を高揚させるものすべてが当てはまります。

試験管ベビー —— 女性（母親）の子宮外で人工授精によってできた子どものことです。精子注入の項を参照して下さい。

女性の**卵管**閉塞が原因となる**不妊**の場合、その女性の**妊娠**を援助できる可能性があります。小さな手術によって女性の**卵巣**から**卵子**を取り出し、父親となる男性の**精子**少量と共に試験管に入れます。試験管のなかで受精が起こった後、その受精卵を女性の子宮に戻します。この手術が成功すれば受精卵は着床して発育し、正常な妊娠状態が進展していきます。

自己防衛 —— 暴行などに対しての自己防衛の方法（護身術）を習得するスポーツは数多くあります。

多くの少女や女性は、強姦されるのではないかという（妥当な理由のある）不安にかられています。**強姦**の項を参照して下さい。自己防衛の方法を身に着けることは、不安をすばやく取り除くためには良い方法です。さらにそれは、強姦にさらされる危険を少なくすることにもなります。また、もし厄介な状況に陥ったらどうするべきかを知り、その状況から切り抜けることができるという自信と強さを与えます。

どんな形態の自己防衛のための方法を習得するかはたいして重要ではありません。大切なのは、切り抜けられるという自信をもっていることと、攻撃を受けた場合の対処法を知っていることです。

自己防衛

ジゴロ —— 売春をする男性のことです（女性に性を売る男性、**男娼**は男性同性愛者に性を売ります）。

思春期 —— 人生において、子どもから大人へと成長していくと同時に、性的にも成熟して、自らの子どもを産むことができるようになる時期のことです。思春期は、通常、10歳〜15歳の頃に始まり（少女の方が少し早い）、18歳〜20歳ぐらいの年齢で終わります。

クラスのなかで最初に思春期を迎える人は、かなりの精神的な負担を抱えることになるでしょう。しかし逆に、一番遅れて思春期を迎え、他のみんなが大人のように見えるのに自分だけが子どものように見えることもまた負担となります。ただ、そのような状況は、成長期の差異が均一になるまでのほんの一時でしかありません。「第2章 子どもから大人へ」を見て下さい。

Gスポット —— **膣**の前方壁にある小さな領域のことです。**性戯**のときにGスポットを刺激される（押されたり、掻き回されたりすると）ことで特別な快感を感じ、簡単にオーガズムに達する女性もいます。また、性交時にはペニスでGスポットに刺激が与えられます。

女性のオーガズムは世間一般において多大な関心事となっており、オーガズムを引き起こすことのできるスイッチの探索が精力的に行われています。現在では、**陰核（クリトリス）**をこするとオーガズムが起こるのであって、膣とペニスはオーガズムに関しては何の意味ももたないという解釈が一般的となっています。そのため、世界中の数知れない多くの若い男性が、クリストスを何時間にもわたってこするという事態となっています（それも、やっとのことでクリストスを探し当ててからの話ですが）。

これらと違って、女性のオーガズムは

膣から起こるという考え方が支配的な時もありました。オーガズムが得られるスイッチを探し続けることは、虹の根元を探すのと同じぐらい困難なことです*。

こうした論争においては、人間が始動ボタンや速度加減装置のついた機械ではないこと、また神経をもつただの肉体でもないこと、そして私達人間はすべて同じではないということが忘れられています。オーガズムは一つのスイッチを押すことで起こるものではなく、様々な愛撫や慈しみ、安心感、恋人への信頼といった相互作用によって起こるものなのです。つまり、自分が身を任せている相手に抱く感情の集約なのです。感情と愛撫の相互作用のなかに、オーガズムは隠されています。

ですから、クリストスを愛撫されることが気持ちよいと感じる女性もいれば、Gスポットを愛撫されることで快感を得る女性もいるのです。また、別の女性は、陰唇あるいは膣の入り口を愛撫されることを好むかもしれません。

オーガズムを得るためのスイッチがあるという神話を消し去るためには、クリストスを切り取った女性(女性の**包皮切除術**)も最高に心地よいオーガズムを得られるという事実を提示すればよいでしょう。それに、膣にまったく触れられなくても、オーガズムを得られる女性がいるのです。

さらに、どこを愛撫されることが気持ちよいと感じるかには、様々な女性／男性によって大きな違いがあります。適切な状況であれば、ただ自分の愛する相手のことを考えたり、相手を目にしたり、身体を寄せ合ってダンスしたり、ほんの少し耳をなめたりするだけでも情熱的な2人はオーガズムを得ることができます。

愛は、テクニックではありません。必要とする技術的な知識は、あなたの好奇心や率直な態度、数多くの経験から得られるものです。もし、みなさんがGスポットを探し求めているのなら、膣のなかの前方壁4〜5cmぐらいのところを指で触れてみて下さい。少し滑らかで、ふっくらと盛り上がった枕のような形のものが感じられるはずです。この場所を突き止めるのは容易なことではありませんが、探し求めるプロセスは気持ちのよいものです。

自分で探索したり、お互いに探り合ったり、また性愛の遊戯を行うなどの時に指を膣に入れる場合は当然ながら清潔でなければなりませんし、爪はきちんと切ってきれいにしておきましょう。**清潔さ**の項を参照して下さい。

*：虹の切れる端には宝が埋まっているとされている。

私生児（雑種）── 非嫡出子、つまり夫婦外で生まれた子どもに対して言われる悪口です。この言葉は、ごく最近まで根強くあった**偏見**に基づく表現です。もちろん、どのような関係のもとに生まれてきた子どもであっても「純粋なもの」であり、「雑種」であるはずがありません。「雑種」という言葉は、現在では動物界で用いられています。例えば、純粋な血統の親をもたない犬のことを「雑種交配」というようにです。

*：デンマーク語の「bastard」は「雑種」という意。この言葉は「純粋でない」という意味から、日本語の「私生児」にあたる語としても使われている。

シックスナイン

持続勃起症（Priapos プリアポス）—— ギリシアの豊穣の神で、様々な彫像や絵や写真などでは額に角がはえ、勃起した巨大な陰茎をもつ小柄な男性として表現されています。

持続勃起症は非常に辛く、ペニスが病的な原因から膨張して萎えることができない状態です。このような状況になると、直ちに医師の治療が必要となります。さもなければ、ペニスに壊疽が起こってしまいます。性的な興奮が原因で持続勃起症になることはありません。

死体性愛者、屍姦・死体（性）愛 —— 死体と性交することに性的興奮を感じる人のことを「死体性愛者」と呼びます。愛の少数派の項を参照して下さい。

シックスナイン（69） —— 恋人2人が69体位になると、お互いにパートナーの性器を口で愛撫することができます（同時オーラルセックス）。この体位は、異性愛者、女性同性愛者、あるいはゲイであっても同じくできます。

しつけ —— しつけとは、私達が子ども達に与える影響を統合したものです。恐らく、私達は直接子どもをしつける必要はないでしょう。というのも、どのように子ども達が振る舞うべきかについて忠告したり、また禁止および戒めをするためには多大なエネルギーが費やされてしまうからです。

子ども達は、言葉と行動の違いをいち

早く学び、嘘をついてはいけないと言いながら自身は嘘をつき、法律を犯してはいけないと言いながら税金をごまかして酒類を密売し、お互いを信じなければならないと言いながら自ら約束を破るような大人達の偽善を簡単に見抜いてしまいます。

　優しくて、正直ではつらつとした子どもになって欲しいと思うのなら、自分自身が優しく正直ではつらつとしていて下さい。どういうことをその子どもに語ろうとも、大人自身がこのような態度でいることによって子ども達は育つのです。

実際に試してみる ── 実際に試してみることは、立ち止まるために必要なのではなく、自分を伸ばし、自分や他人、世界、人生に関して新しいことを学ぶために必要なことです。実際に試してみることによって経験と知識が得られますから、失敗した場合も、成功した時と同じぐらいに役立ちます。

　愛や性愛には、成長し存続していくための実験が必要です。**性愛**が枯れたものになり、予測のつかないことは何一つ起こらない、1日、1週間、1ヵ月にもわたって単調で平凡な日々になってしまいたくなければ、生涯を通じて好奇心や遊びへの欲求をもち続けることが重要です。

　もし、一つの試みが成功しなかったとしても再度チャレンジしてみて下さい。あるいは、別の実験を行ってみて下さい。性愛には、まだあなたが足を踏み入れたことがない小道がたくさんあり、そこにはきらめく光があふれています。しかしそれらは、探そうとしなければ決して見つかるものではないのです。

失恋の悲しみ ── 愛している人が自分から去って行く時に起こる**危機**状態のことです。もし、恋人が別の人のために自分を置き去りにしたのであったら、失恋の悲しみは、しばしば失ったものへの悲しみと**嫉妬**の入り混じったものになります。

　他の危機と同じように、失恋の悲しみも切り抜けていかなければならないもので、自分でしっかりとその痛みを受け止め、それを表現しなければなりません。また、他の危機と同様に、失恋の痛手はターニングポイント、新しい可能性をもつ新しい人生の始まりともなります。

射精（男性） ── 気持ちのよい感じ、あるいは**オーガズム**と呼ばれる強烈な快感によって、男子または男性に起こるものです。

　射精は通常、男子の硬くなったペニスが愛撫されたり、短時間または長時間こすられたりした後に起こります。男子・男性の射精とオーガズムは、機械的な行為や摩擦だけで起こるものではなく、いろいろな感情や夢、思考などによっても起こります。

　男性は、自分でペニスを愛撫したり（オナニーの項を参照して下さい）、他人に愛撫されたり、時にはただ興奮するようなことを想像しただけで射精に至ることがあります。眠っている間に興奮するような夢を見た時に勃起したり、射精したりする（**夢精**）のはごく普通のことですが、仮にそうした夢を見なくても起こることがあります。

　性戯／性交時に、男子の方が女子よりずっと簡単に、また早くオーガズムに達してしまうのが一般的です。射精は、女性においても男性においても悪いことで

はありません。「第3章　愛―性愛―セックス」と「第4章　大小の問題」を見て下さい。

射精*（女性）── オーガズムに伴い、液体を分泌する女性も何人かいます。尿道から出てくるのですが、尿ではないその液体は恐らく尿道のなかにある腺でつくられるのだろうと考えられています。この現象は「女性の射精」と呼ばれ、性戯を特に気持ちよいものにすると言われています。
「射精」を経験する女性は、それを恥ずかしいことだと思ってしまいがちですが、男性が自分の射精を恥ずかしがる理由がまったくないのと同様、女性も恥じる必要はありません。

*：「女性の射精（ejaculation）」は原文のままの表現。女性の場合は「オーガズムに伴う液体分泌」であり、男性の「射精」に相当する専門用語は特に見あたらない。

射精、早漏、遅漏（遅延性遺精）、射精欠如── 209ページを見て下さい。

しゃぶる── 口でのセックス（オーラルセックス）の項を参照して下さい。

周期（サイクル）── 巡回または循環ということを意味し、再び最初から繰り返される出来事の規則的な時間的間隔を表します。例えば、月経の始まりから次の月経の始まりまでの期間である月経周期などです。
　周期はまた、「自分の周期をもつこと」という表現で月経の名称としても使われています。

重婚── 同時に2人の人間と結婚していた場合にこう呼ばれます。そうなると、重婚者ということになります。重婚は、私達の社会では法律に反するものであり罰せられるべきものですが、他の文化においては合法的で、複数の配偶者をもつこと（複婚）が一般的となっている所もあります。

獣性愛、動物性愛── 動物との性行為である獣性愛は、大多数の人が考える以上に普及しています。動物が人間のパートナーの代わりを務めているとよく言われますが、純粋な獣性愛者は、動物と行う時にだけ性的満足を得ることができるのです。286ページを見て下さい。

受精── 卵子の受精は、その卵子が精子と一つになり、新しい生命を生み出す瞬間に起こります。「第1章　愛から子どもへ」を見て下さい。

受胎── 受精の項を参照して下さい。

受胎している── 動物が妊娠していることを「受胎している」と言います。

出血── 特に、成熟期にある女子／女性の、毎月訪れる出血のことを言います。月経の項を参照して下さい。
　時に、愛情の発現は女子あるいは男子の性器から出血する原因ともなります。女子の最初の性交では、しばしば破れた処女膜から少量の出血を見ることがあります。また、包皮の小帯が短いためにひきつる男子も何人かいます。つまり、激しい性交でそれが切れて少し出血するのです。稀なケースでは、精液に血が混じ

って薄赤くなることもあります。通常、これは異常でも何でもありません。もし、繰り返し出血するようであれば、その時は医師に相談して下さい。

出産（分娩）──「第1章 愛から子どもへ」を見て下さい。妊娠および出産中は、女性の身体と心に大きな変化が起こります。小さな新しい人間が家族内にやって来ることは、親となる夫婦の感情や生活がまったく変わってしまうことを意味します。出産は恋愛生活において最も画期的な出来事で、当然ながら、妊娠中と出産後は夫婦生活に大きな影響を及ぼします。「第4章 大小の問題」を見て下さい。

出産予定日──妊娠の項を参照して下さい。

授乳──子どもに乳を与えることです。母親が自分の子どもに授乳する時は、母親が乳を与え、子どもがその乳を吸います。昔は、裕福な親が、乳母つまり高貴な婦人の子どもに授乳する女性を雇うのが一般的でした。そうすることで、その婦人は自分の乳房を美しく保つことができたのです。ただ、それによってその母親が子どもとの大切な身体的、感情的なつながりを絶ってしまったことは明らかです。さらに乳房は、他の身体の部分と同様に単なる飾りではないのです。

守秘義務──いくつかの職業には守秘義務があります。例えば、牧師や医師などです。これは、あなたが牧師に話すことのすべて、また医師の診察中に起こることのすべてが、あなたと牧師または医師との間だけに留まることを意味します。これは、あなたの年齢とは関係がありません。

医師は、あなたの両親に対しても守秘義務を尊重しなければなりません。このことは、あなたが安心して医師に問い合わせ、性に関する質問、例えば**避妊**、**妊娠**することへの不安や性病にかかることへの不安、あるいはただ自身やあなたの身体に関する疑問や不安を安心して話し合えることを意味します。ただ一つだけ、牧師や医師の守秘義務には例外が存在します。それは、彼らがその守秘義務を破

授乳

ることによって深刻な犯罪(例えば殺人)を防ぐことができる場合です。**医師**の項も見て下さい。

純粋な愛 ── 私達は、自分をさらけ出せる相手に対して純粋な愛情を抱きます。その相手とはまた、自分の至福や喜びだけでなく、怒りや失望や悲しみも見せられる人であり、自分の夢や希望を分かち合ってもよいと思える人、そして私達の心のなかに常に存在する、つまり私達が好きだと思っている人なのです。

常軌を逸した ── 法的観点から見て、不貞な、淫らなという意味です。常軌を逸した行動とは、通常、罰せられるべき性的行為であると解釈されます。「第8章 愛の少数派」と「第9章 愛を踏みにじること」を見て下さい。

少数派(マイノリティー) ── たとえあなたが愛の世界において少数派に属していたとしても、あなたの感情は多数派と同じぐらい正統なものです。「第8章 愛の少数派」を見て下さい。

小帯 ── 包皮小帯の項を参照して下さい。

娼婦 ── 売春婦の項を参照して下さい。

勝利者のシャツ ── 大網膜、新生児・胎児の頭部を覆っている羊膜の一部のことです。これを身にまとって生まれてきた子どもは、「勝利者のシャツを身に着けて生まれた」と言われています。

　古い迷信によると、これは、その子どもが将来大物になる、幸運になるという意味です。*

*：昔、これを吉兆として「幸福の帽子」と称し、水難よけのお守りとした。(研究社新英和辞典)

初経(初潮) ── 少女の最初の月経のことで、通常は、その少女が性的に成熟していて妊娠が可能になったことを意味します。初経は、普通10〜15歳の年齢で訪れますが、特に何の問題もなくて、それ以前か以後に訪れる場合もあります。

助産婦(母) ── 専門教育を受けた分娩(出産)の助手のことです。昔から、女性のみが助産婦としての教育を受けることが伝統となっていましたが、この女性だけという性的な独占状態はささやかなものであり、打ち破られるのはもはや難しいことではないでしょう。将来、「助産夫(父)」が一般的なものになるかどうかは時が証明してくれるでしょう。

処女(乙女) ── 未婚の女性に対する古い名称です。現在では、膣にペニスを挿入したことのない少女／女性の意味で使われます。多くの性愛遊戯の機微を熟知して経験を積んでも、**性交**だけをしなければ依然として処女でいることができます。こういう人のことを「テクニカルバージン」であると言っています。

　性交の際、**処女膜**が破れます。それだけでなく、ほかのことが原因となる場合もあります。例えば、タンポンを使用したり、**オナニー**をしたりすることです。そして、生まれつき処女膜を思わせるようなものがない少女も極少数います。ですから、処女膜の存在は、その少女が処女であるかそうでないかを決定するもの

ではありません。また、彼女がどれほど性的に経験が豊富であるかを決めるものでもありません。処女膜の項を参照して下さい。

処女受胎 ── 私達のキリスト教文化は、特に男性と交わることなくイエスを受胎した処女マリア（聖母マリア）に関する説明を基盤として形成されています。

いったい、どのようにしたら女性の**卵子と精子が受精**することなく妊娠できるのかということは、私達がもつ生活や人生に関する知識からすると相容れません。けれども、信仰は知識に依存するものではありませんし、知識をもっていたところで、私達には人生の本質的な真実を見つけることは決してできません。歴史は美しいものです。たとえ聖母マリアが熱く花咲き誇るような性愛生活を送ったのだったとしても、その歴史の美しさは薄れなかったのではないでしょうか。

処女性（処女膜） ── 女性の**膣**の入り口にある薄い、輪の形をした狭窄部（きょうさくぶ）のことで、その処女膜に一つの穴（大きさは大小ある）が開いていて**月経血**を通しています。

ごく稀なケースでは、処女膜が完全に閉じている人もおり、初潮の際に血液が流れ出ることができず腹部に痛みを感じることがあります。しかし、医師が処女膜に小さな切開を行うことでこのような状態は簡単に治せます。

処女膜が破れることで、膣への通り道が拡大します。破損は、多くの様々な方法において起こります。例えば、タンポンの使用、**オナニー（自慰）**、自転車に乗ったり体操をすることなどです。このような形で破損しなくても、最初の**性交**の時に処女膜は破れます。処女膜が破れると突き刺すような痛みが起こって少量の出血がありますが、痛みはすぐになくなり出血も自然に止まりますので、初めての性交を恐れる必要はありません。

少女期における最初の性交の時には、相手の男性が十分慎重に振る舞い、ペニスをゆっくりと優しく挿入し、少女の反応に注意をしなければなりません。

ペニスまたは外陰部に少量の食用油か潤滑クリームを塗ると、処女膜を破って通り抜ける時に楽になるでしょう。**滑らかな状態**の項を参照して下さい。

初めての性交の時でもコンドームは使用できます。女性に痛みを感じさせずにペニスを挿入することができない場合は、殺精子泡剤（細かく緻密な泡状物質）や膣座薬（避妊薬）を使うことも可能です。「第2章 子どもから大人へ」と「第5章 避妊－あなたの愛を守って下さい」を見て下さい。

稀なケースとしては、処女膜が強靭なためになかなか破れないことがありますが、医師のもとでの局部麻酔をかけた処置によって治すことができます。また、処女膜が破れずにいる女性のことを「処女」と呼びます。

処女の（貞淑な） ── 慎み深く、性愛において経験がないこと、処女であることです。昔、男性は、自分が結婚したいと思う女性が処女であることを重視していました。それと同時に、結婚するまでの間あるいは結婚後も不倫を楽しむ相手の女性には、性交の意志や淫乱さがあって欲しいと考えていたのです。この**二重モラル**は時代遅れとなりつつありますが、

依然としてその名残が少数の男性の恋愛に対する解釈のなかに見られます。

　他の文化においては、恋人／妻には誠実さと貞操を求めながら、夫の方はというと、自由に性的な享楽にふけることが当たり前のようになって広がり続けています。イスラム社会では、女性が貞淑であるべく顔や身体を隠している所もあります。

処女膜 —— 処女の項を参照して下さい。

処女陵辱 —— 処女膜が破れること、また処女が奪われることです。処女の項を参照して下さい。

女性化乳房（乳房肥大） —— 男子・男性の肥大化した乳腺のことです。**思春期**前か思春期にある男子において、片方または両方の乳首の下が硬くなったり痛くなって張ったりするのはごく普通のことです。これは、男子の**精巣**が**性ホルモン**（精巣ホルモン）を分泌し始める時、身体がホルモン作用／刺激を受けることによって乳腺が張るためです。

　張りは少しの間続き、その後なくなります。不安になったり心配したりする必要はまったくありません。それに、男子のあなたが乳房が張ってしまっても恥ずかしく思う必要はありません。あなたの友達の多くが同じような体験をしているのです。ただ、そのことを話さないか、体育の時間やお風呂のなかで胸を隠したりしているだけなのです。

　知識のない男子は、たぶん女の子に変身しかかっていると思ったり、何か深刻な状態、例えば癌になっているなどと思ってしまうかもしれません。けれども、これは異常なことでも何でもなく、時間とともになくなるのです。

　これとは別に、成人男性の女性化乳房は、ホルモンのバランスが崩れた病気か肝臓の病気の兆候である可能性がありますので注意が必要です。

女性色情者、ニンフォマニア（女性性欲異常亢進症） —— 多数の男性を必要とする病的な**性愛**欲をもち、常に**セックス**に対して十分に満足を得ることができない女性を「女性色情者」と呼びます。また、決して到達することのない満足感への休みない追求にかられる女性にとって、セックスの欲求が日常生活において負担となるほど独占的である非常に稀な場合にのみ性欲異常亢進症となります。

　性愛に喜びを感じる女性、すぐに興奮して自分の欲望を快く感じる女性は色情者ではありません。セックスに対して大きな欲望をもっている女性を「女性色情者」と呼ぶことは、古い偏見の名残です。

　女性の性欲異常亢進症に対して、男性の場合は「サティリアシス（男性性欲異常亢進症）」と呼ばれています。

序奏（前戯） —— 壮大な交響曲に入る序曲のことです。恋愛上の言葉では、**性交**に到達するまでのあらゆる性愛的な戯れ（前戯）を意味します。わくわくするような、多彩でファンタジーにあふれる序奏（前戯）は、それ自体がすばらしい交響曲となり得ます。あなたがまだコンサートへ行く装いを整えていないのだったら、つまり避妊の用意ができていないのだったら、手、身体、心で演奏をし、性交やオーラルセックスは避けるべきでしょう。「第5章　避妊―あなたの愛を守

って下さい」を見て下さい。

　自らの煽情的な空想や好奇心を発現することができるのは、愛の交響曲における序奏のなかでなのです。「第3章　愛−性愛−セックス」も見て下さい。

女装アーティスト ── 女装をする男性のことです。女装のショーでは、男性が女性の格好をして現れます。女装する人は**ホモセクシュアル**の場合もありますが、必ずしもそうとは限りません。

処方箋 ── 処方箋は調剤薬局へ提示する**医師**の説明書で、患者に対して決まった種類の薬物処方について記載したものです。処方箋には、どのような薬物がどのぐらいの量が処方されており、どのように服用されるべきかが書かれています。

　ある種の**避妊薬**には処方箋が義務づけられています。つまり、それらを入手するためには医師の協力が必要であるということです。これらの避妊薬には、例えばピル、ミニピル、注射ピルなどがあります。*

　初めてペッサリーまたは**避妊リング**（IUD）を使用する時は、医師を訪れる必要があります。医師がペッサリーの大きさを測定したり、**子宮**に避妊リングを挿入したりするからです。

　ペッサリークリームや殺精子用クリーム、フォーム、座薬、コンドームなどは処方箋がなくても購入できます。「第5章　避妊−あなたの愛を守って下さい」を見て下さい。

　＊：日本では、低用量ピルのみ認可されている。注射ピル、モーニングアフターピルは未認可だが、一部の病院では扱っている。

思慮分別 ── 思慮分別と感情は、恋愛生活上において相反するものです。人生を思慮分別のある良識のうえにのみに築いていくとなると、その人生は面白みに欠け、簡単に予測がつき、意外性の乏しいものになってしまうでしょう。だからといって、常に思慮分別を締め出して感情や衝動の赴くままにまかせていたら人生や恋愛生活も恐らく多くの体験やスリルに満ちたものとなるでしょうが、一方、それではその人自身やほかの人にとって危険で不幸な出来事だらけの人生になってしまう可能性が高くなります。「第5章　避妊−あなたの愛を守って下さい」と「第7章　STD−性感染症」を見て下さい。

　人生や愛においては、感情と思慮分別、欲求と良識が適度に混じった状態を土台とするのが一番よいのです。デートを成功させたいというなら、その場所に三つのものを同伴させるべきです。それは、あなたの愛する人、あなた自身、そしてあなたの良識です。

人工授精 ── 精子注入の項を参照して下さい。

診査（診断的検査、触診） ── 診査とは、医師が例えば**腹部の検査**（**膣診査**）をする時に、膣および子宮などの内臓に触って行う方法の検査のことです。

診査（触診）用クリーム ── 診査の際、医師がゴム手袋をはめて指にこのクリームを塗りつけます。診査用クリームは、伸びがよく、べたつかず、染みになったり粘膜を刺激したりしないという優れた性質をもっています。これは、性愛にお

いて、女性の方が少しペニスを挿入しにくい状態であったり、潤滑液を少ししか出せなかったりした場合にも役立ちます。

更年期を過ぎた女性は膣内が乾燥することがあるため、性交時に診査用クリームを使うとよいでしょう。「第4章　大小の問題」を見て下さい。

このクリームは、男子・男性のペニスや女子・女性の膣口周辺の外陰部に塗ることができます。また、診査用クリームは処方箋なしで薬局で買えます。

身体言語（ボディーランゲージ）── 私達の感情を周囲に伝える方法です。話すこととは反対に、身体言語が嘘をつくことはごく稀です。

周囲に対して身体は、私達がどんな気持ちでいるか、何を感じているかを語りかけています。これらは、多彩な範囲にわたるわずかな無意識の動き、視線、表情、しかめっつら、私達のとる態度あるいはポーズを通して行われます。

身体言語は、愛の言語の内で最も重要かつ正直なものです。ある程度自分の身体言語をコントロールすることができたとしても、身体全体で嘘をつくことは非常に困難です。つまり、身体を使って自分の一番奥にある感情を伝えるのと同様に、口では何と言っていようとも、それを言っている他人の感情を読み取ることができます。

身体言語は、私達が（なぜなのか、その理由を知らずに）出会った途端、即座に哀れみを感じたり、反感をもったりする根拠となるものです。また、それどころか、もしかしたらキューピッドの矢に打たれて一目ぼれすることもあるかもしれません。**男女の戯れの時には、身体言**

人工授精に関する法律

人工授精に関する法律第460号（1997年6月10日制定）第13条。妊娠の成立を求められている女性と別の女性との間で、前者の女性が代理母出産のために子どもを産むという契約がある場合には人工授精を行ってはならない。

解説：この法律は代理出産自体を否定したものではないが、そのために人工授精という手段が使われることを禁じている。不妊のカップルにおいて、子どもを望む父親が自然な形で他の女性を妊娠させる場合は、特にこれを否定していない。養子に関する法律第33条は代理出産の斡旋を禁じているが、上記の法律と同様、代理出産自体を禁じているのではなく、斡旋行為を禁じたものである。児童法第31条では、代理出産を行った場合、出産後の子どもの引渡しに関しては法的効力をもたないとしている。つまり、もし代理母が子どもの引渡しを後悔して拒んだとしても、原告側は法律上の子どもの請求権はもたないということである。

www.retsinformation.dk,
www.socialjura.dk,（デンマークの法律の原文を見られる法務省のサイト）参照

訳注：460号に対しては、その後いくつかの修正が加えられているが、第13条に関しては変更されていない。

語が主要な言語となります。

陣痛 ── 妊娠している子宮に起こる収縮のことです。この収縮は、腰部や腹部の強弱の痛みによって引き起こされます。

　妊娠中には、しばしば小さな陣痛（**前陣痛**）が起こります。分娩が始まると陣痛は一層強くなり、短い間隔で定期的にやって来ます。その間に**子宮口**が開いて、拡大していくのです。子宮口が完全に開き切ると、力強い**分娩陣痛**がやって来て、子宮を引き絞って子どもを外へ押し出します。150～151ページを見て下さい。

水腫 ── 精巣付近の膜に水が集積することです。水腫は、陰嚢のなかに柔らかな膨らみとして現れてきます。これは危険のない状態ですが、しばしば心配の種となります。

　懐中電灯で陰嚢に光を通して見れば、この膨らみは水分が原因となるもので精巣の肥大ではないことが明らかになります。精巣が影をつくるのに対して、懐中電灯の光は水の集積した部分を通して光り、その部分は影にならないからです。

　水腫は、少し切るだけで簡単に治ります。

ストップ・スタートテクニック ── 射精をコントロールするための技のことです。この練習は男子／男性一人で、あるいは性愛（トレーニング）のパートナーと共に行われます。192ページを見て下さい。

スプーン体位 ── 休息、愛撫、および性交の体位のことです。2人が足を曲げて横になり、前にいる人の後ろ側と後ろにいる人の前側がお互いにくっつくようになった、ちょうど引き出しのなかに並んでいるスプーンのような形を言います。

スペイン襟 ── 包皮が引っ張られて反転し、その後でペニスが硬くなった場合に**包茎**の男子／男性に起こるもので、非常に辛い状況です。ぴったりとくっついた包皮が、亀頭の下でサイズのきつい指輪のようにペニスを締め付けて膨張するため元に戻らなくなってしまうのです。このような状態になったら、医師の救急処置が必要となります。

スペイン蝿（カンタデリス） ── ある特定の甲虫種から加工される製剤*で、性欲を刺激する作用をもつとの定評があります。この物質は危険なもので、効能を信じるのであれば、性欲の刺激にのみ作用します。媚薬の項を参照して下さい。
　＊：ツチハンミョウ類を粉末にしたもの。

スペイン病 ── フランス病の項を参照して下さい。

スペキュラ ── 腹部検診の際に、膣壁を分かつために用いられる器具のことです*。
　＊：鼻、肛門、膣などの開口を広げて観察しやすくする器具。

スペルマ ── 精子の項を参照して下さい。

スペルマ・プレッシャー ── 精巣や股の部分に押されるような、また痛むような感じがあることです。もし、男子／男性が**射精**することなく短い間隔で性的に興奮したら（これは、若い時にはまったく普通のことなのですが）、腹部に非常に

スプーン体位

不快な緊張が起こります。しかし、この治療は簡単です。手でその緊張を解きほぐす（**オナニー**）か、親切な性愛のパートナーに解きほぐしてもらえばよいのです。

性愛 ── 性愛は、2人の人間の間に存在する情熱、欲望、愛撫、慈しみ、優しい言葉などを含む愛の領域で、手を握ることから**性交**に至るまでのすべてを含みます。ですから、**セックス**は性愛の一部でしかありません。愛し合うことの項を参照して下さい。

性愛の技巧 ──「第3章 愛－性愛－セックス」を見て下さい。

精液 ── 精液は、精漿と精子とから成っています。

　精子は、男子が**性的成熟**（思春期の始め）するとその精巣で形成されます。わずかにただ一つの精子だけが**卵子**と受精して女性を**妊娠**させるにもかかわらず、何百万という精子が毎日形成されています。精子は、顕微鏡でしか見えないようなオタマジャクシに似た形のもので、尾の鞭打つような動きを助けとして泳ぎ回っています。オタマジャクシの身体のな

かには核フィラメント（染色体）が入っていて、受け継がれる性質（遺伝子）をもっています。人間の細胞には23対の染色体があり、一つの精子には（卵子と同様）23本の染色体があります。一つの精子と卵子が融合して初めて、ヒト細胞を形成するに十分な染色体となるのです。精子中にある染色体の片方は、受精の際に子どもの性を決定します。**性染色体**の項を参照して下さい。

精子は、精巣から精管を通じて**前立腺**や精漿をつくる**精嚢**に運ばれます。精子は液体と混ざり、完成した精液は男子／男性が**射精**する時まで前立腺のなかに留まっています。141ページの図と176ページを見て下さい。

精液発射 ── 射精と夢精の項を参照して下さい。

精管 ── 精液の項を参照して下さい。

性感染症 ──「第7章　STD－性感染症」を見て下さい。

性感帯 ── 性感帯は身体上にある部位で、特に愛撫に対して敏感で感受しやすく、愛撫されることによって性欲が目覚めるところです。

現実には身体全体が性感帯でありますが、反応するためには魂や心を伴うことが必要です。つまり、性的に興奮をきたすためには、ある特定の場所を単に刺激すればよいというわけではなく、誰がそうしてくれるかということが重要となります。要するに、愛撫し合っている2人の間に恋（性愛）の雰囲気や性的な魅力が存在しているかということです。

もし、あなたが性的な魅力を感じ、夢中になっている人と一緒にいるのなら、あなたは身体全体が震撼するような性感帯となり、どこを触れられても相手の優しい愛撫はあなたの内部にある恋の導火線に火をつけてしまうでしょう。

愛撫を受けた時に特に快感を感じる部分、またどのようにされたら一番好ましいと思うかなどは、それぞれ人によって異なります。「第3章　愛－性愛－セックス」を見て下さい。

性感帯

性戯 ── ペッティングの項も見て下さい。性交を除く、あらゆる形態の性的愛撫や行為のことです。

性器（生殖器） ── 下着（パンツ）に隠れている部分です。女性では女性器（**恥丘、陰唇、陰核、膣**）で、それ以外に内性器があります。つまり、**子宮、卵管、**

卵巣です。男性の外性器はペニス、**陰嚢**、**精巣**で、内性器は**前立腺**、**精嚢**です。「第1章 愛から子どもへ」を見て下さい。

性器官 —— 性器の項を参照して下さい。

清潔さ —— よい性愛生活の条件とは、まめに水と石鹸を使うことです。これには、多くの様々な理由があります。

私達は、皮膚全体に汗を分泌する汗腺をもっています。身体のある部分（腋、足、股など）は特によく汗をかきます。皮膚や皮膚ひだに汗をかいたままでいるとバクテリアや酵母菌の温床となり、きつい嫌な臭いが発生したり、皮膚に炎症が起きたりします。ですから、一緒にいて魅力的であり快適でありたいのであれば、毎日身体を洗わなければなりません。長時間かいたままの汗の上にデオドラントを塗りたくっても何の役にも立たないのです。

汗は衣服にくっつきます。ですから、衣服を定期的に取り替えたり洗ったりしなければ、たとえその服の下を清潔にしていても悪臭を放つことになってしまいます。特に、股や性器の部分の清潔さには十分気を配る必要があります。ここには多くの汗腺があり、皮脂を分泌するたくさんの皮脂腺があるからです。そして、ここを尿が通りますから皮膚に数滴その尿が残ることもありますし、わずか数センチ後ろを便も通過するのです。

男子には、女子にはない悪臭源があります。**亀頭**の先頭周辺にはいくつかの小さな腺があって、皮脂（**恥垢**）を分泌しています。これは、明らかによい臭いのするものではありません。1日に最低1回は**包皮**をむいて**亀頭**を洗い、陰茎を清潔に保つようにしましょう。

少なくとも、1日に1度、股や肛門付近を丁寧に洗うことが望ましいでしょう。特に、愛し合う前にはそうしたいものです。それは周囲の人に対する一般的な配慮、そして恋人に対する特別な配慮でもあります。

月経のある女子は、月経時には日に数回、身体を拭くか洗うべきでしょう。ただ、**膣**を洗浄する必要はありません。膣内には役に立つ乳酸菌があって、自然に清潔さが保たれているからです。逆に、この乳酸菌は、膣をすすいだりするとその機能が妨げられる可能性があります。

愛撫し合う前に手を洗うのは当然のことです。少し前に鼻の穴をほじくったり、モペット（低速走行用の補助エンジン付き自転車）の着火管を取り替えたり、1ヶ月間ずっと包帯を巻きっぱなしであったり、犬をなでたりした黒い爪や手で愛撫されたいと思う人がどこにいるでしょうか。

清潔さに気を配らなければならないのは、何も臭いのためや一緒にいて魅力的であるためだけではありません。私達は、**性戯**や**性交**を行わなくてもお互いに様々な微生物（真菌類やバクテリア）を感染させてしまう可能性があり、それが理由で**膣**や**子宮**、**尿道**などに不快な炎症が起こりかねないのです。「第7章 STD－性感染症」を見て下さい。

清潔さを保つ用品は、どこにでもある水と石鹸です。ただ、石鹸をきれいに洗い流すことを忘れないで下さい。皮膚のひだに石鹸が残っていると炎症を起こすことがあります。また、普通の石鹸に入っている香水や香料にかぶれる人もいま

す。それらの人達は、調剤薬局で購入できる薬用石鹸を使うとよいでしょう。これは皮膚と同じ酸性度をもつ液体石鹸で、敏感な皮膚領域を洗浄するのに特に適しています。こうしたことは当然のことのように聞こえるでしょうが、実際、多くの人が水恐怖症、石鹸恐怖症にかかっていて性愛生活を台無しにしている場合もあるのです。

最後に、清潔な性器は、身体の他の部分と同様に魅力的で性欲をそそるものであることを強調しておきます。

性交 ── 「寝る」、「ファック」するなどの言葉は、男性のペニスが女性の**膣**（あるいは**肛門性交**の場合は直腸）に挿入される性愛の部分に対する呼称です。

性交禁止 ── 性愛生活における様々な問題を解決してもらうために**夫婦生活セラピスト**のもとで治療を受けようとするカップルは、通常、短期間もしくは長期間にわたる性交の禁止を言い渡され、それと同時に**愛撫トレーニング**の指導も受けます。

性交禁止と愛撫トレーニングの目的は、お互いや自分の身体がもつ欲望や「言葉」を知り、同時に諸問題の原因であることが多い**行動不安**（性交をうまく行えるかという不安）を取り除くことです。「第4章 大小の問題」を見て下さい。

性交時の安定段階 ── 性交の段階の項を参照して下さい。

性交段階 ── 科学は常に、私達の心と身体について解明しようと絶えず努力を続けています。性的な感覚についても、いくつかの段階に分けてグラフや座標に表そうと試みてきました。これらのグラフや座標は、各人が感じることのできるものを表示します。

第1段階：性交時には性的な興奮が増大します。

第2段階：短時間あるいは長時間の深い快感と興奮が起こります。

第3段階：その後に（もし来るとしたら）オーガズムが訪れます。

第4段階：その後に続いて、心地よいリラックスした感覚がやって来ます。

これらのいわゆる性交段階にはそれぞれ呼称があります。第1段階：興奮段階、第2段階：安定段階、第3段階：オーガズム段階、第4段階：リラックス段階です。けれども、人間の感情は図式で表現できるものではなく、上記した段階にはかなりの個人差があります。ですからこれらは、人によって様々に体験される感情や感覚をおおざっぱかつ一般的に表現したものでしかありません。

性交による感染症 ── **性病**の項を参照して下さい。

性交の体位 ── 性器が直接触れ合う時、2人の人間がとることのできる体位は無数にあります。すべての体位が、それぞれの魅力や長所、短所をもっています。大多数のカップルはお互いが一番好ましいと思う体位を発見しますが、時には変化をつけるために別の体位を試してみたりもします。

最も一般的な体位は、**正常位**（女性が下で男性が上）、逆の正常位（男性が下

で女性が上）、**騎乗位**（男性が下になり、女性がその上に前向きあるいは後ろ向きでまたがるもの）、**後背位**（男性が後方に回るもの）、立ったままの**性交**（地面が濡れていたり、例えばトイレという場所が好きであったりした場合）などです。

精索静脈瘤[*] —— 精索静脈瘤（静脈ヘルニア）は、男子／男性にとってごく一般的です。たとえそれが「静脈ヘルニア」という名前であってもヘルニアではなく、**陰嚢**に拡張した血管が集まったもの（静脈瘤）で、通常は左側にできます。

精索静脈瘤は、**精巣**のそばにある小さなミミズのように感じられます。立った姿勢では寝た時よりもやや強く血管が押されるため、精索静脈瘤はより張ったように感じられます。逆に、寝ている状態ではほとんど消えてしまいます。痛くはありませんし、危険なものでもなく、また**性愛**生活の機能や快感などにはまったく影響がありません。

精索静脈瘤はかなり膨らんでいることがあり、その結果、陰嚢に重みがかかったり締め付けられたりします。もし、陰嚢が腫れているのが気になるようなら、小さな手術で精索静脈瘤を除去することが可能です。

本人（あるいは恋人）が陰嚢の膨らみに気づき、危険なものかもしれないと思って男性がパニックに陥って医師の所に駆け込むケースが多いのが精索静脈瘤ですが、これはまったく無害なものです。

　　＊：原語の文字通りの意味は「静脈ヘルニア」。

精子 —— **精液**の項を参照して下さい。

精子銀行 —— 病院に付属する貯蔵所で、そこでは**精液**が冷凍保存されています。冷凍、乾燥された精液のなかでは精子の大部分が依然として生きており、受精能力をもっています。この精液は、人工授精に利用されます。精子注入の項を参照して下さい。

精子注入（人工授精[*]**）** —— **性交**以外の方法で、男性から女性に人工的に精子の注入を行うことです。例えば、精子は子宮口から注入されたり、ペッサリーに入れ、精子の入った方を内側にして子宮に挿入したりします。また、人工授精は、恋人（パートナー）の精子を使うか、**精子銀行**に冷凍保存されている**ドナー**の精子を使って行います。

人工授精は、1組の夫婦（ペア）が子どもが欲しいにもかかわらずそれがまだ叶えられていない時、そして子どもの得られない原因が男性側にある場合（例えば、精子生産が不十分な場合）に利用されます。

この人工授精は、産婦人科の専門部署で行われます。管理されていない精子を使うことや誤った注入方法は感染症をもたらす恐れがありますので、自ら取り組んだり私的なドナーを使ったりしてはいけません。

一方が人工授精を受けることは、特に**レズビアン**のペアの間で広がっています。これは、男性との**性交**による受精を望まないからです。こうした場合には、病気が不妊の原因となっているわけではないので、そのレズビアンの女性は公共の医療機関で人工授精を受けることはできません。彼女の知っている男性から、または人工授精の意志がある単独または複数

の精子ドナーを斡旋する仲介者を通じてドナーを見つけ、自分で人工授精に使う精子を入手しなければなりません。そして、子どもを産む女性の相手は、たとえそのペアがパートナーシップ登録をしたとしても、その子どもを養子に取る（その子に対する親権を得る）ことはできません。養子の項を参照して下さい。つまり、その子どもは家族という単位から見れば2人の母親をもつことになりますが、法的には1人の母親しかいません（そして、父親はいないのです）。

男性に**受胎性**があり、女性が妊娠できない夫婦またはペア関係においては、見知らぬ女性（**代理母**）と契約を結ぶ人もいます。その女性は、報酬を得て男性の精子で人工授精を受けて妊娠（および出産までの過程）を遂行し、そのペアに子どもを引き渡します（売る）。しかし、これは不法行為です。

　＊：日本での規定に関しては、本・新聞などの資料を参照。

誠実さ —— カップルの関係においては、相互に信頼をもつこと、相手が表現する感情を信じることが大切です。ですから、自分の感情を正直に表すこと、ありのままの自分を見せることが重要になってくるのです。相手が喜劇を演じていたり、本当の自分を隠していたり、あるいは何かの振りをしたりしていることを知らなければ不安をもつことになります。不安感は、愛を揺るがせる原因にもなります。

自分の気持ちに正直になり、最愛の人にもその正直さを求めるということは、自分自身や相手に起こり得る感情をそのまま受け入れるということです。つまり、片方または自分と相手の両方がある時点で別の人に恋をしたり、心を惹かれたりすることがあっても、または一時的に理性を失って浮気に至ってしまっても、それを容認しなければならないということです。

たとえ両方がお互いに誠実さを望み、要求したとしても、最良のカップル関係のなかでさえ不誠実なことは起こり得るのです。その不誠実さが2人の関係に何を意味することになるのかについて話し合うこと、両方が容認できるような共通のルールを取り決め、お互いがそれを守るように努力することがよい方策と言えるでしょう。

それらのルールとは、例えば起こりそうな浮気について黙っているか、逆にお互いに話すのかというようなことです。また2人の関係は、しばしば結果として生じる激しい**嫉妬**に絶え得るほど強靭なものか、あるいは一方の側の不貞（浮気）は関係の崩壊をもたらすことになるのかというようなことも、そのルールの内容となります。

しかし一方では、両方が完全に自由な時間をもち、相手には何も明らかにしないというルールがより適している人もいるでしょう。

一番大切なことは、相互の取り決めが両方に適応できることです。自分の最愛の人に自分自身よりきつい手綱をかけて制御しても長続きはしませんし、それは決して公平なことではありません。最も根本的なことは、両方がそのルールに同意していること、そして実行が必要になった時には、そのルールが誤って解釈されないように明確なものであることです。

共通のルールを守ることは誠実であることを意味します。ですから、もし取り決めた状態で不貞を働いたとしたら、それはお互いに対して不誠実であることになります。嘘の項も見て下さい。

どの取り決めにおいても、当然、両者が起こりそうな浮気の時に**安全なセックス**を行うことをその内容として含んでいなければなりません。258ページを見て下さい。

精子ドナー —— 女性の授精（**精子注入**）のために精液を提供する男性のことです。これはしばしば、男性の側が**不妊**である子どものできない夫婦の女性が対象となります。また、男性の方が不運な特定の遺伝子をもっている場合もこれに該当します。レズビアンのカップルが子どもを望み、片方の人がドナーの精液で授精されることも稀ではありません。

病院システムのなかで用いられるドナーの精液は病気感染の心配がないようにチェックされており、同様に、精子ドナー（多くの場合医学生）が遺伝性の病気や有害な性質をもっていないことが証明されています。

女性の方が自らイニシアチブをとったり仲介人の援助を得たりしてドナーの精子を調達して授精する（**膣に精子を注入する**）ことも稀ではありませんが、これは病気感染の危険という点から見て避けるべきです。「第7章　STD－性感染症」を見て下さい。

精漿 —— 精液の項を参照して下さい。

正常 —— 正常というのは、ある行為に対して決められた規則や約束事の範囲内に収まっている状態のことです。そしてその規則は、普通でないもの（異常なもの）と、ごく普通で標準的なものとの間に明確な一線を画してしまっています。

何らかの理由で多くの人々は、味気のない標準的なものとは違う様々な特徴に対して、他人がそれをもっている場合は抑圧し、自分の場合は隠すことで自分や他人を矯正し、正常の範囲内に収めようと努力します。けれども、ほかの人とは違う私達の独自性を見つけて強調したり、他の仲間がもっている特徴に対して嫌悪感を示す代わりに喜んであげたりすると、人生ははるかに面白く実り豊かなものになるでしょう。

正常位 —— デンマークでは俗語として「**宣教師***の**体位**」と言われています。宣教師とは、彼らが正しいとする信仰を他の人に教え広める人達のことです。

宣教師の体位は、ある**性交**の**体位**を呼ぶのに用いられています。これは、女性が背中を下にして足を曲げながら広げて寝転がり、男性がその上に乗る体位のことです。この体位は、**性交**の際に恋人達がキスをし合い、お互いの顔を見つめ、甘い言葉を耳にささやき合うのに適しています。

> *：土地の人々が後背位を好んだのに対して、キリスト教宣教師は正常位がよいとしたと言われている。『ランダムハウス英和大辞典』参照。

性生活 —— 性愛やセックスに関わる私達の思考、感情、欲望、夢、感覚、行動などの部分のことです。

性腺、生殖腺 —— 女子の生殖腺は**卵巣**、

正常位

男子の生殖腺は**精巣**です。「第2章　子どもから大人へ」を見て下さい。

性染色体 —— 身体のどの細胞にも、**染色体**のなかに遺伝子が入っています。それぞれの細胞は23対の染色体をもち、各対の1本は父親から、もう1本は母親から受け継いだものです。23対のうちの1対が性染色体で、私達がどの性に属するのかを決定しています。

女性の細胞にある性染色体の1対はいわゆる「X染色体」（XX）と呼ばれるものから成り立っています。そして、男性の細胞にある性染色体の1対はX染色体とY染色体から成り立っています（XY）。

性細胞（**精子細胞／卵子細胞**）が形成される時に染色体の対が分離し、23対の染色体をもつ細胞によって二つの性細胞（精子細胞と卵子細胞）が形成されます。それぞれは、23本の単独の染色体しかもっていません。

性染色体の対は同じように分かれ、XY染色体の対をもつ男性細胞が二つの精子細胞、つまりXをもつ細胞とYをもつ細胞を形成します。同様に、XX染色体の対をもつ女性細胞がそれぞれにXの染色体をもつ卵子細胞を二つ形成します。

受精の際、一つの精子細胞と一つの卵子細胞が融合します。単独の性染色体は、仲間を見つけて2本ずつが一緒になります。新しく形成された細胞は、完全にそろった数の遺伝子をもっています。そのうちの半分は父親から受け継いだもので、もう半分は母親から受け継いだものです。

卵子（X）がXの性染色体をもつ精子細胞と受精すれば、その受精卵は女の子（XX）になります。卵子（X）がYの

性染色体をもつ精子細胞と受精すれば、その受精卵は男の子（ＸＹ）になります。

性染色体異常 —— 性染色体の組み合わせに誤りがある状態を言います。例えば、ＸＸＸ（トリプルＸ）、ＸＸＹ（クラインフェルター症候群）、Ｘ（ターナー症候群）や、その人物が女性と男性の中間の人間として発育することを意味する異常など、様々な染色体組み合わせの異常があります。**半陰陽**の項を参照して下さい。

精巣 —— 身体の外部にある、皮膚の袋（陰嚢）に入っている男性の性腺のことです。胎児期には精巣は腹腔に入っていますが、その後、経路を通って陰嚢の外に滑り出し、通常、**誕生**の時には精巣が陰嚢のなかに入っています。片方あるいは両方の精巣が鼠径部に入ったままの男子も何人かいます。

精巣がひとりでに滑り出してこない時には、手術で正常な位置に戻さなくてはなりません。そうしなければ、陰嚢のなかの温度よりも少し高くなっている体温のために精巣が傷ついてしまうからです。陰嚢のなかにある筋肉繊維は、温度の影響を受けて精巣を押し上げたり押し下げたりすることによって精巣が一定して適切な状態に保たれています（ですから、きついズボンははかないで下さい）。

男児の精巣は、小さなヘーゼルナッツぐらいの大きさです。**思春期**に入る前の１年間に精巣は発育し始め（思春期に近づいている最初の徴候です）、思春期が過ぎると精巣はクリの実ぐらいの大きさになります。そして、発育と同時に精巣は備えられた機能を開始します。つまり、その男子の男性ホルモンをつくるのです。この男性ホルモンは血流を通して身体全体に行きわたり、男子から男性への発育を操作します。精巣はまた精子形成も始め、その男子は**性成熟**した状態になります。つまり、女子／女性を妊娠させることができるようになるのです。

状況によっては、少年達が心配する以下のようなケースも出てきます。

❶精索静脈瘤：陰嚢の片側にできる一種の静脈瘤（拡張した血管）です。これは、柔らかいミミズのように感じられます。精索静脈瘤は**セックス機能や受胎性**にはまったく何の影響も及ぼしませんが、大きくなりすぎて重圧をかけたり、ズボンのなかがきつくなったりする場合があります。そうした時には、小規模の手術で簡単に治すことができます。

❷陰嚢水腫（陰嚢水瘤）：片方または両方の陰嚢内にある精巣鞘膜にできる水の集積*です。柔らかな腫れ（ふくらみ）として現れ、痛みはありません。水腫もまた無害なもので、もし気になるようなら簡単な手術で除去することができます。時々、精巣の一番下側に小さなこぶ状のものを感じるようになり、腫瘍ではないかと考えることがありますが、それは副精巣（精巣上体）であって必要なものです。

自分の精巣の状態に疑問を感じたら医師の所へ行き、気に病んでいるよりは疑問をはっきりさせた方がよいでしょう。141ページの図と176ページを見て下さい。

＊：陰嚢内の鞘状突起や陰嚢水瘤固有鞘膜の壁側と臓側の間に液体が貯留する病態。

精巣上体（せいそうじょうたい） ── 副睾丸の項を参照して下さい。

性的異常 ── 「第8章　愛の少数派」と「第9章　愛を踏みにじること」を見て下さい。

性的成熟 ── 1人の少女が妊娠できるようになった時、つまり**排卵**と**月経**が起こるようになった時に、その少女は性的に成熟したと言います。男子は、**精子**を生産し始めるようになると性的に成熟したことになります。その男子は、夜の間に**射精**（**夢精**）をしたり、**オナニー**（**自慰**）をすると**オーガズム**を伴って射精するようになります。

性的節制 ── 禁欲の項を参照して下さい。

性的な ── 性生活に関連することのすべてです。

性的偏向（変わっていること） ── 私達人間は、自分のしていることや感じること、考えていること、また自らの意見が正しく、それと異なる人達を変わった人、つまり偏向者と思いがちです。

　まったく同じであったり同じように感じたりする人間はいませんから、恋愛生活は多彩で多くの可能性にあふれています。つまり、私達はそれぞれが異なっており、変わっているということになります。にもかかわらず、私達はお互いをある枠のなかに押し込めようとします。そしてそれは、恋愛生活においても言えることです。「第8章　愛の少数派」を参照して下さい。

性的未成年 ── 最低年齢の項を参照して下さい。

性的役割 ── 私達が性と関連づける役割、態度、意見など、つまり私達が女性的なものとして、または男性的なものとして解釈する事柄のことです。

　私達は、しつけや周囲（人生に関わってくる人々、映画、文学、メディア、広告）からの影響を通して性的役割を身に着けていきます。そして、無意識に、私達の性に適切だと考える役割を担ってしまうのです。性的役割は、時代や場所、文化などとともに変化し、**性欲**のように生まれつき備わっているものでも受け継いだものでもありません。

　それほど遠くない昔、子どもに携わる職業や育児は、男性が参加したがらない女性の仕事でした。それはちょうど、女の子がサッカーをしたり、機械工としての見習いをしたりするのが想像できなかったことと同じです。

　性愛生活においては、特に堅苦しく抑圧的な性的役割が存在していて、「女の子がしても許されること」、「男の子がすべき」ことを制限してきました。男の子と女の子が欲求や喜びを表現し、同時か交代で積極的あるいは受け身になる平等な権利をもつまでにはまだ多少の時間がかかるようです。

性転換 ── 私達の性は体内にあるすべての細胞によって決定されているため、性を転換することはできません。**性染色体**の項を参照して下さい。これと反対に、手術やホルモン治療を通して自分の外見をある程度変えることはできます。そうすると、見た目の性は逆に映ります。

男性の身体でありながら自分は女性であると感じ、女性の身体でありながら男性と感じることによって精神的に大きく分裂している人（トランスセクシュアルの人達）もいます。この人達の最大の願いは、身体を変化させることです。そうすれば、身体が心と一致するからです。「第8章　愛の少数派」を見て下さい。

精嚢 —— 前立腺のそばにある腺。精嚢では精漿が分泌されます。141ページの図を見て下さい。

性犯罪者 —— 道徳を犯す人のこと。例えば、**強姦**や子どもに対する性的な暴行など、罪に問われるような性的行為を行う人のことです。「第9章　愛を踏みにじること」を見て下さい。

性病 —— 1988年までデンマークには、**梅毒、淋病**、さらに稀に起こるいくつかの病気（**軟性下疳、性病性リンパ肉芽腫**）を含む性病に関する特殊な法律がありました。この法律は現在廃止され、性病の代わりに「性感染症」（SOS＝STD）という総括的な名称が用いられています。性感染症には、梅毒や淋病以外にも、エイズや主に性的な関係によって感染する深刻な病気が含まれています。「第7章　STD－性感染症」を見て下さい。

性病性リンパ肉芽腫 —— 非常に稀な性感染症（以前は、**性病**に関する法律に掲げられていた四つの病気のうちの一つ）です。この病気は、太腿の付け根のリンパ腺が大きく腫れてくることで発病が分かります。「第7章　STD－性感染症」を見て下さい。

性ホルモン —— 性腺（**卵巣**と**精巣**）のなかでつくられるホルモンのことです。

　女性の性ホルモン（卵巣でつくられる**エストロゲンとプロゲステロン**）は女子の成人女性への発育をつかさどり、**月経、排卵、妊娠**する能力を支配します。また性ホルモンは、肉体と精神の両方に多くの影響を及ぼします。

　男性の性ホルモン（精巣でつくられる**アンドロゲン、テストステロン**）は男子の成人男性への発育をつかさどり、**性欲**や**精子**の製造に重要なものです。また、肉体（骨格や筋肉）と精神にも多くの影響を及ぼします。

　脳下垂体では、卵巣や精巣の性ホルモン産出を支配する主要なホルモンがつくられます。

性毛（陰毛、恥毛） —— 性器の周辺にある毛で、思春期の初期に生え始めます。

性欲（セックスの欲望） —— 私達全員が誕生から死に至るまで、生まれつきもっている欲求です。性欲は、愛撫や接触による私達の肉体的な快感への欲求を決定しています。**思春期**には、性欲は本質的な性行為への目的志向が一層強くなります。そして、その欲望を**オナニー**（**自慰**）によって自ら満足させようとしたり、ほかの人（恋人や一定でないパートナー）と満足させようとしたりします。

　大多数の人の場合、性欲は、成人期において短期あるいは長期にわたる一定した関係のなかで満たされます。そして、当然性欲は、私達人間が存在しているという一つの証明となるものです。

性欲過剰症、色情狂（エロトマニア）
── 病的なまでに**性欲**が強いことを言います。それが女性の場合は「ニンフォマニア」と呼ばれ、男性の場合は「サティリアーシス」と呼ばれています。

私達がどの程度性的な欲求をもっているかには大きな違いがありますし、同じ人でも時期によって異なる場合があります。性生活に対して旺盛な欲求をもつことは、逆の場合と同じぐらい正常なことです。しかし、性欲があまりにも支配的となり、日常の生活を崩してしまうようになると性欲過剰症ということが問題となってきます。性欲過剰症の人の場合、その性欲は苦痛に満ちた重圧となり、決して欲求や喜びの源とはなりません。

性愛に対する欲求の個人差は、多くの人々にとって性生活上最も一般的な問題の一つとなっています。「第4章　大小の問題」を見て下さい。

生理用ナプキン ── **月経**の項を参照して下さい。

責任 ── 責任を担うということは非常に重大なことです。特に、自分が責任を負っている事柄において失敗した場合にそのことを痛感させられます。

恋愛においては、もしトラブルがあればその責任から逃れたり、また相手（恋人）の方に責任を押し付けてしまおうという気持ちになりがちです。しかし、トラブルに対して責任を負わなければならないのは決して一方の人間だけではありません。男女関係というものは2人の間でのチームワークによって築かれるものですから、トラブルが生じた場合の責任は当然双方にあります。

性愛の場合、一方だけが相手に心地よいと思わせる責務をもっているわけではありません。ましてや**愛**においては、相手につくすように強制されている人は誰もいません。恋の戯れが2人に喜びをもたらすことができるよう、また片方がプレッシャーをかけられたり何かを強制されたりすることがないようにする責任は双方にあるのです。つまり、エロティックな合奏をする際に美しいハーモニーを奏でるためには、お互いが耳を傾け合いながら音を調和させていく必要があるのです。

とはいえ、責任があなた自身にかかってくる領域、そしてあなた自身が完全に責任をもたなければならない領域があります。その代表的なことが病気から身を守ることです。「第7章　STD－性感染症」を見て下さい。そして、あなたが女性なら、自分や恋人が望まない妊娠は避けるように注意しなくてはなりません。手遅れの状態になってから、「彼にも責任があるのよ！」と言っても何の助けにもならないのです。

セクシズム（性差別主義的な態度） ──
異性に対する侮蔑的、差別的で偏見に満ちた態度のことです。**差別、偏見**の項を参照して下さい。

このような見方をする人は性差別主義者です。**男性至上主義者**は性差別主義的な男性ですし、女性も性差別主義的であることがあります。

セクシュアルな ── **性的**なの項を参照して下さい。

セクソロジー —— 性生活に関する学問のことです。セックスに関わること全般を扱っています。

セクソロジスト —— 性的な問題をもつ人に対処する人のことです。受けた教育の如何に関わらず、また教育の欠如にも関わらず、誰もがセクソロジストを自称することができます。

セックス —— セックスは、刺激したり性欲を満足させたりする愛や性愛の一部分で、愛し合っている２人の間の性愛と愛からは切り離すことのできないものです。けれども、セックスは性愛や愛と離れて行うことも可能です。それは、性的な感情をもたずにほかの人を愛することができるのと同じです。セックスと愛は離れ難く結び付いていて、お互いの一部であることもあれば二つの別々の感情であることもあります。

　自分とセックスすることや、空気で膨らませた人形または人工ペニスと、または自らの空想とセックスをすることができます。あるいは、その心を知ったり関心をもったりすることなく、ほかの人間の肉体とセックスをすることもできるのです。セックスは、私達がほかの人と行うものでもあれば、私達の内面で展開される空想でもあるのです。どちらの場合でも、私達みんなが生まれつきもっていながら様々に表現される、根本的で元から備わった欲求の発現なのです。

セックスアピール —— 強力な性的魅力のことです。

セックスクリニック —— マッサージの項を参照して下さい。

セックスの強要、性的利用、性的虐待 —— 「第９章　愛を踏みにじること」を見て下さい。

セックスの問題 —— 「第４章　大小の問題」を見て下さい。

セックス欲 —— 性欲の項を参照して下さい。

窃視（者） —— のぞき魔の項、および「第８章　愛の少数派」を見て下さい。

接触（触れること） —— お互いに触れ合うことは、身体から身体へ感情を送り伝える一つの方法でもあります。つまり接触は、私達の身体がお互いにコンタクトを取れる方法の一つなのです。また、私達の身体言語の重要な部分を占めており、肩を叩くこと、抱擁、愛撫することによってお互いに自分の感情を豊かに伝え合うことができるのです。それは、言葉よりも多くのものを伝えることができます。

　あなたの好きな人達に触れて下さい。家族のなかにいる、両親をはじめとした老人達も忘れてはいけません。彼らも抱きしめられたり、愛撫されたりしたいという欲求をもっているのです。

節制（離脱、禁断） —— 慎み、絶つことです。性的な慎みは「禁欲」と呼ばれています。

　多くの物質（アルコール、コーヒー、様々な薬、麻薬、ニコチン）は、常用するうちに中毒依存症を引き起こします。それは、心理的な依存（その物質が与え

る状態に到達したいという欲求）であったり肉体的な依存（身体がその物質の効果を欲する）であったりします。どの物質を使用しているかにもよりますが、依存症に陥っている人が突然その物質の使用を中止すると、弱い不快感から激しい疾患に至るまであらゆる禁断症状を起こします。

禁欲生活を送っている人が、**恋（性愛）**の禁断症状に陥るどうかは分かりません。けれども、**愛とセックス**への欲求は常に存在するものですから、他人の官能的な挑発に対する**憤り**や非難という形で表現されることもあり得ます。

染色体 ── 私達の身体のなかにあるすべての細胞は、両親から受け継いだ遺伝子をもっています。遺伝子は一種のコード化されたデータで、組織全体、その発達と機能の操作に携わっています。遺伝子は、核フィラメント（染色体）に集まっていて、細胞核のなかに対を成して入っています。各々の細胞には23対の染色体があります。その一つが**性染色体**で、性的発育、つまり女子あるいは男子としての発育と機能を決定しています。**性染色体、性染色体異常**の項を参照して下さい。

潜伏期 ── ある病気に感染してから発病するまでの期間のことです。「第７章 STD－性感染症」を見て下さい。

前立腺 ── クリの実ぐらいの大きさの腺で、男性の膀胱の真下にあり、尿道の最上部を取り巻いています。前立腺は、精巣のなかでつくられる精子を運ぶ精液を分泌します（141ページの図を参照して下さい）。

高齢の男性では、前立腺が肥大して尿道を圧迫する傾向があります。その結果、放尿が緩慢になり、膀胱を空にすることが困難になります。そのため、多くの高齢の男性は夜中に何度もトイレに起きなくてはなりません（夜尿症）。症状がひどくなると尿の流れが完全に止まってしまいますので、カテーテル（導尿管）で膀胱から排尿することにもなります。

昔は、多くの高齢の男性が、排尿時に自分で導尿する（尿道にさし込む）ための金属管を持って歩いていました。今日では、簡単な手術で解決されることもあります。

双生児（双子） ── 同時期に、同じ**子宮**内で**胎児**期を過ごしてきた２人の子どものことです。

１人の女性は、同時に２人ないしそれ以上の胎児を妊娠することがあります。もし、２倍の**排卵**（片方の**卵巣**から二つの卵子が排卵されるか、両方の卵巣から一つずつ卵子が排卵される）が起こり、両方の卵子が各々の**精子**と受精すると二卵性双生児を妊娠することになります。各々の卵子が各々の精子と受精するので、その二卵性双生児は同性かまたは異なる性になります。そして、彼らと同じ両親から異なる時期に生まれた兄弟姉妹よりも多くの共通点をもっているということはありません。

もし、その女性が通常のように一つの卵子だけを排卵して一つの精子と受精した場合、稀にその受精卵がまったく等しく二つに分裂し、その各々が独立した胎児に成長していくことがあります。その２人の子どもは一卵性双生児となり（一つの卵子と一つの精子によって発育す

る）そっくりになります。

　胎児発育期にある双子は、身体の一部を共有して発育することがあります（シャム双生児）。また、稀な場合には、一度に3人やそれ以上の数の双生児（三つ子、四つ子、五つ子）を妊娠することがあります。

ソドミー —— 獣性愛、動物性愛の項、および286ページを見て下さい。

【タ】

体位 —— 性交の体位の項を参照して下さい。

大家族 —— 複数の大人と子どもが同居している家族のことで、大人は、全般的または部分的に親の機能を分担しています。

胎脂 —— 胎児の皮膚を守る脂肪の層のことです。

胎児 —— 受胎（受精）してから生まれるまで、つまり女性の体内にいる間の新しい生命を「胎児」と呼びます。「第1章　愛から子どもへ」を見て下さい。

タイ式マッサージ —— マッサージクリニックのサービスに対する商品標示で、客が石鹸を塗られて泡だらけにされることです。*

　＊：デンマークにおいても、ヨガなどと同様に、健康法としての伝統的なタイ式マッサージのクリニックやコースなどがある。それ以外にも、風俗業の分野で「タイ式マッサージ」の名称でタイ人女性などが客にソープランドのようなサービスを提供している所がある。

胎盤 —— 胎盤は、妊娠が起こってまもなく形成されます。クラゲのような形をし、**子宮内側に定着しています**。胎盤は大部分が血管から成り立っており、胎児のへその緒を通して胎盤へ導かれる母親と胎児との血液の間で、一種のフィルターとして作用します。胎児は胎盤から酸素の含まれた血液を送り込まれ、胎児内の老廃物が胎盤を通して母親に送り返されます。この老廃物は、母親が自分の腎臓を通して分解して放出します。

　胎盤は、妊娠初期にホルモンを形成します。このホルモンは、**妊娠後まもなく母親の血液と尿のなかに見られるようになります**。**尿検査**の項を参照して下さい。また、「第1章　愛から子どもへ」も見て下さい。

代理母 —— 代理母は、ほかの女性のために**妊娠を遂行して子どもを出産する女性**のことです。出産直後、子どもは自分の子どもとして育てる別の女性に渡されます。通常、代理母は、その代償として何がしかの報酬を得ます。ですから、代理母のことを、自分の新生児を他人に売り渡す女性だと言うこともできます。

　代理母と契約する人の大多数が、子どもを得たいという大きな望みをもちながら叶えられていない夫婦です（**不妊**の項を参照して下さい）。当然、代理母はその子どもの生物学上の母親となりますが、父親は代理母自身のパートナーであったり*、子どものいない夫婦の夫で、約束に従って受胎させたりすることもありま

す。この場合の受胎行為は、代理母と**性交**をするか、代理母との人工授精のために**精子**を提供（**精子注入**）したりします。そのため、子どもの生物学上の父親は、子どもを欲しいと思った夫婦の夫なのです。

誰が代理母の妊娠のために精子を提供しようとも、代理母（他の胚子または胎児を有する雌＝surrogatmoderskab、法律上このように呼ばれています）はデンマークでは違法です。**養子**の項を参照して下さい。

＊：子どものいない夫婦の夫に代わって、代理母を妊娠させるということ。

堕胎 ── 中絶の項を参照して下さい。

堕胎薬 ── 中絶を誘発する薬剤です。中絶誘発剤は病院での治療には使われていますが、避妊用として自由に使用は認められていません。「第5章　避妊－あなたの愛を守って下さい」を見て下さい。

ターナー症候群 ── 性染色体異常の項を参照して下さい。

他人に身を委ねること（従順な態度）
── 日常生活において私達は、自分の一番奥深くにある「自我」に堅固な防備を張り巡らせています。つまり、自分の思考や感情、精神状態を仮面の下に隠して守っているのです。

私達は自分が感じる喜び、怒り、悲しみを表現しようとはしません。嬉しい時、バスのなかや路上でいきなり気の向くままに歌を歌ったり、悲しい時に泣きながら路上を歩き回ったりしたらどうなるか考えてみて下さい。

ラッシュアワーのS電車＊は、喜びや怒り、悲しみ、心配、幸せ、不幸を抱えた人であふれています。そして、だいたいにおいて彼らは何事もなかったように見えます。

私達はまた、言っていることの裏側に自分の意見や態度を隠していたり、おそらく心の一番奥にあることについてまったく何も話さず、口をつぐんでいる方がよいと思っていたりするでしょう。そして、私達の最も内部にある感情の動き、つまり性的で煽情的な夢や欲求は特にしっかりと隠されています。

他人に身を委ねること、従順さを見せることは、防備を解き、自分の内面、自分の感情を見せることになります。好意は、私達が喜び、悲しみ、怒り、至福などについて語り、心のままに表現することによって示されます。つまり、感情を見せ、自らを解き放ち、自身を裸にし、傷つき易い状態になります。

自分を見せるということは、まさに拒否されたり、侮られたり、馬鹿にされたりする危険をはらんでいます。もし、私達が自分を受け入れず、自分の感情や欲求が間違ったものだとか、馬鹿馬鹿しいものだと思ってしまうのなら、そうした感情や欲求を硬い鎧で包んでしまい、自分をあらわにすること、つまり身を委ねる勇気がなくなったり、できなくなったりします。

従順な態度がなければ他人を愛することはできません。恋に落ちていたり、誰かを愛していたりする時に酔ったような状態にあるのは、まさに自分の身を委ね、自分の内面にある優しさや思慕をさらけ出すからです。そして、愛する人があるがままの自分を美しいと思い、唯一の存

在だと気づいてくれるのを身をもって知るからなのです。

＊：コペンハーゲン近郊の町をつなぐ電車。

タブー —— 聖なるもの、侵しがたいもの、禁じられた、という意味です。ある話題がタブーであると言う時は、その話題に言及したり、それについて議論したり、時にはそれを考えることさえしてはいけないということです。

宗教的、**道徳**的、あるいは権力によって限定されたタブーということがよく言われます。それは、宗教的、政治的権力者、または道徳の番人によって危険だと見なされるテーマ、信じる心に疑いの念を起こし、その結果、政治的権力者にとって危険にならないよう、また支配的な道徳を崩したりすることのないように覆い隠してしまうテーマです。

何世紀にもわたって、主流となる宗教が支配的な社会の道徳を世界中に刻みつけ、私達の感情生活や恋愛生活をタブーで覆い隠してきました。けれども、性的な感情や欲求が恋愛生活とは切り離すことのできない部分であること、そして婚姻証明書をもたない、つまり夫婦でない人達の間でもそれは同じであることが、いまやヨーロッパなどでは容認されつつあります。また、私達が**性生活**について語り、そのテーマが生物学的な現象として扱われるなら、このようなことを学校で学ぶことも容認されています。

ただ、私達が自身の体験から学んでよく知っている**感情**、**欲望**、**欲求**などについて率直に語ろうとすると、少し難しい問題になります。そういう場面では、大多数の教師や親達が、それらについて子ども達と語る場合に口をつぐんでしまうのです。

多くの大人達は、様々な機会を利用して、自分自身の体験を子どもに伝えようとします。魚を捕ったり、編物をしたり、パンを焼いたり、木に彫刻したり、守るべき交通規則を子ども達に教え、自分の幼年時代や青春時代について語ります。しかし、それらに比べて、若者に自分の若い時の恋愛生活、喜びや不安、多くの失敗、当時考えたこと、そして欲求や感情について語ることはあまりしません。また、母親が初めて男の子と寝た時の気持ちについて娘に語ったり、父親が世界で一番すてきな女の子と一緒にいて**インポテンス**になった時の無力感について息子と語り合うこともありません。

当然ながら、大人も子どもも自分達の**境界線**や**慎み深さ**をもつ権利があります。けれども、自分自身、自分の弱さや疑いの心などを愛する人に見せるだけの勇気があれば、お互いにより一層近づくことができ、助け合ったりすることができます。ここでは、普通、最初の一歩を踏み出すのは親であるべきでしょう。

今では、ほとんどの若者が**避妊**、**中絶**、**性病**などについて詳しく教えられていますが、愛の技巧、性愛のテクニック、エロティシズムの無数の可能性などについて教えてもらっている人はそう多くはいません。ことがセックスや恋愛に関係するとなると、私達はすばやく戒めを与えるため、感情の動き、エクスタシー、欲求などについては、ほとんどの場合タブーで覆い隠されたままなのです。

ダブルモラル（二重モラル） —— 適当な道徳的規則を自分自身には適用し、ほか

の人にはずっと厳しい別の規則を適用させるということは、一般的によくあることです。

男女関係においては、相手の浮気は我慢できないくせに、自分自身が浮気をしていることには見て見ぬ振りをするということが珍しくありません。また、内心ではとてもやってみたいと思っていたり、自分では隠れてこっそりとやっているような性的行動を他人に対して非難することによって、自身の二重モラルを表現することも可能です。

ホモセクシュアリティに対する激しい拒絶行為が、実は自分が**ホモセクシュアル**の傾向をもっているという表れであるということは珍しくありません。そして、その周りに対してホモセクシュアルな人への嫌悪を明示することにより、自らのうちに潜むホモセクシュアルな傾向を無意識に抑えつけたり追い払ったりしようとするのです。

玉 —— 睾丸の項を参照して下さい。

卵（卵子、卵細胞） —— 女子の卵巣には、既に誕生の時から多くの未熟な卵子が入っています。思春期には、**ホルモン**の影響により1度に1個の卵子が成熟して排卵されます。**排卵**と**月経**の項を参照して下さい。そして、排卵が始まると、その少女は**妊娠**することが可能となります。

成熟した卵（卵子）は、その女性の**遺伝子**から成る23本の核フィラメント（**染色体**）をもっています。染色体は1枚の膜に覆われています。1個のヒト細胞には23対の染色体があります。

受精の際、23本の染色体をもっている精子は卵子の膜を突き破り、精子と卵子からの染色体が対を成し、女性（母親）と男性（父親）からの遺伝子から構成される23対の染色体をもつ完全なヒト細胞になります。**性染色体**の項、および142ページも見て下さい。

ダミー（模造品、まがい物） —— 実物に似せてつくられた人工的なもののことです。例えば、ペニスの模造品、膣、女性の模造品（船乗りの慰め）などがあります。補助具の項を参照して下さい。

単婚（一夫一婦制） —— ある社会では許されている**重婚**とは反対に、単婚である場合は1人の配偶者しかもてません。この「単婚」という言葉は、広義の意味においても用いられます。単婚の考え方（視点、態度）をもつということは、たった1人の恋人あるいは性的なパートナーをもつことを意味します。それに反して、重婚の考え方をもっているということは、並行して複数の性愛のパートナーをもつことを意味します。自分のパートナーには単婚の態度を要求しながら、自分自身は逆の態度をとるというケースはよくあることです。

男色関係（一方が若者・年少者の） —— 成人男性と少年の間のホモセクシュアルな関係のことです。男色家とは、少年を性的に虐待する成人男性のことです。子どもに対する性的暴行は罰せられます。「第9章　愛を踏みにじること」を見て下さい。

男女の戯れ（いちゃつき） —— お互いに惹かれ合っている2人の間で行われる、初期のエロティックな接触のことです。

視線を合わせること、ボディーランゲージ、声を発することなどが含まれます。こうした戯れの行為は、セックスおよび性愛に向かう第一歩として使われたり、相手の性的な関心を目覚めさせることができるという理由で、ただ単に自負心をくすぐるために使われたりします。

男性型多毛症 —— 女性が男性のように多毛となることです。稀に、ホルモンの乱れによるものか、卵巣または副腎の病気の疑いがある場合もあります。ほとんどの場合は、正常な状態での魅力的なバリエーションぐらいにしか考えられていません。南の国では、肌の浅黒い女性の美しさは、ピリッとひと味添えるような柔らかい口髭をもっていることだと考えるのが普通です。

女性に髭が伸びてくることや胸に毛がはえること、お腹や**恥丘**に男性的な毛がはえることは精神的な負担になる場合がありますから、その時は医療保険の補助で医療的または美容的な治療を受けることができます。

男性至上主義者 —— 女性に対して自己主張が強く、支配的で制圧的な男性のことです。彼らは、女性というものは自分の人生を快適にするために存在していると考えています。

タンポン —— 月経の項を参照して下さい。

恥垢、垢脂 —— ペニスの頭の縁に沿って小さな節状の腺がいくつかありますが、これが少年達をしばしば悩ませます。というのも、この腺を**コンジローマ**と間違えたり、何か大変なことになっている兆候ではないかと考えたりしてしまうからです。しかし、そのようなことはありませんので心配しないで下さい。これらの腺は、**包皮**と**亀頭**を湿り気から守る一種の皮脂のようなものを分泌するという機能をもっています。この皮脂を毎日洗って落とさなければ、古くなったチーズとか長く保存しすぎた魚のような、つんとくる不快な悪臭を放つことになります。清潔さの項を参照して下さい。

恥丘（ヴィーナスの丘） —— 女子の恥骨の前にあり、性毛で覆われている柔らかい湾曲のふくらみのことです。

恥骨 —— ちょうど、鼠径部の性毛の下に感じられる骨盤の骨のことです。「恥○○」という名称は、**性器**や**性生活**が不潔で恥に満ちたものとして考えられた時代の名残です（恥唇＝陰唇、恥毛など）。

男性型多毛症

恥骨リング── 輪の形をしたもので、ペニスが硬くなった時に根元を締め付けます。恥骨リングは血液の逆流を抑制し、勃起とペニスの緊張を高める働きをします。補助具の項を参照して下さい。

父親── すべての子どもに父親をもつ権利があります。ある少女が子どもを産んだら、その少女は子どもの父親が誰なのかを知らせる義務があります。そして、子どもが成長するまで父親に養育費を払ってもらうことになります。これは、子どもがただ一度の性交の結果生まれた場合でも、両親がペアの関係をすでに解消していても同じです。

もし、懐胎時（**受精**が起こった時点）に複数の相手と関係をもっていたとしたら、少女は誰が子どもの父親なのかを確定できなくなります。「子どもの父親だ」と名指しされた少年が否定をする、つまり父親であることを認めないということも稀ではありません。このような場合、裁判（父権裁判）を行って父権を誰に与えるかを決めます。その時は、子ども、母親および名指しされた男性（または男性達）の血液検査などをして正しい父親を決めることになります。

膣（ヴァギナ）── 女子／女性にあるしなやかな割れ目状の空洞のことです。膣の入り口は**外陰部**の一番後方にあり、内側にある小陰唇と外側にある大陰唇に取り囲まれています。そして、膣の奥には**子宮頸管部**があります。173ページを見て下さい。

膣の割れ目は、内側が**粘膜**に覆われています。その粘膜のなかと膣の入り口付近には腺があって、女子（女性）が性的な快感を得ると潤滑液を分泌します。また、膣の一番外側の部分は**骨盤底筋**に取り囲まれています。

膣の割れ目は普通の状態では折りたたまれていますが、伸縮性に富んでいるので、**性交**の時には挿入される**陰茎**のために、また**出産**の時にはそこを通って生まれる子どものために広がります。硬くなったペニスが入るのかと、膣の大きさについて思い悩む少女もいますが、そんな心配は無用です。なぜなら、膣はどんな大きさや形にも適合するようにできているからです。200ページを見て下さい。

膣オーガズム── オーガズムの項を参照して下さい。

膣トリコモナス── 単細胞の微生物で、膣、尿道、膀胱にカタルや炎症を引き起こすものです。271ページを見て下さい。

膣痙攣── 何か（指、ペニス、医師の医療器具など）を挿入しようとする際に起こる**膣**付近の筋肉の激しい収縮のことです（痙攣）。

膣痙攣は恐怖によって引き起こされ、本人の意志によらない無意識のものであるため、その女性は自分で筋肉を弛緩させることができません。激しい膣痙攣は、**性交**を不可能にすることがあります。202ページを見て下さい。

性交中に膣痙を起こし、相手の男性の陰茎をあまりにもきつく挟み込んだため、男性が陰茎を抜くことができなくなったという話があります。この話では、そのカップルがくっついたままの状態で救急病院へ運ばれなければならなかったということですが、それは作り話で、たとえ

膣痙が起きてもそのような状態になることはありません。

乳房 —— 男女共、**思春期**に入るまでに胸部の前面に一対の乳首が現れます。男女共に少し飛び出した痣に似ていて、少数ですが、まったく必要のない余分な乳首を一つから複数もっている人もいます。

思春期には、女子の乳首のなかにある組織が発達し始めます。皮膚の下に脂肪のふくらみができ、そのなかに乳腺が発達していきます。この時期、乳房は、**月経**前によく感じられる痛みや張りと同じように痛むことがあります。また、ピルを使用している少女が、乳房が張ったような感じを覚えたり痛みがあったりするのもごく普通のことです。

少女期に自分の乳房を触ってみると、皮膚の下にある腺状組織が不規則でデコボコした感じがします。クリームを塗ったり、シャワーを浴びている時に石鹸をつけたりしてみるとそれがよく分かります。

多くの少女達は、自分の乳房が小さすぎるとか大きすぎるとか、垂れているのではないかなどと、形や大きさのことを真剣に考えています。メディアやファッション業界は、乳房だけでなく、私達のスタイルがどうあるべきかという、とんでもない理想像を私達に投げつけてきます。その結果、多くのごく正常な体型をした少女達が自分のスタイルに不満を抱くようになります。その理由は、彼女達の身体や乳房が支配的となっているファッションの理想に合わないからです。

しかし、周りをよく見て下さい。そんな理想的なスタイルをしている人はまずいません。多くのごく普通の健康な少女達や女性達をよく見て下さい。突き出ていたり、垂れ下がっていたり、大きかったり小さかったりというように、それぞれ乳房に大きな違いがあります。そのうえ、全員の乳房は左右によって大きさの違いがあるのです。そしてそれは、まったくと言っていいほど正常なことなのです。

少女達は、男の子が女の子のどんな点に一番魅力を感じるのかをよく知っています（ただし、たいていの場合、それらは彼女達の思い込みでしかありません）。これは、乳房に関しても当てはまります。おそらく、小さな乳房の少女は男の子達は大きな乳房が好きなのだと思っているでしょうし、乳房の大きな少女達はその逆のことを考えているでしょう。こういう想像は、まったく無駄としか言いようがありません。なぜなら、男の子というものは、自分の好きな女の子の乳房の形や大きさが一番好きだからです。男の子は女の子と同じように人間に恋をするのであって、身体の形や部分に恋をするわけではありません。彼らは、自分が恋をしている人間の身体の部分を愛しく思うのです。

あるがままの自分を受け入れることが大切です。なぜなら、ほかの人を好きになったり愛したりするためには、まず自分を好きにならなければならないからです。

乳房や乳首は、多くの男の子や女の子が恋の戯れの時に愛撫をしたり、また愛撫してほしいと思う部分、つまり**性感帯**なのです。女性の場合、乳房は恋の戯れの時に大切であるだけでなく、子どもを産んだ時に母乳を出すという役目をもっています。**授乳**の項を見て下さい。

乳房

　妊娠中は乳房が大きくなり、腺状組織が固くなって痛くなります。出産の少し前ぐらいから乳汁分泌が始めるため、乳首から母乳がこぼれることがあります。女性が授乳している間は、乳房は張って大きく膨らんでいます。授乳期が過ぎれば元の大きさに戻り、通常は妊娠前に比べて少し張りがなくなります。そして、年齢と共に女性の乳房は若い頃より緩み、垂れ下がっていきます。これは自然なことで、私達が人生を経て発達・成長し、変化していっていることの表れなのです。

だからといって、年を取った時に乳房に何の興味も抱かなくなるということではありません。いつまでも、乳房は私達にとって魅力的な身体の一部分なのです。
　女性の乳房は、他の身体部分と同じように病巣となる可能性が高い所です。女性にとって、最も一般的な癌は乳癌です。**胸のしこり**の項を見て下さい。多くの場合、癌のしこりがある方の乳房を手術で切除してしまうことになります。女性にとって乳房は、自身が女性であると考える際に大きな意味をもつものであるため、

片方の乳房を失うということは、大病を罹っているという不安に加えて大きな精神的負担にもなります。

こうなったら、片方の乳房しかもたない女性、そして現実の自分を受け入れ、手術前と同様、恋愛生活や人生が引き続き豊かなものであり得るのだということを再認識することが大切です。

乳がんの治療法

乳がんの治療法には、手術、放射線照射、化学療法（抗がん剤による治療）、ホルモン療法（内分泌療法）などがある。最も基本的な治療は手術で、その方法は乳房切除術と乳房温存手術だが、最近は乳がんの手術に対する考え方が変わり、化学療法やホルモン療法、放射線照射法が進歩したことから、手術主体の治療ではなく、患者の病態に応じて、これらの治療法がうまく共働するように組み合わせて治療を行うことが多くなってきている。
（参考：www.nyugan.jp）

恥毛（ちもう）── 性毛の項を参照して下さい。

恥唇 ── 陰唇の項を参照して下さい。

中絶 ── 早期の段階で妊娠の状態が中断され、胎児が生存できなくなることです。妊娠した場合、その約25％が流産という結果を招いています。つまり、胎児または胎盤に何らかの欠陥が生じたため、妊婦が早期の段階で「出産」してしまうのです。

堕胎（誘発された中絶）とは、正常な妊娠状態が人工的な介入によって中断されることを言います。デンマークでは、もし女性が中絶をしたいと望むのなら、最後にあった月経の初日から数えて12週間以内であれば病院で堕胎手術を受けることができます。ですから、堕胎は合法とされる行為なのです。「第6章　中絶－緊急対策」を見て下さい。

非合法的な堕胎とは、堕胎医によって行われ、編み針などの先の鋭いものを妊婦の子宮のなかに入れて人工的に中絶するものです。1973年に中絶の自由を認めた法律が制定される以前は、こうした死を招くような危険な方法が一般的でした。

中絶の自由を認めた法律

俗に「自由な中絶に関する法律」、「中絶法」と呼ばれるもので、1937年に制定された「妊娠に関する法律」のなかにある「妊娠中絶に関する法律」が改正を重ねて4度目にできた法律。1973年6月13日に制定され、同年10月1日より施行。デンマーク在住のすべての女性に、妊娠12週以内であれば妊娠を中絶する権利を認めるとした法律で、妊婦の人権、健康などを守ることが目的である。デンマークの女性史上、画期的な法律とされている。

中断性交（膣外射精、用心する方法）
── 男性が射精前に女性の膣からペニスを抜き取るという性交方法です。避妊方法として、あまり深く考えられることなく用いられています。様々な理由から、

この方法は避けた方が望ましいと言えます。この方法が、性交を緊張感と不満足感のあるものにしてしまうのと、**妊娠**および病気感染の両方にとって不十分な予防法のためです。「第5章 避妊 － あなたの愛を守って下さい」と「第7章 STD－性感染症」を見て下さい。

貯蔵器 —— 保存容器という意味で、**コンドーム**の先端についている小さな突起（精液だめ）のことです。この突起がついたコンドームを使った方がよいか、それともついていないものを使った方がよいのかと悩む必要はまったくありません。実際には、**精液**は射精の後コンドームのなかで広がり、突起のなかにはたまらないからです。「第5章 避妊－あなたの愛を守って下さい」を見て下さい。

慎み深さ —— 慎み深さは、性的な感覚を目覚めさせられるものを直視した時に現れてきて、心をかき乱すような欲求に満ちた思考や感情から私達を守るために働く一種の内的防御装置です。慎み深さは性的羞恥心を表す一つの形で、どの段階でそれが現れるのかというのは、人および文化によって著しく異なります。

慎み深さを崩す（良俗・風俗を乱す）
—— それぞれの社会においては、慎み深さ（節度）の限界がどこかということに関して独自の解釈があります。デンマークでは、ほとんどの海岸でトップレスになったり裸になったりすることができますが、街中の路上では許されません。他の国々では、海岸でトップレスになった女性が逮捕される場合もあります。

慎み深さを崩してもらうのを好む、つまり自分のもっている慎み深さを他人の行動によって乱され、それによって生じる**憤り**を感じたいと思っている人もいます。そういう人達は、心のなかでは慎み深さが乱されることによって自分の内面に呼び覚まされる性的な感情を楽しんでいると考えられます。他人の行動に対して憤りを感じる時、恐らくあなたは、心のなかでは同じことがしたい思いながらも我慢をしている状態にあるのかもしれません。

罪 —— 罪の意識は、何代にもわたって、特に**性愛**と**セックス**に対して密接に関わってきました。もし、ある社会の**道徳**あるいはそこで支配的な宗教が、私達が生まれつきもっている**欲求**や**感情**を不純で罪深いものだと決めつけるなら、私達は自分の「不名誉な」感情を押さえつけるために自らと闘わなければならなくなり、また永遠の罪の意識とやましさをもつようになってしまうでしょう。こうした罪の意識ややましさをもっているために、私達は人からつけ込まれ、巧みに操られてしまうのです。

罪はまた、**カップル関係**における**争い事**の武器としても使われるものです。多くのけんかや反目で問われるのは、関係がうまくいかない一番の罪が誰にあるのかということです。

カップルの関係上に起こった問題の罪を人になすりつけることは常に実りのないものであり、何の結論も得られないものです。関係がどのように機能しているかを確認するには両方が携わることができますし、その関係がうまくいくかいかないかの責任は2人にあるのです。そんなことよりも、むしろ共に関係を強化す

帝王切開 —— 腹壁や子宮の切開を通じ、通常とは異なる道、つまり膣を通らずに胎児を摘出（分娩）する手術のことです。この名称は、同じ方法で生まれたと言われるローマの帝王にちなんでつけられました。

女性が帝王切開で分娩する場合は、様々な理由によって正常な分娩が妊婦や子どもに大きな負担を与える危険性がある時です。「第1章 愛から子どもへ」を見て下さい。

ディオニソス —— ギリシア神の酒と豊饒の神です。

貞操帯 —— 女性を占有し、支配しようと試みる、男性社会の馬鹿げた技術的発明の一つです。貞操帯は、中世において、自分の妻がほかの男性と浮気をするかもしれないと考えた夫達によって使用されました。男達は、妻の下腹部を金属の帯で締め付け、鍵を開けなければ**性交**ができないようにしたのです。

ディルドー —— 人工的につくられたペニスなどのように性戯に使われる道具のことです。補助具の項を参照をして下さい。

テスト（検査） —— ある特定の病気（例えばエイズ）を**血液検査**で証明することができます。259ページを見て下さい。妊娠は、尿による妊娠検査（**尿検査**）で早期に確認することができます。

テストステロン —— 男性の性ホルモンのことです。

鉄（硬いペニス、突っ立った少年、勃起したペニス） —— 勃起の項を参照して下さい。

テレフォンセックス —— 片方あるいは両方がその会話の内容によって**淫乱**になるような、電話による2人の会話のことです。通常、その会話の内容は写実的な性描写、言葉、音などです。**イタズラ電話魔**の項も参照して下さい。

トイレットセックス —— 尿や便などが関わる性行為のことです。287ページを見て下さい。

同時オーガズム —— 恋人2人が同時にオーガズムを得るということは、かなり稀なことです。

長期にわたって充実した**性愛**生活を送り、お互いをよく知り合ってきたカップルは、愛し合う時に、同時にもしくはほぼ同時にオーガズムを得るというのが可能です。とはいえ、普通は片方が先にオーガズムを得るということが一般的で、その感覚は同時に得る場合と同じです。また、片方または両方が毎回オーガズムを得られなくてもそれは同様です。

いつオーガズムが訪れるのか、またやって来るかどうかは、実りの多い性愛のために必ずしも必要なことではありません。大切なことは、愛する人と共に過ごすという体験なのです。「第3章 愛－性愛－セックス」と「第4章 大小の問題」を見て下さい。

同性愛者 —— 性的に、同性に惹かれる人を同性愛者と言います。**ホモセクシュアル**として生きなくても同性愛的な感情をもつことはできます。それはちょうど、何らかの理由で抑制しているような他の（他人とは異なる）性的欲求をもつことと同じです。

同性婚 —— デンマークは、世界で初めて同性者間の夫婦関係である同性婚を認めた国です。同性婚は、法律上、そのカップルを多くの分野で通常の夫婦と同等に扱うというものですが、例外もあります。例えば、**ホモセクシュアル**のカップルは、養子をとる許可を得ることが難しくなっています。**養子**の項を参照して下さい。たとえ多くのホモセクシュアルのカップルが、子どものいない**異性愛者**のカップルと同じぐらい子どもを熱望していたとしてもそれは無理なのです。

ドナー —— ドナーというのは、通常、あるよい目的のために何かを提供する人のことを言います。血液ドナーは、病気や事故、手術などで血液を失い、輸血を必要としている人に血液を提供します。

こうした場合、感染を引き起こすことがあります。例えば、エイズの原因となるHIVウイルスなどが感染する恐れがあります。「第7章 STD－性感染症」を見て下さい。

エイズの感染方法が分かるまでに、不幸にもHIVウイルスの感染が起こってしまったケースがいくつかありました。現在では、血液ドナー全員がエイズの検査や診察を受けていますので、輸血の際に起こる感染はなくなっています。血液ドナーになれるのは、こうした一定の病気にかかったことがないか、かかっていない人だけです。

精子ドナーとは精子を提供する男性のことで、その精子は、夫の精子生産に欠陥がある女性の人工授精（**精子注入、授精、媒精**）に使われます。また、臓器の移植を受けることによって生命が維持される人に腎臓などの臓器を提供する人のことを「臓器ドナー」と言います。臓器ドナーは、近しい家族の一員である場合が多くなっています。

道徳 —— 道徳は私達の内面にある生きるための原則に由来します。この原則は、成長過程で私達に備わり、私達が秩序ある人間として存在するためにどのような行動をとるべきかを教えてくれます。

道徳という言葉をどのように理解するかは、様々な社会、宗教、環境によって大きな違いがあります。したがって、親達によって自分の子どもに教え込まれる道徳にも大きな違いがあるのです。

愛やセックスの問題となると、ほとんどの人々の道徳観に大きな違いがあります。つまり、何をしてよいのか、何をしてはいけないのかという解釈に違いが出てくるのです。

多くの人にとって、他人の道徳観と自らの道徳観が同様に優れたものであるということを容認することは難しいものです。それどころか、別の道徳観をもつ人々に対して**嫌悪感**をもってしまうぐらいです。

トランスセクシュアル（性倒錯者） —— 自分の性とは反対の性の人間であるように感じたり体験したりする人のことです。

トランスセクシュアルの男性は、男の肉体をもった女性として自分を感じ、手術によって身体を変化させたいと切望しています。そうすれば、内面の女性的な人格が肉体と一致するからです。285ページを見て下さい。

トルコ音楽 —— もし、1人の人間が不幸にも複数の性感染症に同時にかかってしまったら、「トルコ音楽の初めから終わりまでをもらってしまった」という言い方をします。*

* : トルコ音楽は様々な楽器を使う賑やかな音楽なので、デンマークでは、一度にたくさんの良いことあるいは悪いことが起こる場合にこのような表現をする。

どんぐり —— 男性器の頭、ペニスの先端部分のことです。(陰茎)亀頭の項を見て下さい。

ドン・ファン —— 14世紀頃に生きていた、女性を誘惑することで有名な男性のことです。彼の恋愛物語に関する多くの本や演劇、そしてオペラなどが書かれています。

「紛れもないドン・ファン」という呼び方は、次々に女性と関係する男性に対して使われます。このような方法で自分の恋愛生活を営むことは、恐らく他人から見れば心躍ったり、うらやましく思ったりするかもしれませんが、現実には孤独感の表れであり、また従順な態度や他人と深く関わる能力に欠けていることの表れなのです。ドン・ファンタイプの人間は、真の愛を体験することに対して自らを欺き、自分を確認するために恋(**性愛**)のなかであえぎながら休みなくバタバタと動き回っているだけなのです。

自分の肉体を与え、他人の肉体を得ることで**セックス**をすることはできます。けれども、愛というものは、自らを与え、愛する相手を得ることによってのみ獲得することができるのです。

【ナ】

仲間 —— 友人の項を参照して下さい。

ナチュリスト —— ヌーディストの項を参照して下さい。

滑らかな状態 —— 女性が性的な欲望を起こした時に、**膣**や**外陰部**に起こる湿った状態のことです。この湿り(潤滑液)は、膣の入り口付近や膣粘膜のなかにある腺から分泌され、弱い粘膜を守り、**性交時**のペニスの挿入や摩擦運動を容易にするために大切なものです。

男性も、潤滑液を少量分泌します。ペニスが硬くなって準備が整った時、少量の透明なしずくが尿管から出てきます。これは**精子**ではなく、尿管にある腺のなかでつくられている潤滑液です。ただし、このしずくのなかに少しの精子が含まれている可能性もあります。これが、**避妊**を行わずにペニスを膣に挿入してはいけない理由の一つです。

女性の湿り気が少量であったり足りなかったりした時には、愛撫や性交が不快で痛みの多いものになり、粘膜に亀裂が生じたり傷がついたりします。湿り気が十分でなければ、薬局で処方箋なしに買

える潤滑剤が役に立つでしょう。**診査（触診）用クリーム**は優れています。ペッサリー用クリームも目的にかなったものであると同時に、**精子を殺したり性感染症の抑制**に機能するという性質をもっています。「第5章 避妊－あなたの愛を守って下さい」と「第7章 STD－性感染症」を見て下さい。また、食用油、男性用オイル、マッサージオイルまたはクリームも潤滑剤として優れていますが、寝具に油汚れをつけてしまうことがあります。「第4章 大小の問題」を見て下さい。

ナルシシズム、ナルシシスト —— 自己愛、自己崇拝のことです。自分自身に関心をもつのとはまったく別のものです。紛れもないナルシシストというのは、自分を眺め、自身の身体を愛撫することに性的興奮を覚え、他人に恋心を抱くことが難しい人です。

　ボディービルダーに見られるような肉体崇拝には、ナルシシズムがかなりあります。彼らは、自分の肉体形成に相当な時間を費やし、その結果を鏡で見て賞賛しています。ナルシシストの内面には自分を受け入れ難くするような不安があって、その不安が変わることのない自己陶酔の生じる理由となっていることがよくあります。

　「ナルシシスト」という言葉は、鏡に映った自分の姿に恋をしたと言われているギリシアの伝説の若者ナルキッソスから生まれました。

軟性下疳（なんせいげかん）—— ヨーロッパでは非常に稀な感染症で、以前は**性病**に関する法律のなかに含められていました。270ページを見て下さい。

におい —— においは、私達の生活にとって非常に意味があります。特にそれは、生活のなかのエロティックな（性愛に関する）部分において言えます。

　私達は、皮膚の腺やわきの下や股の汗腺から、また吐息から多くの様々なにおいというシグナルを周囲に出しています。どんなにおいがするかは、私達が何を食べたり飲んだりしているかによります。例えば、**アルコール**などのように吐息のなかに出てくる物質もあれば、ニンニクなどのように汗に混じって出てくるにおいもあります。さらに私達は、携わっている仕事や居住している部屋によっても違うにおいを発しています。

　ですから私達には、例えば自身の身体から発散するにおいもあれば、タバコのにおいなどのように身体に染みついた生活のにおいもあるのです。飼っている犬やあなたの恋人は、そのにおいであなただと分かりますし、そのにおいを愛するようにもなっているのです。

　私達が発散する汗やにおいには、他人に官能的な刺激を与えるような物質が存在しているらしいことが分かっています。それはちょうど、香水の香りが魅力的に作用するのと同じです。どんな場合でも、においというものは私達のセックスの感覚や性愛的な欲求において大きな意味をもっています。ただの酸っぱいような足のにおい、古くなったような腋の汗のにおい、そしてトイレに行った後の残臭に性的な感覚を呼び覚まされる人もいますが、それは非常に稀なことです。鼻をつまみながら愛を確かめ合う（セックスをする）ということは、そう簡単にできる

ことではありません。**清潔さ**の項を参照して下さい。

にきび（吹き出物、アクネ） —— 身体全体のすべての皮膚が、皮脂をつくり出す皮脂腺に覆われています。皮脂腺は、皮膚を乾燥から守る役割をしています。皮脂腺の導管が詰まってしまうと、真ん中に黒い点のある小さな白い腫れ、つまりにきび（黒色面皮包）として表面に現れてきます。これは、両側を注意深く押せば簡単につぶすことができますが、それでなくなるわけではありません。

皮脂腺にばい菌が入ってしまうと赤くなって膨らみ、真ん中に黄色い膿がたまります。これが「吹き出物」あるいは「にきび」と呼ばれるもので、小さなおできと同じようなものです。このにきびは潰してはいけません。潰してしまうと炎症が広がり、軽い傷となって跡が残ります。

思春期においては、皮脂腺の皮脂分泌が増え、たくさんのにきびができるのが当たり前です。多くの場合、肩や顔にできます。ある程度のにきびができるのが当たり前とはいえ、あまりうれしくない時や本当に困った場所に現れることがあります。例えば、パーティーへ行こうとしている時に鼻の真ん中にできたりするのです。

この時期ににきびができやすいのは、思春期に起こるホルモンの変化が原因で、特にアンドロゲンという男性ホルモンの分泌が理由とされています。そのため、男子は女子よりも頻繁ににきびに悩まされることになります。

ホルモン以外にも、食物、清潔さ、太陽、風、天気などが皮膚の状態に影響してきます。自分自身のホルモンバランスをコントロールすることはできませんが、その他の要因については、気をつければにきびの発生を抑えることが可能です。カロリーだけで栄養のないもの、例えばフライドポテト、ポテトチップス、キャンデー類、ケーキなどを多く摂取してはいけません。毎日ちゃんと洗顔をし、化粧を落とさないで寝てはいけません。新鮮な空気を吸い、新鮮な風にあたり、海水を浴びて下さい。それ以外にも、太陽やソラリウム（日焼けサロン）はにきびをできにくくします。また、薬局で処方箋なしに買える薬剤にはにきびや不潔な肌に対して非常に効果を発揮する成分が含まれていますので、予防のために塗るのもいいでしょう。

多くの人は、にきびのできる年齢をさほど大きな問題なく通りすぎていきます。けれども、症状がひどくて、精神的にも肉体的にもかなり落ち込んでしまう人も何人かいます。でも、心配しないで下さい。こうした人にもちゃんと救いの道があります。医者の所に行けば、多くの効果的な治療方法のなかから症状にあった処方をしてくれるからです。一例を挙げれば、ピルを使っているにきびのひどい女子は、皮膚の皮脂分泌を減らす効果のある特殊なタイプのピルに代えることもできます。

乳児マッサージ —— 小さな子どもは、必要とする安心感を得たり調和のとれた発育をしていくために、両親と密接な身体的接触、つまり愛撫をして欲しいという大きな欲求をもっています。夜間の成人教育*では、乳児マッサージ、つまり子どもをマッサージし、その身体や動作を刺

激する特定の方法を学ぶための様々なコースが提供されています。

両親が小さな新生児の育児や世話に真剣に取り組むことは有益であり、また必要なことです。けれども、自分の子どもの身体をマッサージしたりさすったりするためのコースに通う必要はありません。自分の直感に耳を傾け、私達に備わっている世話や介護の欲求に耳を傾ける、つまりその小さな赤ん坊が私達に送るサインに耳を傾け、理解をし、そのサインに応えてやることの方がずっと大切なのです。

愛には、知識、そして自分自身の感情や愛する人の感情に気を配ることが要求されます。これは、大人と子どもの間の愛にだけあてはまることではありません。成人教育では、愛することは学べないのです。

> *：デンマークでは、各市などが開設する成人向けの様々な夜間コースがある。語学から趣味のコースまで多岐にわたる。

尿検査 —— 様々な物質が含まれている尿は、身体や血液中にどういう物質が存在しているかのイメージをつかむのに役立ちます。そのため、尿検査によって多くのことが分かるのです。

妊娠は、尿検査で比較的早期に判断できます。妊娠してまもなく、小さな胎児の胎盤がホルモンを形成し、それが母親の血液中、そして数週間後には尿のなかに認められます。母親の尿における胎児ホルモンの含有は、妊娠を証明する基盤となります。もし、胎児ホルモンが存在すれば尿検査は陽性となり、その女性は妊娠しているということになります。

予定していた**月経**が来なくなって約1週間を過ぎた頃に行った一般的な検査で出た結果は、ある程度確実なものです。

そのような一般的な尿検査は、**医師**のもとで受けたり（無料）、調剤薬局で受けたり（有料）することができます。薬局で検査セットを購入し、家に持ち帰って自分で尿を調べることもできます。もし、妊娠を恐れている（あるいは望んでいる）のなら、月経がなくなって約1週間以上もの長い期間放っておいたりせずに、早く確認して下さい。「第1章　愛から子どもへ」を見て下さい。

尿道 —— 膀胱から体外へと尿を導く管のことです（男子の場合は、精液も尿管を通ります）。女性の尿管の出口は**陰核**（クリトリス）と**膣**入り口の間にあります。男性は、ペニスの頭（亀頭）の先端にあります。141、174ページの図を見て下さい。

尿道炎 —— 尿道の粘膜の炎症のことです。炎症によっておりものが出たり、排尿時に痛みがあったりします。尿道炎は、複

尿検査（日本の場合）

①薬局などで妊娠検査薬を購入する方法（自分で尿検査を行う）。

②産婦人科での健診 — 妊娠は病気でないため自己負担となっている（約8,000円）。

③その他 — 愛知診断技術振興財団医療科学研究所が、1992年より郵送によって検査するシステムを開始している（約1,800〜2,000円）。

数の性感染症によって引き起こされることがあります。例えば、**淋病**、**クラミジア**などです。264ページを見て下さい。

妊娠 ── 妊娠（受胎）は、**精子細胞が卵子**と融合する**受精**によって成立します。受精卵は**子宮内膜**に着床して発育し、生まれるまでは「**胎児**」と呼ばれます。「**第1章　愛から子どもへ**」を見て下さい。

妊娠期間は平均して40週で、**最終月経**の初日から起算します。これは、妊娠当日（受胎日）を決定するより簡単な方法です。

妊娠を示す最初の兆候は、朝に感じる吐き気や気分的な不快症状、乳房の張りが増すなどです。そして、次に来る予定の月経は停止します。月経予定日の1週間後には、**尿検査**によって妊娠を判定することができます。これは非常に簡単です。少量の早朝尿（朝起きてすぐの尿）を医師に提出すると無料で妊娠判定をしてくれます。

通常は、即時に検査結果を得ることができます。薬局で尿を渡して検査してもらうこともできますし、使用説明書の付いた検査セットを薬局で買って自宅で調べることもできます。ただし、いずれの場合もお金がかかります。尿検査が陽性であれば、それは妊娠していることを意味します。そして次は、医師のもとで**腹部検診（腹診）**を行います。私達が性交した日時をよく覚えていなかったり、計算を誤ったりすることはよくあります。この検査では、子宮の大きさを判定することにより、妊娠のどの時期に入っているかが分かります。

妊娠しているのではないかとの疑いを抱いたら、すぐに検査をしましょう。妊娠は、ひとりでに治ってしまうようなものではないのです。望んだ妊娠であっても、望まない妊娠であっても、それをできるだけ早く知ることが必要です。もし、**中絶**を望むのであれば、最終期限は最後にあった生理の初日から数えて12週までであり、決してロマンスのあった（性交をした）日から数えるのではありません！「**第6章　中絶－緊急時の解決方法**」を見て下さい。

妊娠は、妊婦の肉体や感情に大きな変化をもたらし、またそれに伴って男女関係にも変化を与えることを意味します。恋愛生活の方も、当然ながら女性側に起こった妊娠という出来事に影響を受け、男女関係における相互の感情の面でも変化が出てきます。「**第4章　大小の問題**」を見て下さい。

妊娠の中断（中絶） ──「**第6章　中絶－緊急時の解決方法**」を見て下さい。

妊娠予防（避妊） ──「**第5章　避妊－あなたの愛を守って下さい**」を見て下さい。

忍耐 ── 不寛容の項を参照して下さい。

妊孕性、受胎性のあること ── 受胎性のある女性とは、妊娠が可能な女性のことを言います。男性の場合は、女性を妊娠させることができることを言います。この言葉の反対語は、**非妊孕性**、**非受胎性**です。

ヌーディスト（ナチュリスト） ── 日常の様々な場面において裸でいることを好む人々のことです。通常の場合、戸外の気温と公共の**道徳性**が、自宅やサウナお

よび公共の浴場などのような場所以外で裸になるということを制限しています。しかし、気の向くままに服を着たり着なかったりして歩けるヌーディストの野営地やキャンプ場があちこちにあります。普通、ヌーディスト達は、裸の状態をリラックスした自然な状態と考えていますが、これに反して裸を嫌悪する人々は、ヌーディズム（裸主義）には性的な動機があると考えています。

熱情、激情 —— 私達の心の一番奥にある燃えるような熱い感情が目を覚ます時、私達は熱烈に反応します。何が私達のなかにある炎に火をつけるのかは様々です。サッカーの国際試合を観ると熱狂的に反応する人がいますし、ある人は自らのコレクションのなかに欠けている切手を見つける時に熱狂的になります。

　私達の大多数が最大の熱情を燃え上がらせるものは**愛、恋、嫉妬**でしょう。これらは、感情面で天国と地獄の両方を私達にもたらし得るもので、まるで人生においてひとかけらの思慮分別ももっていないかのような態度を私達にとらせるのです。熱狂的な愛は私達に最後の1クローネ*までを使い果たさせ、仕事や家庭を置き去りにさせ、自分の後ろにあるすべての橋に火を放たせ、私達を殺人者または自殺者にまでならせてしまうのです。

　熱情的な陶酔の真っ只中にある人は、その感情はいかに代価が高くても、それを支払うに匹敵するほど価値のあるものだと言い張るのです。

　＊：1クローネ＝約22円。2008年3月現在。

寝取られ男 —— 妻が不貞を働いた夫に対する、昔の悪意に満ちた名称です。絵や写真では、このような夫は額に角がはえた男性として描かれています。

粘膜 —— 内側の空洞部分に向いている身体の表面は、常に一定して粘液や水分による潤いが保たれている粘膜に覆われています。例えば、口のなか、尿道、膀胱です。女性では、**膣**や**子宮**のなかにも見られます。

脳下垂体 —— 脳の真下、頭蓋骨腔の真ん中にある小さな腺（グリンピースぐらいの大きさ）のことです。脳下垂体は、他のホルモン腺、特に甲状腺、副腎、性腺（**卵巣**と**精巣**）の機能をコントロールするホルモンを分泌します。脳下垂体でつくられる主な性ホルモンは、卵胞刺激ホルモン（FSH）と黄体形成ホルモン（LH）です。*

　＊：視床下部がゴナドトロピン（性腺刺激ホルモン）放出ホルモンを分泌して下垂体を刺激することにより、これらのホルモンが分泌される。

のぞき魔（窃視者） —— 他人の性生活をのぞいたり、女性が衣服を脱ぐところをこっそり見たいという強い性的な欲求をもつ人のことです（多くは男性）。

　私達は誰でもみんな、少々のぞき魔のところがありますが、その欲求に耐えられず法律に触れるようになった時に初めて窃視者となります（他人の私生活をのぞくことは罰せられるべき行為です）。「第8章　愛の少数派」を見て下さい。

後産（あとざん） —— 後産は分娩の第3期で、胎盤や卵膜などが、胎児が生まれた後、約10〜20分して出てくることです。

「第1章 愛から子どもへ」を見て下さい。

【ハ】

胚形成 ── 「第1章 愛から子どもへ」を見て下さい。

売春、売春婦（歓喜の女性、マッサージ師、娼婦） ── 売春は堕落を意味し、金銭の支払いに対する**セックスサービス**の名称として使われています。お金のため、あるいはその他の金品獲得のために自分のセクシュアリティを売る人（男性あるいは女性）は、「売春婦（男娼）」と呼ばれます。女性で売春をする人は、娼婦、女郎、高級娼婦、エスコートガール、コールガールなどと呼ばれます。男性で売春を行う人のことはジゴロとも呼ばれますし、男性の**ホモセクシュアル**の売春者は**男娼**と言います。

売春をする（身を売る）という言葉には、広義ではお金や利益のために自らの信条と妥協すること（自分の魂を売ること）、あるいは自分を笑いものにする、馬鹿にするなどという意味もあります。しかし、カップル関係において行うという安心感のもとで身売りをする人もたくさんいるのです。**性愛**と**セックス**は、様々な駆け引きや争い事の報酬や慰めとして、あるいはまたパートナーによっては何かに到達しようとする目的で利用されることもあります。

売春が「有害」か「有益」かについては議論がなされています。法的に見ると、売春は合法的な職業と非合法的な職業との間の境目に位置するもので、どのような視点から売春を受け入れればよいのかについて、社会が判断して「有害」か「有益」かの結論を下すことはできません。売春によってお金を得ることは法的に許されてはいますが、それは余暇に行う売春としてのみです。つまり、売春を行う人間が「本業」をほかにもっているなら合法的なのです。売春者が得るお金は課税対象ですから、社会は自分の分け前をもらっていることになります。

売春行為に対してポン引き（売春の斡旋を行うこと）に、つまり売春者が斡旋報酬として自分の恋人にお金を支払うことは許されていません。また、売春を目的として部屋やアパートを借りることも許されていません。売春によって稼ぎ出されたお金を得ることは、社会全体においては禁止されているのです。ただし、上述のように税務署（社会）は例外です！

売春行為が世界中に広がっていることからして、性的な満足をお金で買おうとするニーズが大きいことは明らかです。客は主に男性です。しかも、既婚の男性あるいは固定したカップル関係をもっている男性であることが多いのです。

一定のカップル関係のなかで暮らしている時、お金を払ってまで売春婦のもとで自分の性的欲求を満足させようとすることを魅力的にしているものはいったい何なのでしょう。その問いに対する一つの答えとしては、多くの人々が自分のパートナーと性的な欲望について話し合うことが難しいという点が挙げられます。そうした欲望が少々特殊なもので、拒絶される恐れがある場合はなおさらです。「第8章 愛の少数派」を見て下さい。

当然ながら、お金を払えば、自分以外の他人と性生活が営める可能性をもつ独身者もたくさんいます。売春婦達の客の大部分は、非常に特殊な（奇態な）性的欲望をもっていて、それを自分のパートナーとでは満たすことのできない男性です。

売春は多くの人にとって必要なもので、さもなければ彼らのもつ性欲の捌け口が見つけられないということに疑いの余地がありません。もしかしたら、売春は、それがなければ不法行為に走りかねないような人達の一種の安全弁として機能しているのかもしれません。

売春に関して一番考慮すべきことは、性病感染の危険です。特にエイズは、このようにして、本来の**リスク集団**＊から社会のあらゆる集団へと広がる可能性をもっています。「第7章 STD－性感染症」を見て下さい。

社会が**二重モラル**を捨てて、売春が存在すること、そしてそれを合法化させるべきこと、ただし売春者に対する定期的な医師の検診を行うなど、規制された形のもとに置くことを認めるのであれば、それが望ましいでしょう。

＊：HIVにかかりやすいハイリスクのある要素をもつグループ。例えば、売春などセックス産業関係者、薬物静脈注射の常用者などはこの集団に属する。

売春の斡旋、売春斡旋屋（ポン引き）

—— 売春の斡旋とは、**売春**をお膳立てしたり、他人の売春行為で金銭を稼いだりすることです。また、ポン引きとは、売春宿の所有者（売春宿の女将など）、娼婦を呼んでくるホテルの接客係、あるいは売春の目的で部屋を貸している人などのことを言います。もちろん、売春の斡旋は罪となります。

売春宿

—— お金を払って**売春婦**による性的なサービスが受けられる所です。雑誌などの広告では、売春宿は「マッサージ

売春に関する法律（デンマークの場合）

売春に関する法律は1999年に大きく変化し、売春は賞罰法の枠からはずされた。売春を行う者は犯罪者とは見なされず、売春行為によって収入を得ることは許されている。売春による収入は、税金および消費税の課税対象となる。これらを支払うためには、その女性または男性は自営業者として登録する必要がある。ただし、売春は合法的な職業とは解釈されていない。そのため、例えば疾病手当の受給、労働保険組合への参加など、他の職業に従事する者に与えられる様々な権利は売春者には与えられていない。また、他人の売春行為によって収入を得ること、18歳以下の者から買春することは禁じられている。

（参考：www.prostitution.dk 社会省より支援を受けている「売春および女性売買」（Prostitution & Kvindehandel）プロジェクト事務局の公式サイト）

クリニック」、そして様々な性的サービスのことを「マッサージ」と呼んでいます。

バイセクシュアル —— 両性に対して性的に魅力を感じる人のことです。「第8章 愛の少数派」を見て下さい。

梅毒 —— 主に、性的な関係によって広がる感染性の病気です。268ページを見て下さい。

梅毒トレポネーマ —— 梅毒のバクテリアのことです。268ページを見て下さい。

排卵 —— 女子／女性の**受胎性**のある年齢には、およそ1ヵ月に1度1個の**卵子**が二つある**卵巣**の一つから放出されます。排卵は、2回の**月経**の真ん中頃の時期に起こります。女子が**妊娠**できる最大のチャンスは、排卵期前後の数日間にあります。

　放出された卵子は**卵管**の漏斗に吸い込まれ、卵管を通じて**子宮腔**へ送られます。その卵子が**受精**されていなければ、子宮内に放出されてなくなります。卵管を通る間に卵子が精子によって受精されれば、その受精卵は子宮の粘膜に着床して成長し、胎児の発育が始まります。そうなると、その女子は妊娠していることになり、妊娠が継続する限り月経は停止します。142ページを見て下さい。

初めての性交 —— 「第3章　愛－性愛－セックス」と「第4章　大小の問題」と「第1章　愛から子どもへ」を見て下さい。

破水 —— 子どもが誕生するまでに**卵膜**に穴が開き、**羊水**が子宮や膣から流れ出すことです。破水が起こると分娩が始まりますので、その後の24時間内に分娩を終えてしまうことが最も望ましいでしょう。

　もし、**妊娠**している女性が出産予定日を過ぎていたら、胎児被膜に穴を開けて（水を取る＝破水させる）分娩を開始させることができます。151ページを見て下さい。

発育 —— 「第2章　子どもから大人へ」を見て下さい。

バッカス —— ローマ神話における豊饒とワイン（酒）の神です。

発情 —— 交尾の欲求という意味です。主に、ある時期にだけ交尾したい気持ちになる（発情期）動物に対して使われる言葉です。人間は、1年中発情期にあります。人間の場合、交尾はただ単に生殖の目的を果たすためのものだけではなく自然な生の発現でもあり、愛や人生の喜びと切り離すことができないのです。

パニック年代 —— 男女両方とも、性的な魅力が衰えてきているのではないかと思い悩み始め、しばしばかなり若い人への熱烈な**恋**に身を投じたくなるような40歳から50歳代を「パニック年代」と呼びます。

　しかしこれは、通常、ほとんどの場合本当の恋などではなく、自分自身を確認しようとする、自制心を失った空しい試みでしかありません。とはいえ、あまりにも狼狽して、自分の後ろにあるすべての橋に火を放ち、スーツケースにあらゆ

る物を詰めて妻（夫）や子ども達から去ってしまうような場合もあります。でも、こうした場合の多くでは、当事者はその恋が燃え尽きてしまうと意気消沈をして再び玄関のベルを鳴らしたりします。

　幸いにも、**愛、性愛、セックス**は、どの年齢段階にも訪れるものです。自分の性愛生活を大切に守っていくべきことさえ理解していれば、老齢期になっても魅力ある性愛生活を展開することができるのです。**高齢者と性愛**の項を参照して下さい。おそらく若い時とは異なるでしょうが、年齢と共に魅力があせていくことはありません。

バルトリン腺 ── 女性外陰部で粘液をつくる腺のことです。女性が性愛欲求を起こした時、膣内を濡らす働きをします。

バンプ（妖婦） ── 自分の餌食となる男性の理性を失わせ、欲望によってその犠牲者を狂わせる誘惑的な女性のことです。

　多くの少年／男性は、妖婦に誘惑される夢を心のなかにもっています。恋人が時には妖婦を演じてあげると、こうした少年／男性達を幸せにすることができるでしょう。

半陰陽（ヘルマプロディーテ） ── 両性を兼ね備えた人、つまり男性でもあり女性でもある人のことです。ごく稀にですが、1人の人物が**精巣**と**卵巣**の両方をもっている場合があります。このような場合、その人は男性でもあり女性でもあるのです（真性半陰陽）。

　ある人間が、女性性腺（卵巣）がありながら多少男性的な外性器（例えば、ペニスに近いような大きな**陰核（クリトリス）**をもっている場合、あるいは男性が多少女性的な外見の性器（例えば、小さなペニス、腹腔に位置する精巣、平らで女性の**陰唇**のように見える**陰嚢**など）をもっている方（訳注：仮性半陰陽）が真性半陰陽より一般的です。

　「ヘルマプロディーテ」という名称は、ギリシア神話から取られたものです。ヘルマプロディトスは、ヘルメスとアフロディーテの息子でした。1人の水のニンフ（サルマキス）がヘルマプロディトスに熱烈な恋をしたため、その性愛の1幕のなかで2人は融合して同体となったのです。

　恋人と一体になりたい、1人の人間になりたいという強い憧れは神話のなかだけの話ではありません。熱烈に恋をしている人の誰もがそう思うものです。

繁殖（生殖） ── 子ども（子孫）を得ることです。

非受胎性（不妊） ── 子どもを得る能力がないことです。女性は**初経／初潮**（最初の**月経**。これはその女子の排卵が始まっているか、まもなく始まるという兆候です）までは受胎性がありません。これ以後、受胎性のある年齢に入り、これは**閉経期（更年期、移行期）**まで続き、その後、女性は終生受胎性のない状態になります。

　男性は、精子の形成が始まる**思春期**まで受胎性はありません。その後は、生涯にわたってずっと受胎性をもちます。

　特定の病気は、たとえ受胎性のある年齢であっても不妊をもたらすことがあります。**不妊法**の項を参照して下さい。

ビデ——座る高さぐらいで、下方から女性性器や肛門などを洗浄する時に使う小さな洗浄用容器のことです。フランスで一般的に使われている非常に便利なものですが、デンマークではあまり利用されていません。望ましい恋愛のためには、あなたが清潔であることが絶対条件となります。清潔さの項を見て下さい。

避妊——妊娠を予防すること、妊娠から身を守ることです。「第5章　避妊－あなたの愛を守って下さい」と「第7章　STD－性感染症」を見て下さい。

避妊、産児制限——妊娠予防という意味です。「第5章　避妊－あなたの愛を守って下さい」を見て下さい。

避妊具——望まない妊娠や性病感染の危険にさらされたくなければ、性交を行う時には避妊具を用いることが必要です。「第5章　避妊－あなたの愛を守って下さい」と「第7章　STD－性感染症」を見て下さい。

　コンドームの項も合わせて参照して下さい。

避妊方法——望まない妊娠や病気感染を恐れることなく愛し合うことのできる様々な方法のことです。「第5章　避妊－あなたの愛を守って下さい」と「第7章　STD－性感染症」を見て下さい。

避妊リング（IUD：intrauterine device、子宮内避妊器具）——細い銅の糸が一部に巻きついている小さなプラスチックのものです。もともとの避妊リングはらせん状でしたが、現在使われているものは数字の7の形やT字形、あるいは馬の蹄鉄のような形をしています。リングは避妊具です。医師によって女性の子宮に挿入され、妊娠を防ぎます。238ページを見て下さい。

媚薬——主に、高齢者の男性の性欲やポテンス（性的能力）を強くするような、そしてまた女性達を抑制のきかない性愛の状態に陥れるような媚薬を見つけるために、これまで多大な労力やお金がつぎ込まれてきました。

　多くのハーブや、ほかの様々な物質のなかには、性愛の欲望を刺激する効能をもっているものがあります。例えば、サイの角を粉にしたものが有名で、そのために人間はサイを絶滅寸前にしてしまいました。サイの角やその他の媚薬は、利用する人にとって効能を信じることそれ自体が刺激的なのです。

　私達の肉体や神経系をむしばむような薬物を性器や性的体験時に使用するとなると、別の問題を引き起こします。

　アルコールは、自己批判（評価）や自己抑制が、酩酊状態が増大するに従ってなくなってしまうという作用でよく知られています。血中のアルコール度が増すに従い、異性あるいは同性の誰もが美しくセクシーで魅力的になります。けれども、酔いがさめた後では、心のなかに気まずく後味の悪い感じが残ってしまいます。それは、口のなかに残る後味の悪さや頭痛がする二日酔いの状態と比べたら、最悪としか言いようがありません。

　様々なタイプの薬剤は、性器の機能に影響を及ぼします。胃潰瘍の薬や血圧（降下）剤などは、男性の性的能力を低下させてしまうこともあります。同じよ

うに、神経系統に作用する薬も性欲と性的能力の両方を低下させる傾向があります。性的能力に問題のある男性が男性の**性ホルモン**で治療を受けることがありますが、**インポテンス（性機能障害）**の原因は必ずしも肉体的なことに限りません。精神的な条件によることもしばしばありますし、緊張による**行動不安**（あがり症）によることが非常に多いのです。

また、様々な種類の麻薬は神経を毒するものが多く、中毒者の性的感情の体験にも影響を及ぼします。大麻（ハッシュやマリファナなど）は、ジャムサンドの味や太鼓の一種であるボンゴの音などと同じように性的感覚を増大させます。それに、大麻を定期的に服用するようになると、性愛の面も含めてすべての反応（外来の刺激に対する組織・神経・筋肉などの反応）が鈍くなってしまいます。

アンフェタミン、コカイン、ヘロインなどは、短時間で舞い上がるような快感をもたらしますが、いったん依存状態になってしまうと恋愛に対する興味が薄れ、覚醒剤の皮下注射を打つことに関心が向いてしまいます。

こうした危険な薬剤の代わりに、あなたの周りやあなた自身のなかに、何の危険もなく自由に使うことができ、非常に強力に作用する、より効果の高い媚薬があります。そのなかでも一番強力に作用するのは、あなたが愛し合う相手です。自分の性を安売りしてばらまいたりする代わりに、あなたが好きな人、恋をしている人、愛している人、あなたが知っていて信頼ができ、これからも愛し合いたいと思える人との性愛のために自分の性をとっておくなら、その時あなたは薬剤などではなく、心という最も大切な**性愛**の器官を使うことになります。心を使うのなら、媚薬は必要ありません。

ほかにも自由に使うことができるものがあります。例えば、音楽、心地よい雰囲気、ロウソク、月の光、柔らかなベッド、あるいは良い香りのする森のなかの空き地などです。

そして、一番大切なものはあなた自身です。あなたの**性器**だけでなく、あなた自身を使って下さい。あなたには優しさがあり、ファンタジーがあり、好奇心があります。それらは、どんな化学物質ができるよりもあなたを高揚させ、あなたの愛する人をより良い状態に誘います。

翌日、そのエクスタシー状態を和らげたいという気持ちにはよくなることがあっても、愛が二日酔いをもたらすことはありません。

病的盗癖（窃盗癖）者── 盗むことに性的な快感を覚え、**オーガズム**が得られる人（女性が多い）のことです。広義では、性的な快感が背景になくて、盗みをする傾向があればその人は窃盗癖のある人だとしています。

ピル（経口避妊薬）── ピルは、人工的に生産された女性の**性ホルモン**である**エストロゲン**と**ゲスタゲン**を含んでいます。ピルには女性の**排卵**を抑制する働きがあり、避妊薬として利用されますが、不規則な月経の調節や月経痛の治療にも使われています。

ピルは非常に確実な妊娠予防薬ですが、性感染症（エイズも含む）を防ぐ働きはありません。ですから、ピルを服用している女性でも、新しいパートナーと、あるいはパートナーを何人も替えて**性交**す

第1部 事典項目 105

る時は必ずコンドームを併用すべきです。「第5章　避妊－あなたの愛を守って下さい」と「第7章　STD－性感染症」を見て下さい。

卑猥(ひわい)な── 挑発的で、下品でみだらなことです。人は卑猥な言葉遣いをしたり、卑猥な笑い方をしたり、卑猥な振る舞いをしたりすることがあります。私達が何をもって卑猥だと考えるかには大きな違いがあります。面白おかしく、ピリッと刺激の利いたものだと思う話を、ほかの人は卑猥な話だと思うかもしれません。また、ある人が魅力的だと思う人を、みだらで卑猥な人だと感じる人もいるのです。

ファック── 性交をすることです。多くの俗語辞典には、1ページにわたるほど様々な呼び方が載っています。ファックという言葉からは、人と人の心と感情というものが見えてきません。肉体があればファックができますが、愛し合うことはでません。

ファロス（男根）── 屹立した男性の陰茎（硬くなったペニス）のことです。勃起状態のペニスは、象徴としていろいろな場面に利用されています。

ファロスシンボル── 硬くなってそそり立つペニスは、世界中の至る所で豊饒性や性愛の喜びなどの象徴として、また男性的な攻撃性や権力、支配力などの象徴としても使われます。また、ファロスシンボルは広告やそのなかの写真などにもよく利用されます。ネクタイは、世界中で最もよく利用されるファロスシンボス

と言えます。

不安── 不安は、私達みんながもっている自然な感情で、多くの状況において役に立つものでもあります。なぜなら私達は、不安を感じることによって身体や精神に警戒態勢、避難態勢をとらせるからです。また逆に、まったく違った状況では物事を台無しにしてしまう感情でもあります。

不安は、避妊、妊娠や感染の不安などというように様々な装いをして現れ、恋愛をメチャメチャにしてしまいます「第5章　避妊－あなたの愛を守って下さい」を見て下さい。

自分は合格点に達しているのだろうかという不安は、恋愛の場合において出てくるごく普通の感情です。多くの人々が、恋愛は一種の競争であり、そこではよい成績を上げることが大切だと思ってしまって、相手を満足させていないのではないかという不安感（行動不安）をもち易くなります。

恋愛を、スポーツの成績のように測ることはできません。自分の肉体と魂を与え、愛する相手の肉体と魂を受け取るような、また生きて体験し、与え、享受するような生の発現をすることが恋愛だと分かれば大いに助けとなるでしょう。「第2章　子どもから大人へ」と「第4章　大小の問題」を見て下さい。

夫婦関係── 社会（そして、時に教会）が男女関係を法律上正当と認めたものです。

デンマークでは、**ホモセクシュアル**のカップルはいわゆる同性婚の関係に入ります。この関係においては、彼らは配偶

者と共に多くの領域で（ただし、すべての領域ではありません）法律上平等に扱われます。**同性婚**の項を参照して下さい。

夫婦関係の成立によって、そのカップルには、以下のような法律が定める何らかの権利と義務が生じてきます。それは、お互いに対して生じるもの、2人が共有する経済面でのもの、そして彼らの子どもに対して生じるものという三つです。そのため夫婦関係は、愛し合っている2人の間では、日常生活や人生を分かち合うための思慮分別ある正しい条約規定だと言えるでしょう。とはいえ、書類や法律や様々な規則は、2人の人間を結び付けておくものとして必要なのです。

カップル関係において最も重要な絆は、お互いに対する気持ちであり、関係を維持し、そしてその強化や向上に2人が示す関心です。書類上あるいは経済的な理由で維持されるような関係は、最もよい状況であっても空っぽな容器でしかなく、最悪の場合には私達の心身を束縛する牢獄となってしまいます。

夫婦生活セラピスト ── 夫婦生活上の問題に対して治療を行う人のことです。特に、夫婦生活上の問題に関心をもつ**医師**やソーシャルワーカー、臨床心理士などです。

夫婦生活セラピストは、特定の資格を得た人に与えられる肩書きではないため、受けてきた教育の如何にかかわらず、夫婦生活上の問題にアドバイスを与えられる人なら誰でも「夫婦生活セラピスト」と自称することができます。

助けが必要なら、多くの場合に適切な指導を与えることのできる自分のホームドクターや、必要な教育と知識を備えて

いるセラピストに問い合わせる方がよいでしょう。この世界では詐欺も少なくありませんから、メディアにおける広告などには慎重に対応するべきでしょう。ここにはあなたの財布を軽くさせる可能性が数多くありますし、最悪の場合、問題を悪化させてしまうこともあるからです。

フェティシスト ── 例えば、ゴム、皮、絹、衣類、ブラジャー、ナイロンストッキング、ゴム長靴、ハイヒール、鋲の付いた皮ベルトなどの特定のものに対して性的な興奮を感じる人のことです。「第8章　愛の少数派」を見て下さい。

フェミドーム ── 新しい**避妊具**で、ペッサリーとコンドームを組み合わせたようなものです。「第5章　避妊─あなたの愛を守って下さい」を見て下さい。*
　＊：日本では「マイフェミィ」（大鵬製薬）などとして発売されていたが、現在は発売中止となっている。

フェミニン ── 女らしい、女性的なという意味です。この言葉は、外見や性格、1人の人間（男性あるいは女性）の態度、立ち居振る舞いなどを表現するのにも用いられます。

フェラチオ ── 性愛の遊戯における主要な要素で、女性が相手の男性のペニスを吸ったり、なめたり、キスしたりすることです。ゲイの人々は、お互いの性器に対して同じことを行います。

フェラチオには（**性交**同様）エイズ感染の危険もあります。「第7章　STD─性感染症」を見て下さい。フェラチオは、他のあらゆる**セックス**同様、パートナー

の両方が好み、しかも身体を清潔にしていれば好ましい体験になります。

不応期——1回のオーガズムから次のオーガズムを得られるようになるまでの（筋細胞が刺激に反応できない）期間のことです。

　男児や青年の場合、不応期は短くなっています。**射精**後、多くの人々は適当な雰囲気がその場にあれば10分～20分で新たな勃起と射精が可能となります。性戯が継続する場合は、各々のオーガズムの間にある不応期は一層長くなっていきます。ですから、血気にはやる青年が早期に射精してしまうことを問題にする必要はありません。弛緩状態になった時でも、継続したいという欲望はすぐに戻ってきます。

　年齢と共に不応期は長くなり、多くの成人男性や高齢の男性は、1度オーガズムを得てから再び勃起が可能になるまで1時間から24時間、あるいは1週間を必要とします。その代わり、大多数の成人および高齢の男性は、若い男性よりもかなり長く射精を我慢することができます。

　不応期についても、射精の速さについても、人によって大きな違いのあることが強調されるべきでしょう。このことは、若い男性と高齢の男性の両方にあてはまることです。しかし、これらはその度ごとに異なるもので、違ったパートナーとの間ではまた別の反応となります。また、すべての身体機能同様、さらにこの不応期の場合で言えば、精神的な要因や病気、疲れているか元気を回復しているか、そしてストレス状態かなどによって左右されます。

　若い女性および成人女性の場合も、男性と同じように変化に富んでいます。1度もオーガズムを得られなかったり、得られたとしても稀であったりする人もいれば、簡単に、かつ迅速にオーガズムが得られる人や、時にはまとまって何回ものオーガズムを体験する（つまり、不応期がない）人もいます。

　1人の女性がオーガズムを得てから再び性欲を感じるまでにどのぐらいの間があるかは、当然、人によって大きな差があります。男性と同様、まさに**性器**の機能以外に他の多くの状況に左右されるものなのです。「第4章　大小の問題」を見て下さい。

不寛容（偏狭）——寛容であるということは、自分とは違う他人の感覚、考え、そして行動に対して卑屈になることなく容認するということです。

　それに比べて偏狭な人は、自分と違った生き方をしている人を軽蔑したり、非難したりします。しかし一方で、自分自身がしてもよいと思っていることに関してはしばしば非常に寛容になります。

　偏狭であることの形態にはいろいろなものがあります。例えば、宗教的なものや政治的なものです。人生の内で最も偏狭にさらされるのは、セックスや性愛に関わる領域でしょう。偏狭な人は、自分の感情以外の別の種類（他人）の感情が、自らのものと同じように正しく価値のあるものだと容認すること、またほかのやり方で恋愛生活を営むことを正しいものだと容認することが非常に難しいのです。**偏見**の項を参照して下さい。

　カップルの関係においては、自分自身の欲求や行動に関して、恋人のものに対するよりもずっと寛容であることが普通

です。私達みんなが様々に異なる夢、願望、欲求をもっていること（私達は様々な権利をもっており、まさにそれが人生や共同生活を面白いものにしている）を理解することは、人生全般にわたって鍛錬していくうえにおいて必要なのです。

不規則な月経 ── 月経の項を参照して下さい。

副睾丸（精巣上体） ── 副睾丸は精巣の上端に位置し、節くれだった感触がある器官です。主に、小さな細い迂曲する1本の小管から成っていて、精管につながっています。141ページの図を参照して下さい。例えば、**淋病**などの性感染症にかかると副睾丸に炎症を起こすことがあります。これは、かなりの痛みを伴います。「第7章 STD－性感染症」を参照して下さい。

複婚（一夫多妻、一妻多夫） ── 1人以上の配偶者をもつことが複婚（polygami）です。重婚（bigami）とは、2人の人間と結婚していることです。単婚の項を参照して下さい。

服装倒錯者（男装狂、女装狂） ── 異性の格好をしたい、化粧をしたいという強い欲求をもつ人のことです。この人達は、必ずしも**トランスセクシュアル**である必要はありません。284ページを見て下さい。

腹部 ── おへそより下にある身体の部分のことです。また、外性器や内性器の総称でもあります。

腹部検診（婦人科検査、腹診） ── 通常、医師によって行われる検診です。女子／女性の外性器や内性器を診察する目的は、正常であるか、また奇形であったり病気をもっていたりするかどうかを診るためのものです。腹部検診に関しては多くの神話やぞっとするような恐怖の物語がありますが、その大多数はかなり大げさなものです。

腹部検診は、どの医師にとってもごく日常的なことであり、すべての女性に必要で一般的な検査です。一生の間には、腹部検診が必要となる多くの状況があります。腹部における何らかの症状が出た時、あるいは病気の時、妊娠中、出産前後や出産中、特定の**避妊具**に関連して行われる時、あるいは成人女性に対して一定の間隔で行われる定期的な細胞検査（**頸管部検査**）などの場合です。

歯科検診を受けることが日常生活の一部であるのと同じように、腹部検診は普通の女性の日常生活における一部で、誰でも不安を抱かずに受けることができます。

検診は次のように行われます。検診を受ける女性は診察台の上に仰向けになり、脚を開いて曲げ、足台の上に乗せます。これは身を危険にさらすような姿勢ですから、最初の時は当然、無防備のように感じたり恥ずかしいと感じたりします。もし、恥ずかしさのあまり死にそうになったり検診が怖くなったりしたら、その気持ちを素直に表現することで多少緩和されます。例えば、医師に「恥ずかしくて死にそうです」と感じたままを伝えてみたり、「痛いのではないかと思うと怖いのです」などと言ってみたりすることです。言ってしまうと、恥ずかしかった

り怖かったりする気持ちが少しは和らぎます。

あなたが自分の恐怖心を伝えれば、医師にこれから何をするのかを説明させるきっかけを与えることになり、その医師は急ぐことなく慎重に検診を行ってくれるでしょう。

医師は、女性の足の間に置いた椅子に座ります。医師は額にランプを付けるか、性器を照らすランプを持って外陰部（**陰核、尿道口、大陰唇、小陰唇、膣入り口、肛門付近の領域**）が正常かどうかを見ます。膣内を見るためには、膣壁を左右に分離させなければなりません。このためには、**スペキュラ**（肛門や膣など開口を広げて、診察をしやすくする器具）が用いられます。これはくちばしのような形をした器具で、膣内に挿入します。この二つの「くちばし」を分かつと医師は内部を見ることができ、膣の奥を形成している壁や**子宮頚管部**などが診察できるのです。手で支えられる鏡を持っている医師もいて、その場合には、受診者も膣内がどのようになっているかを見ることができます。

膣を広げるスペキュラを差し込むと言うとぞっとするかもしれませんが、決してそうではありません。スペキュラにはあらゆるサイズがあり、**処女用**のものもあるのです。医師は挿入する前にスペキュラに**診査（触診）用**クリームを塗り、慎重に差し込みますので痛くはありません。

こうして、とりあえずの診察は終わります。しかし、内性器（子宮、卵巣、卵管）は診ることができませんので、検診するためには触れなければなりません。潤滑クリームを塗ったゴム手袋をはめ、医師は１本か２本の指を膣に入れます。そして、指先で子宮頚管部を感じ取り、子宮に沿ってお腹の皮膚まで上へと軽く押していきます。そして、もう片方の手でお腹を押します。そうすると、指の間に子宮を感じることができ、その大きさ、どのように位置しているか、痛みがあるか、奇形の部分あるいは瘤があるかなどを調べることができるのです。同じようにして両側の卵巣や卵管を触診すると検診は終わりです。

初めて腹部検診を受ける時に不安になるのは当然です。この点に関しては、（望むべくは）すべての医師が注意を払い、考慮にも入れてくれます。

前もって自分自身の性器について知っておくことはよいことです。足の間に鏡を置き、十分に明かりで照らして、どのようになっているかを見てみましょう（下のイラストを参照して下さい）。また、女友達、恋人、母親あるいは親しいほかの女性に、最初の腹部検診の時に一緒に行ってもらえれば安心できるかもしれません。

ふしだらな女 —— 売春の項を参照して下さい。

ふしだらなことをする（姦淫行為） —— これは性交をすることに対する軽蔑の表現（やる、寝るなど）です。また、浮気をするという意味にも使われます。ふしだらな人（姦淫婦）は娼婦（あるいは男娼）と同じです。

プッシー（女陰、おまんこ） —— 女性性器の外陰部に対する愛称、俗称です。

不貞 —— 誠実さの項を参照して下さい。

船乗りの慰め —— 女体の代用品で、1ヶ所または複数の箇所に穴が開いており、空気で膨らませられる人形のことです。あるいはオナニーに使われる、ダミー（模造品）の膣の代用品です。補助具の項を参照して下さい。

不妊（子どもができないこと） —— 不妊は、心から子どもを望んでいる男女にとっては大きな問題です。子どもができないことには多くの理由があります。男性側（精子細胞形成の不足）にも女性側（以前に受けた女性器の炎症＝卵管炎など、卵管閉塞、ホルモンバランスの乱れ）にも同じようにその原因は見受けられますが、多くの場合、納得できるだけの説明がつきません。

子どもに恵まれない男女には、家族を増やすための可能性がいろいろあります。もし、男性側に原因が見つかれば、女性は精子ドナーからの精子注入（人工的に精子を注入すること）を受けることができますし、不妊に関して何の生物学的な解明もできない場合には、夫の精子を人為的に直接子宮に注入することによって妊娠に成功することも時々あります。

女性側に原因が見つかった時は、手術やホルモン治療で治せるケースもあります。それができない特殊な場合には、いわゆる試験管ベビーという方法で妊娠が可能です。つまり、手術によって女性の卵巣から卵子を摘出し、試験管のなかで生きた精子（必要ならば夫の精子）と受精させ、のちにその受精卵を女性の子宮に戻すというやり方です。代理母の項を参照して下さい。

不妊に悩む多くの男女にとっての解決方法の一つとして、養子を取るという方法があります。

ただ、子どものいない男女のすべてが、不妊が原因だけで子どもをもたないわけではありません。1人で生きること、あるいは子どもをもたずにパートナーと共に人生を生きていくことを選んでいる人も結構多いのです。

不妊（非受胎性） —— 受胎性のないことです。不妊の女性は妊娠をすることができません。その原因は、病気であったり、また手術（不妊法の項を参照）のためであったりします。また、不妊の男性は女性を妊娠させることができません。例えば、精子生産を妨げる病気が原因であることもあれば、不妊手術が原因のこともあります。

不妊症（不育症） —— 不妊の項を参照して下さい。

不妊法 —— 不妊（非受胎性）の結果をもたらす手術のことです。不妊法を行った

女性は妊娠することができず、不妊法を行った男性は女性を妊娠させることができません。

　両方の場合とも、この手術によって性的な感情や感覚がなくなることはありません。女性の不妊法は、腹部の小さな切開手術によって行われます。内視鏡のついたパイプのような形の器具で両側の**卵管**を遮断したり閉鎖したりします。もちろん、手術は麻酔をかけて行います。男性は、局部麻酔をかけて手術を行います。両側の陰嚢の切開によって**精管**への連絡が絶たれます。これに関しては、248〜250ページも見て下さい。

プラトニックな愛 —— 精神的に愛情を感じることで、官能的な愛ではないことです。ギリシアの哲学者プラトンにちなんでつけられました。

フランス病 —— 以前は、スペイン人が**梅毒**のことを「フランス病」と呼んでいました。一方、フランス人は「スペイン病*」と呼んでいました。

　*：梅毒がなぜこのように呼ばれたかは定かでない。恐らくフランス人とスペイン人がお互いに侮蔑的な視点をもっていて、このように呼び合ったものと推定される。

振りをすること —— 振りをするというのは、まるでそうであるかのように装うことです。私達が何かの振りをする時、もっていない感情を表示したり、逆にもっている感情を隠したりします。別の言葉で言えば、周りの人（例えば恋人）に対して自分の偽の姿を演じることになります。カップルの関係においてもっていない感情をもっているかのような振りをすることは、愛やその関係を崩壊させることになります。

　かぶっている仮面の自分ではなく、あるがままの自分を愛されたいと思うなら、あるがままの自分を見せること、つまり抱いている感情を示すことです。自分の怒り、喜び、悲しみ、失望、興奮、至福などを見せなければなりません。私達は、かぶせられた仮面に一時的に魅せられることもあるかもしれませんが、それを愛するようにはならないでしょう。見せかけのオーガズムの項を参照して下さい。

ブルーストッキング —— 男性が、女性は本質的なことや重要なことに対して独自の意見をもつべきではないと考えた時代に、芸術や文学に関する議論に参加していった理知的（理性的）な女性の古い名称です。

プロゲステロン（黄体ホルモン） —— 特に、**妊娠**の発生と持続に大きな意味をもつホルモンです。

分娩陣痛 —— 分娩の最終段階に起こる**陣痛**で、ここでは**子宮**が収縮して子どもを押し出します。

閉経 —— 更年期（移行期）に女性の月経が停止することです。閉経すると、女性は妊娠できなくなります。閉経は通常45歳〜55歳ぐらいの年齢で起こりますが、それより数年早かったり遅かったりする場合もあります。もちろん、女性が50歳代に入っていても妊娠して子どもを得られることもあります。

ブルーストッキング

　この名称は、1750年頃、英国のモンタギュー夫人のサロンで行われていた文学の集いに対して付けられた「ブルーストッキング・ソサエティー」に由来するとされる。ここでの参加者であった1人の男性学者が、絹の黒靴下の代わりに労働者階級が履くような青いコットンの靴下をはいていたことからこの名前が付けられた。派生して、知的な女性、文学趣味の女性、またそのことをてらう女性に対して侮蔑的な意味をこめて用いられた表現。男性優位の18世紀英国社会においては、女性達の知的活動に対して男性が抑圧的だったことが背景にある。

＊参考：Nudansk ordbog, p.132 Politikens Forlag 1980　「イギリス・フェミニズムの胎動と「ブルーストッキング」の女性たち―《英国近代女性作家展》に寄せて（関西大学文学部坂本武教授「図書館フォーラム」第8号 2003年より）

へそ――私達みんながお腹の真ん中にもつ、へその緒を切った後にできる小さなくぼんだ形、あるいはこぶのような形をした傷のことです。へその緒は、出産直後に子どものお腹から数センチのところで切られます。あとに残った少量のへその緒が縮こまって、へそを形成します。

へその緒――指ぐらいの太さのひも状のもので、母親と胎児の血流間の連絡を行っています。へその緒には、胎児の血液を**胎盤**へ、さらに母親の血流へ運ぶ血管、また逆に胎児の方へ運ぶ血管があります。

　生まれるとまもなく、その子ども自身の肺から血液中に酸素が供給されるようになり、腎臓が老廃物を放出するようになります。

　へその緒は、出産直後に助産婦によって切り取られ、結紮されます。「第1章　愛から子どもへ」を見て下さい。

ペッサリー――望まない**妊娠**を防ぐ優れた確実な**避妊具**です。ペッサリーは、性感染症（エイズなど）の予防をすることができません。「第5章　避妊―あなたの愛を守って下さい」を見て下さい。

ペッサリークリーム――**精子**を殺す働きのあるクリームで、常にペッサリーと共に用いられます。さらに確実性を高めるために**コンドーム**とも一緒に用いられ、また潤滑剤としても利用することができます。**滑らかな状態**の項を参照して下さい。

　ペッサリークリームは特定の性感染症（エイズなど）を抑制する機能をもっている可能性があるとされていますが、その効果は確かではありません。「第5章　避妊―あなたの愛を守って下さい」を見て下さい。

ペッティング、ペッティングをする――**性戯**に対する米語の名称です。あらゆる形態の相互的な愛撫を指しますが、ペニスが膣に挿入されるという性愛の限定された部分を除きます。つまり、ペッティ

ペッティング

ングでは、**性交**以外なら何でもかまわないのです。

　ペッティングは、新しい関係の初めの頃、またはパートナーを次から次へと替える時にはよい愛し合い方です。なぜなら、**避妊具を使わない唯一確実な避妊方法**であり、また簡単には性病に感染しないし、自分自身やパートナーの感覚や欲望を知るためにはよい方法だからです。さらに、快感を得るためには**性交**をして終わる必要は必ずしもないのだということを学ぶのにもペッティングはよい方法です。「第3章　愛－性愛－セックス」と「第5章　避妊－あなたの愛を守って下さい」を見て下さい。

ベッドを共にする —— 私達が1人で、あるいはほかの人と共にベッドですることは数多くあるにも関わらず、「ベッドを共にする」という表現に関しては「**性交**をすること」だと理解するのが一般的です。

ヘテロセクシュアル（異性愛） —— 性的でエロティックな感情が異性に向かっている人のことです。**バイセクシュアル、ホモセクシュアル**の項も参照して下さい。

　大多数の人は異性愛者であり、異性愛は正常であるとし、その他の性の形態は異常だと考えるのが普通です。しかし、これは自分の視点（観点、態度）をもつということでは、少数派も多数派も同じ権利を有しているとする民主主義的な考え方からすれば相容れないものです。多数派に属するからといって、必ずしも正しいとか最良であるということはありません。

　ホモセクシュアルの感情の動きから見れば、ヘテロセクシュアルは正常なものではないのです。

ペドフィリア（幼児性愛） —— 大人（男性あるいは女性）が子ども（男児あるいは女児）に性的に惹かれることです。

　私達大人の性的な欲望や感情は、罪のあるものではありません。幼児性愛者であることも禁じられてはいません。けれども、私達の行動は自らが責任を負うべきもので、自分の欲求や欲望を満足させるために子どもを虐待することは、その欲望がどれほど強いものであっても許されるものではありません。「第9章　愛を踏みにじること」を見て下さい。

ペニス（おちんちん、陰茎） —— 男性の性器のことです。ペニスは3本の海綿体から成り、その内、真ん中にあるものは尿道を取り巻いています。排尿の時は尿

が尿道を通過し、射精の時には精液が通過します。尿道は、亀頭先端に開いています。

性欲が起こると、海綿体に血液が充満し、小さくて柔らかかったペニスが勃起して大きく硬くなります。同時に、敏感さも増します。**亀頭**は通常**包皮**に覆われていますが、硬くなった状態では亀頭は露出して大きなどんぐりのような形を現しています。亀頭は性的な愛撫に最も敏感な領域です。「第2章　子どもから大人へ」を見て下さい。

ペニスを弄ぶ── オナニー（自慰）の項を参照して下さい。

ヘパタイティス── 肝炎のことです。肝臓の炎症には多くのタイプがあります。そのなかには感染を引き起こすものがあります。あるタイプの肝炎（B型肝炎）は、エイズと同じ感染の仕方をします。つまり、血流のなかにある感染物質（ウイルス）の直接的な侵入によって起こるのです。ウイルス保持者との**性交**や**肛門性交**（アナルセックス）、あるいは麻薬常用者が注射器や皮下注射針を共用することによって感染の起こることもあります。ですから、肝炎はこのように性感染症（STD）でもあり得るのです。「第7章　STD－性感染症」と「第5章　避妊－あなたの愛を守って下さい」を見て下さい。

ヘルペス── ウイルス性の感染症で、定期的に小さな嚢胞（水疱）が現れたり、唇の皮疹（口唇ヘルペス＝単純疱疹）または**性器**上の皮疹（性器ヘルペス）が現れます。ヘルペスは、皮疹ができている間は感染します。「第7章　STD－性感染症」を見て下さい。

偏見── 私達が前もって、つまり私達の判断の根拠について何も知らずに（恐らくは、知りたいとも思わずに）他人を評価する（非難する）時にもつのが偏見です。

私達の世界観は、大なり小なりの偏見に満ちています。それは、私達が見たり体験したりすることを脚色したり、歪めてしまうからです。そうした偏見のすべてに共通している点は、それらの偏見が非難する人々の無知によって生じているということです。

恋愛生活には最も多くの偏見がのしかかっていて、それを揺るがすことは困難です。なぜなら、多くの人は性的な衝動やセックス、そして恋愛について隠し立てをせずに語ることができないからです。

偏見

変態 —— 不自然かつ異常で、道徳的に（特に性的に）倒錯的であることです。この言葉はまた、偏見に満ちた人々によって、性的な意味において少数派に属する人達を表す言い方としても使われています。「第8章　愛の少数派」を見て下さい。

放火癖 —— 火によって性的な快感を得たり、放火したいという欲望をもつことです。

包茎（ほうけい）—— 幼児の時は、包皮が長く、先端が狭くなってペニスの先を覆っています。しばしば、その包皮が狭すぎてかつ収縮が強く、反転させて亀頭が露出できないことがあります。普通、このような状態でも何ら問題はありませんが、しばしば包皮内にバクテリアが入り込んで炎症を起こす場合があります。その時は、手術によって包皮の一部を切除する（**包皮切除術**）必要が出てきます。

　通常、思春期の間に包皮の収縮は弱まり、反転させることが容易になります。包皮が反転することは**性交**にとって必要です。青少年や成人の男性では、垢のような分泌物（**恥垢、垢脂**）が包皮のなかにたまったりしますから、毎日洗わなければ不快な臭いがします。**清潔さ**の項を参照して下さい。

　もし、包皮がいつまでも狭小なままであれば、その男子の恋愛生活や衛生の面から見て切除する必要が出てきます。

放蕩者 —— 女好きの男性のことです。通常の規範に従えば、不道徳的で放縦な生活を送っています。**正常**の項を参照して下さい。

包皮 —— 包皮は、ペニスが弛緩した時に**亀頭**を覆う、二重にたたまれた皮膚です。ペニスが硬くなった時、皮膚がめくれて亀頭が露出します。

　女子にも**陰核**（**クリトリス**）を覆う、たたまれた状態の小さな皮膚があり、性的な興奮が起こった時、そのひだからクリトリスが現れます。142、174ページの図を参照して下さい。

包皮小帯 —— ペニス先端の下側にある小帯で、包皮を固定しています。この小帯が短すぎると、オナニーをしたり（**オナニー**の項参照）**性交**を行ったりする時に、引っ張られて切れてしまう男子もいます。その際、少量の**出血**を見ることがありますが、特に痛くはありません。傷が治ってしまえば、小帯は適切な長さになります。短すぎる包皮小帯が自然に切れない場合は、医師が局部麻酔をかけて簡単な切開手術を行います。

包皮切除術（**割礼**）—— これは外科的な手術です。**ペニスの包皮**の一部を切除するもので、その結果、ペニスが弛緩した状態でも硬くなった状態でも**亀頭**が露出するようになります。

　包皮切除術は、デンマークでは主に包茎の場合に治療上の理由から行うものですが、他の文化や宗教（例えばイスラム）においては、儀式的な理由で生まれて間もなく男の乳児に包皮切除術（割礼）の手術を行います。包皮切除術をしてもしなくても、ペニスの敏感さや機能には何の違いもありません。

　一部のアラブ諸国では、女性に一種の割礼を行うことが慣習になっています。この場合は、**陰核**と**陰唇**の一部を切除す

ることになります。

　スーダンやソマリアでは、もっと野蛮な外観の破壊手術が女性に施されています（女性に対する過酷な割礼）。ここでは大陰唇の大部分が切除され、その後に**膣**の入り口が縫合され、月経血のみが通過するようにします。結婚して初めてこの入り口は拡大され、夫の**陰茎**が通る広さになります。

法律 —— 性愛生活や恋愛生活上の多くの領域は、法律というルールによって定められています。性的行為の法律的な制限は、様々な形の性的暴行、性的利用や抑圧などと闘うために必要です。「第9章　愛を踏みにじること」を見て下さい。

　性的**最低年齢**、売春、売春婦の斡旋、ポルノグラフィーへの子どもの出演、風俗を乱すこと（猥褻行為）、重婚、近親相姦、強姦、中絶、代理母、性的な差別などに関する法律があります。1988年まではデンマークには性病に関する法律もありましたが、現在では廃止されています。

ポケットビリヤード —— ビリヤードのゲームの一種で、台にある六つのポケットに玉を入れていくゲームです。上級者になると1人で入れきってしまうところから転じて、ズボンのポケットから手を入れて自分の性器をさすることを意味します。一般的な気晴らしや、オナニーであったりしますが、たまにはどうしようもなく硬くなったペニスをおとなしくさせるためにする場合もあります。

補助具 —— 性生活において人為的な能力だけで満足できない時、技術によってもたらされたものに助けを求めることができます。様々な**ポルノショップ**や通信販売会社を通じて、単調な性愛生活に変化や色を添えるため、あるいはオナニーをする際に想像力を増し、感覚を刺激するために様々な補助具を購入することができます。

　ディルドー（擬似ペニス）は人工的につくられたペニスで、様々なサイズ、色、形があり、バイブレーター（音がしたり振動したりする）が付いたものとそうでもないものがあります。ディルドーは女性にも男性にも使え、1人または2人での**性戯**の時にも使うことができます。

　相手となる女性がいない場合は、男性たちはバイブレーターが付いたものもある人工の**膣**（ヴァギナ）やゴムでできた女性器を手に入れてその代わりとすることができます。それだけで満足できなければ、「船乗りの慰め」というものを買うこともできます。これは、開いた口や膣、肛門（**アヌス**）といった穴のついた、空気で膨らませて使うプラスティックの人形です。

　多くの家庭でも、非常によく使われている補助具があります。手で持って使用するシャワーです。多くの人が、これをオナニーやシャワーキャビネットのなかでの**性戯**に使っています。また、様々な形態のマッサージ用具（棒状で、それに震動する先端または振動するゴムの円盤がついていたりするもの）は、恋人が手や舌を使うことに疲れた時などに女性に利用されたり、オナニーをする男女に利用されたりしています。

　勃起力の弱い男性は、弛緩の原因となるペニスからの血液の流出を防ぎ、勃起をより持続させる**恥骨リング**（ペニスの根元につけるリングで、ペニスが十分硬

くなればずり落ちません）の助けを借りることができます。ただし、機械や技術だけでは、性的な問題は決して解決できません。なぜなら、性的な問題が機械的なことを原因とするのはごく稀だからです。「第4章　大小の問題」を見て下さい。

けれども、必要とする人にとって、補助具は性愛に色彩を添えるものとなり得ます。性戯の時にマッサージ器具を持っていかないと**オーガズム**を得ることのできない人（特に女性）もいるのです。それは、恥ずかしく思うことでも間違ったことでもありません。さらに、人間のペニスは振動させられませんから、そんなペニスをもつ性交仲間を見つけることはまず無理なのです。

勃起 ── 性的に興奮すると**性器**への血液の流入が増加し、その血液が充満することによって勃起が起こります。男子／男性の場合はペニスが硬くなり、女子／女性の場合は**外陰部**に血液が充満した状態になり、**陰唇**や**陰核**（**クリトリス**）が膨張および緊張します。また、男女とも乳首の勃起も起こります。これは、乳首周辺の小さな皮膚の筋肉が収縮するためです。そして、勃起と同時に愛撫に対する反応がいっそう敏感になります。

勃起というのは、私達の意志の支配外に置かれた状態です。大多数の男子や若い男性は、一番都合の悪い時にズボンのなかで勃起が起こるという状況になったことがあります。勃起したペニスに、元に戻るよう命じても意味がありません。もちろん、その逆も同じです。欲求や愛情というのは、命令によって動くものではないのです。

勃起不能 ── インポテンスの項と「第4章　大小の問題」を見て下さい。

ポテンス ── 性的な力と強さのことです。インポテンスの項を参照して下さい。

ほめることとけなすこと ── 通常、私達は、お互いの弱点や誤り、劣っている点に目をつけることには長けているものです。そして、一番身近な人と一緒にいる時、気に障ると感じた相手の様々な点についてはまめに批判します。しかし逆に、その人が何か私達を喜ばせるようなことをしてくれた時、相手の長所や優れた点を表現したり、相手に伝えたり示したりすることは非常に難しくてなかなかできません。

恋愛関係の初めの頃、つまり恋の段階では、私達はお互いの素晴らしい部分しか見ていません。そして、それを始終示したり口に出したりします。恋をしている人達にとっては、そうすることが自らが唯一の幸せな人間だと感じることなのです。

私達が自分自身でつくり上げる像(姿)は、周囲の人達がどう思うかによってかなり左右されます。「素敵な人だ」とほかの人から常に聞かされれば素敵だと感じ、またそのように素敵な人間にもなれるのです。その反対に、常に「不器用で醜い」と聞かされれば、不器用で醜く感じてしまい、またそのような人間になってしまいます。

残念ながら、大多数のカップル関係においては、年月を経るに従ってほめることがだんだん少なくなってけなすことが非常に多くなります。それによって、2人の関係は親密でない、もう愛されてい

ないとお互いに感じてしまい、自分のよい面に目を向けてくれる人に会った時に格好の餌食にされてしまうのです。

　ありのままの人間として愛されていると感じることは、食べ物や飲み物を得るのと同じぐらい必要なことです。もし、あなたが充実した恋愛関係をもちたいと思うのなら、また恋人を失いたくないと思うのなら、けなすのと同じぐらいほめることが必要であることを覚えておいて下さい。また、あなたに子どもがいるなら、あるいはいつかもちたいと思っているなら、賞賛や容認は非難や説教と十分に釣り合いがとれるものにすべきであることを忘れないで下さい。特に子どもは、あるがままの自分を愛して欲しいと思っています。つまり、自分がそのような人間だから愛されるのであって欲しい、親のあなたが望む通りの人間だから愛されるというのは嫌だと思っているのです。

ホモセクシュアル── 同性と積極的な性生活を営んでいる人のことです。ホモセクシュアルの男性は「ゲイ」とも呼ばれ、ホモセクシュアルの女性は「レズビアン」と呼ばれています。そして、男女両方と性的関係をもつ人のことはバイセクシュアル（両性愛）と言います。「第8章 愛の少数派」を見て下さい。

ポルーション── もともとは「汚染」あるいは「汚すこと」という意味ですが、実際は、夜間の射精または**夢精**に対する名称です。「夢精」は、少年や青年男子に起こるごく自然な現象に対して付けられた最も好意的な呼称です。

ポルノグラフィー（ポルノ）── 性的に興奮している行動、またはその状態を言葉、絵や写真、映画などで表現することです。

　もし、文学やその他の芸術からポルノグラフィーと一線を画そうとしたら、少し面倒なことになってしまいます。定評ある芸術や文学においては、かなりの激しさで性的なモチーフが表現されており、最もハードな（過激な）ポルノグラフィーと同じくらいに性的な刺激を与えている場合もあります。

　大部分のポルノグラフィーの特徴は、ずばり要点を突いていること、そして日常生活の他の部分とは何の関わりもなく性生活が詳細に描写されていることです。さらにポルノグラフィーは、絵や写真、台詞面での表現があまり洗練されていなくてステレオタイプだという特徴をもっています。

　ポルノグラフィーは、文学や芸術とは違って、現実の様々な部分を反映したものでもなければ、現実を解釈・説明するものでもありません。ですから、ある人々が単純に「売れるだろう」という感覚で制作し、ほかの人々がそれに対して金銭を支払うという消費社会の一つの産物でしかありません。

　デンマークでは、ポルノグラフィーに関する法律は比較的ゆるいものです。ポルノグラフィーを制作したり、17歳以上の人にそれを販売することは許可されています。しかし、これに反して子どもが関係する（出演したり、写真を撮られたりする）ようなポルノグラフィーの制作と販売は禁じられており、罰せられる対象となっています。この場合の子どもとは、18歳未満の未成年者を指します。

　ポルノグラフィーが「有害な」ものか

「有益な」ものかについては、常に議論されています。死にそうに退屈だと思う人もいれば、性欲に対して刺激的に作用し、ひらめきを与えるものだと考える人もいます。

ホルモン —— ホルモンは体内の様々な内分泌腺でつくられ、そこから血流に流れ出して他の組織に導かれ、そこでコントロール機能をもつ物質です。**性ホルモン**は性腺（**卵巣**および**精巣**）でつくられ、**性器**の機能や発育、性生活、妊娠などにとって重要な働きをします。人工的に製造された性ホルモンは、**ピル**のなかに入れられたり、無月経や女性の更年期に起こる様々な問題への治療に利用されています。

ボンデージ —— サド・マゾヒズム的な行為を行う恋（性愛）の遊戯のことです。例えば、片方が相手を縛ったり様々なことを強制したりします。「第8章 愛の少数派」を見て下さい。

ポン引き（売春の手引きをする者） —— （売春婦などの）「ひも」とも言います。全面的あるいは部分的に、自分の女性／女性達（売春婦）が**売春**によって得る収入で生活している男性のことです。ポン引きをすることは不法行為であり、罰せられるべきものです。それに対して、もし売春の仕事以外にもごく普通のまともな仕事をしているなら、売春婦であっても罪にはなりません。*

 *：多くの国々では、性的な欲求を満たすための行為を売る売春は禁止されてはいないが、合法的な職業としても認められていないという「グレーゾーン」に位置している。デンマークにおいては、売春に関する法律が制定されてはいるものの、問題はなお山積みの状態である（101ページのコラムを参照）。

【マ】

マイナスの日（調子の出ない日） —— 月経が近づいている、もしくは月経にある時期のことです。この時期には、いつもより調子が悪いと感じる人がいます。月経の項を参照して下さい。

前陣痛（ヒックス徴候） —— 小さな**陣痛**（子宮の収縮に伴う、腹部や腰腹の間欠的な痛み）で、**出産**に至るまでの間にやって来ます。特に、肉体的に激しい動きをした時などに前陣痛を体験する妊婦がいます。

マジョリティー（多数派） —— 多数派が正しいということは、民主的な思想を誤解していることになります。民主主義の重要な部分、つまり少数派の意見を考慮して寛容であること、そして私達には様々な権利があり、少数派の意見や態度も多数派のものと等しく優れたものであるということが忘れられがちです。少数派を考慮することなく多数派の人間が自分の意見を押し通すことは、民主主義ではなく多数派独裁です。

 恋愛生活もまた、**偏見**や**偏狭**などのように少数派に対して冷淡です。「第8章 愛の少数派」を見て下さい。

マスキュリン —— 男性的な、男らしいと

いう意味で、フェミニン（女性的な）の反対語です。女性でも外見や態度において男性的である（たくましい）ことは可能ですし、それと同じく男性もまた女性的であり得ます。ただしこれは、その男性がホモセクシュアルであるということではありません。

マスタベーション ── オナニー（自慰）の項を参照して下さい。

マゾヒズム、マゾヒスト ── 辱めを受けたり苦痛を受けたりすることによって性的快感を得る人のことを「マゾヒスト」と言います。サド・マゾヒズムの項と「第8章 愛の少数派」を見て下さい。

マッサージ（性的なもの） ── これは売春婦のもとで、お金を払って受けるセックスサービスの様々な形態に対する総称です。いろいろな名称で日刊紙の広告などに掲載されています。

マッサージ ── 身体をこすったり押したりすることは、リラクゼーション効果があります。筋肉の緊張をほぐしたり、ストレスや不快な気分を解消したりすることができる場合もあります。マッサージは治療であったり、愛撫であったり、またセックスや性愛（性的マッサージ）の一部であったりします。

マッサージ器具 ── 電池および交流電源で作動する器具のことです。振動することで、緊張して痛みのある筋肉をマッサージします。マッサージ器具のなかには、特に性器のマッサージに適したものもいくつかあります。補助具の項を参照して下さい。

マッサージクリニック ── マッサージ（性的なもの）の項を参照して下さい。性的なマッサージクリニックのほかに、筋肉痛を治療するためのマッサージを受けられるクリニックもあります。マッサージクリニックを探す前に、あなたはどの種類のマッサージを望んでいるのかをはっきりさせましょう。

マッチョ ── 人格面、肉体的な面での強さ、積極性、攻撃性など、いわゆる男らしいたくましい性格の表現です。マッチョであるというのは、外見や態度において男らしさを発散することで、それは肯定的、否定的のどちらの意味においても解釈することができます。また、マッチョは、ファッションにおいても精力的な男らしさを表す装いの表現として用いられています。

マッチョ

満足すること

満足すること ── 性的なことに関連して言えば通常オーガズムを得ることを意味しますが、それを性愛の時の目標と見なすのでは**エロティシズム**や愛を狭く解釈してしまうことになります。

幸福に満ち溢れているという感じや感情を性愛のときに体験できるようになること、そうした体験を性愛の目標だと考えられるようになることは、オーガズムを得る以上の収穫を与えてくれます。

性愛を伴う男女の出会いは、オーガズムがなくても容易に満足を得られることがありますし、逆に思考のなかにオーガズムのことしかないと、たとえオーガズムが訪れたとしても満足が得られないことがあります。「第3章 愛－性愛－セックス」を見て下さい。

見せかけのオーガズム ── オーガズムを得ているかのように振る舞うことです。例えば、もし自分の恋人がオーガズムを与えることに過剰なまでの関心をもっている人なら（**行動不安**）、その恋人を喜ばせようとしてオーガズムに達した振りをすることがあります。あるいはまた、何らかの理由で**性交**を享受することのできない女性がその行為を終わらせようとしてオーガズムを得た振りをする場合もあります。

売春婦達は、しばしば客へのサービスとしてオーガズムに達した振りをします（彼女達がオーガズムを得ることは稀です）。

見せかけのオーガズムは、男子／男性によっても行われます。例えば、射精が起こらない（遅れたり、なくなったりする）時です。男性は、オーガズムを得た振りをしないとパートナーの自負心を傷

つけるのではないかと考えたり、まさに性交を終わらせようとしたりしてオーガズムに達した振りをすることがあります。

あらゆる人生の状況において、抱いていない感情を抱いているかのように振る舞うことがあります。しかしそれは、自分のパートナーに与え得る最悪の贈り物です。正直さというものにもいろいろありますが、よいパートナーシップの条件は、最低限、自分と相手の両方に対して自分の感情を素直に表現することです。

性交の最中にオーガズムに到達できないことが問題である場合、あたかもオーガズムを得たかのように振る舞ってしまうと問題の解決からはさらに遠のくことになるでしょう。それぞれの問題解決への第一歩は、その問題をオープンにし、それについて話し合ってどういう対処の仕方があるかを考えることです。「第4章 大小の問題」を見て下さい。

未婚の母親とその子どものための協議会（Mødrehjælpen = The National Council for the Unmarried Mother and Her Child) —— これは非営利の独立法人が運営する組織で、社会的あるいは経済的問題を抱える妊娠中の女性や乳幼児のいる家庭を支援したり、アドバイスを提供したりする目的をもっています。

淫らな —— 礼儀作法に適った正しい行動をしない（良識的で品位のある振る舞いをしない）人を「淫らである」と言います。あるストーリーや発言が淫らなものであることもありますし、服装が淫らな（下品で挑発的なという意味）場合もあります。

何が淫らで何が淫らでないと見なされるかは、各個人の判断に委ねられています。道徳、偏見の項を参照して下さい。

セックスやエロティシズムに関わる事柄は、すべて健全で自然で生に対して肯定的なものであると言ってしかるべきなのですが、多くの人が淫らなものと考えがちです。

ミニピル —— 避妊用のピルで、ゲスタゲンホルモンを含んでいます（ピルは、ゲスタゲン、エストロゲンという2種のホルモンを含んでいます）。ミニピルは、ピルよりも避妊の確実性が低いものです。ピルもミニピルも、性病を防ぐ作用はもっていません。「第5章 避妊―あなたの愛を守って下さい」を見て下さい。

魅力 —— 魅力がある人はほかの人を心地よく感じさせます。そして、そのような人のことを「魅惑的な人」とも言います。魅力と外見とは何の関わりもありません。それは、内面からにじみ出る人格の輝きなのです。ですから、魅力というものを習得することはできません。魅力にあふれる人は、肯定的な人生観をもっている人であることが多く、また自分を受け入れ、ほかの人に関心をもっている人なのです。

人工的に筋肉をつくり上げたボディービルダーは、その肉体がどれほど完ぺきな産物であったとしても魅力的だと感じさせることはあまりないと私（原著者）は思います。その反対に、完ぺきとは異なるもの、例えば上向きの鼻、大きな耳、どうにもならないくせ毛、出っ歯などが、その人自身の魅力アップとなっていることもよくあることです。あなたがもっている、ほかの人とはちょっと違ったとこ

ろを嬉しく思って下さい。完ぺきだからといって、魅力があるとは言えないのですから。

無月経 —— 月経がなくなってしまうことです。本来の無月経とは、月経がまったく始まらない状態を言います。第二義的な無月経では、その女性に正常な月経があるのに長期あるいは短期にわたってそれが止まってしまうことを言います。多くの場合が第二義的なもの、例えば妊娠によるものです。妊娠においては、月経のなくなることが最初の兆候です。妊娠は、月経の予定日から約1週間後に判断できます。尿検査の項を参照して下さい。そして、「第1章 愛から子どもへ」も見て下さい。

　厳しいダイエット（食事制限）中に、長期間または短期間にわたって月経が止まってしまうことがよくあります。それは、そのダイエットが厳しすぎるためで、続ける前に医師と相談すべきであることのしるしです。妊娠への不安、ストレス、精神的な問題なども、無月経を引き起こす一般的な原因です。

夢精 —— 男子が、寝ている間に精液を漏らす（**射精**）ことです。夢精は睡眠中に起こり、本人は、パジャマに濡れたしみがついているのを見つけて初めて夢精をしたことが分かります。もし、これがまったく正常で自然な現象であると知らなければ恥ずかしいと思ってしまいます。つまり、オネショをしたと勘違いしてしまうからです。夢精は、性的な夢を見たために起こるのが一般的ですが、必ずしもそうとは限りません。

鞭打ち —— 鞭で叩くことです。

胸 —— **乳房**の項を参照して下さい。

胸のしこり —— 女子／女性の**乳房**は、皮脂腺に包まれている乳腺（出産後に乳を出す）から成っています。自分の乳房を触ってみると（クリームをすり込んだり、石鹸で身体を洗った時が最適です）、乳腺が不規則なこぶのようになっているのが感じられます。時にはいくつかの乳腺が痛かったり少し張ったようになり、通常より硬く感じられることがあります。これは、月経が近くなる時期によく起こり、月経後に張りは治まります。

　この張りや痛みは、月経期に変化する**ホルモン**の影響によるものです。片方または両方の乳房に硬いしこりができる女性もいます。これは、乳腺付近にできる無害な結合組織の硬化状態かあるいは胸にできる水疱（嚢胞、嚢腫）である場合がほとんどですが、当然ながら癌の疑いもあります。乳癌は若い女性では非常に稀で、90％以上の胸のしこりは良性のものです。もし、月経後もその胸のしこりが消えないようであれば医師のもとで検査を受けた方がよいでしょう。不安を抱えて生活することを考えれば、その方がずっと気が楽になります。

　男子も、乳房のしこりや張りが出てくることがあります。**女性化乳房**の項を参照して下さい。

メンス —— **月経**（メンストレーション）の項を参照して下さい。

物腰の柔らかな男性 —— 1970年代に起こった女性解放運動の結果として、穏やか

で物腰の柔らかなタイプの男性が「創造」されました。このタイプの男性は、女性が「こうあるべきだ」と考えている男性(あくまでも、男性自身がそうだと思っているだけなのですが)になろうと願って、自分の内に潜む攻撃的で自己主張の強い傾向を抑制しました。

　男女関係においてその関係をうまく保つための技と課題は、双方がお互いに内面の感情を見せ合うこと、お互いの違いを認め合うこと、そしてそれらの違いによって逆に絆が一層深められるように努力することです。

　男性だって、もちろん優しい心をもっています。ですから、その優しい心を隠そうとして**マッチョ**という殻を自分の周りにつくったりせず、男の自分にも優しい心があることを素直に認め、他人に見せることが大切です。

　多くの若い男性は、**思春期**に行動様式や服の選び方、話し方などにおいて、彼らの内面に潜む不安や優しい感情をカモフラージュしようとして、格好をつけたり、無理に強がったりします。表面に鋲の付いた皮ジャケットを着ている裏側には、不安でいっぱいの優しい心が隠れているのです。

【ヤ】

夜間の射精（遺精） —— **夢精**の項を参照して下さい。

優しさ —— デンマーク語のこの言葉には、押されると痛みを感じるという意味と、私達が好きな人に対して示す温かさ、親しさ、いたわりという意味とがあります。私達が1人の人間を愛する時、ほとんど魂（心）が痛むように感じます。それはちょうど、愛する人達に何か起こっているのではないか、あるいは愛する人を失ってしまうのではないかという考えのために心が痛むのと同じです。私達は、痛みと優しさを肉体と心の両方で感じることができるのです。

友情 —— 数多くある、様々な形の人間同士の愛の一つです。

　その友人との関係がどれほど密接なものかによりますが、友情には、愛情のなかにあるのと同じような要素が大なり小なり存在します。友情には、同属意識、お互いの内面を知っているという感覚、連帯感、お互いへの信頼、自分の感情をもって表示する誠実さや率直さなどが入っています。友人に対しては、恋人に対するのと同じように自分自身を見せることができます。友人はその場にいなければ恋しいと思い、1日、1週間、1ヵ月、1年、10年あるいは50年離れていれば、会った時には親しい感情が湧きます。

　友情は、同性にも異性との間にも生まれます。エロティックな内容をもつこともありますが、多くの場合は、友人同士の間に性的またはエロティックな結び付きは存在しません。

疣贅（イボ）（ゆうぜい）—— これは、皮膚の下に生息し、形成されるウイルスによって引き起こされます。ある種のウイルス種は、**性器**の周辺にできるコンジローマの原因になります。コンジローマは**性交**によって感染します。272ページを見て下さい。

　イボは不快なもので、時に治るのが困

難なこともありますが、決して危険なものではありません。

誘惑 ── 相手が意図していない性的な行動をとるように誘ったり、圧力をかけたり、説得したりすることです。

　誘惑は、性的な権力の誤用という形になりかねません。例えば、高齢者が子どもを誘惑したり、上司がその地位を利用して社員から性的なサービスを得ようとしたりする場合です。「第9章　愛を踏みにじること」を見て下さい。

　しかし、誘惑は必ずしも権力の誤用であるとは限りません。煽情的な演出や**男女の戯れ**の一部でもあり得ます。その時は、一方が相手を招くようなポーズをとったり、相手の熱情を燃え上がらせるために自分のもっている人間に関する知識（人物判断力）や、性欲をかき立てるような戦術を使うのです。

　相手のもっていない性的な傾向に誘惑することはできません。つまり、**ホモセクシュアル**になるようにそそのかしたり、**ヘテロセクシュアル**になるように誘ったりすることはできないのです。性的な態度の決定や性的関心（私達が性的に魅力を感じること）は、幼児期の非常に早い時期に基盤ができます。感情は自然に湧いてくるもので、自らがコントロールできるものではありません。しかし、私達がとる行動というものは自分で決めることができるのです。「第8章　愛の少数派」を見て下さい。

誘惑者（人さらい） ── 説得したり、菓子類やお金などで子どもを様々な性的行為へ誘惑する人（男性が多い）のことです。これは子どもに対する性的な暴行で、当然罰せられるものです。「第9章　愛を踏みにじること」を見て下さい。

ユニセックス ── 男女の区別がないことです。例えば、男子、女子の両方に使える服などのことを言います。

夢 ── 夢は、私達の人生全般のなかで大きな役割を果たします。恋愛生活においてもそれは例外ではありません。

　夜、眠っている間に、潜在意識は私達が覚醒状態で得た様々な印象や感情の処理を忙しく行っています。夢は強烈であったり感覚的であったりし、エロティックな夢は少年少女の両方に**オーガズム**を導くことがあります。

　しかし、私達は夜だけに夢を見ているわけではありません。目覚めている日常においても、様々な思考や想像、空想、願望に彩られているのです。そしてそれらは、多くの場合に明確な境界のないまま、私達が「現実」と呼ぶもののなかにすべり込んできます。現実というものは、それぞれの人間によって異なった体験となります。というのも、私達は現実を、それに関する夢から感じ取るからです。

　恋愛生活においては、形を創造し、経験したことに「命」を与えるのは夢やファンタジーです。夢は、人間にとって非常に価値のあるものなのです。

要求 ── すべての人間は、新生児から老人に至るまで**愛**への要求をもっています。それは特に、優しさ、触れること、愛撫、性愛、セックス、注目、信頼、称賛、いたわり、愛する人への信頼（信じる心）などというものを含んでいます。

　愛情の要求が満たされない人間は、辛

らつになったり、いじけたり、皮肉な性格になったりすることがあります。世界史に登場する有名な指導者や権力者のなかには、愛情を受けたり価値を認められたりすることなく成長期を過ごした結果、このような人物になってしまった人も大勢います。

また私達には、食べたり、飲んだり、眠ったりしたいという要求もあります。

養子 —— 養子を取るということは、その子どもを自分の子どもとして引き取ることです。一組の男女がある子どもを養子として迎えようとする場合、関係当局の許可が必要となります。その男女は、養子の許可を得るためにいくつかの条件を満たす必要があります。前科がないこと、経済的状況が良好であること、健康であること、安定したよい夫婦関係（通常は結婚していること）が築かれていることなどです。

ホモセクシュアル（同性愛）の人は、デンマークにおいては**同性婚**（同性者による一種の夫婦関係）をすることはできますが、養子を取ることは許されていません。

自由な**中絶**の法律が導入されてから、デンマーク人の多くの子どもが養子に出されることはなくなりましたが、その代わりデンマークよりももっと青年期を過ごすことが困難な状況にある国々から多くの養子が取られています。

活発な恋愛生活を送っている若い人達にとって、望まない妊娠を避けることは重大な問題でしょう。しかし、人生の後半になってから子どもが欲しいと思っても得られないということは、避妊の問題と同じくらい、あるいはそれ以上に大きな問題ともなりかねないのです。そのような人達にとって、また家庭という場のなかで生きることのできない子ども達にとっては、養子を取るということはよい問題解決方法となり得るでしょう。**受精、人工授精、代理母**の項を参照して下さい。

用心する避妊方法 —— 中断性交の項を参照して下さい。

羊水 —— 胎児を取り囲んでいる水のことです。羊水は衝撃から胎児を守り、胎児が**子宮**のなかで容易に動けるようにしています。

抑制 —— 心のなかに備わっている一種のブレーキで、私達が抱く欲望や欲求、要求といったものがすぐさま行動に移らないように規制しています。

抑制は、成長段階、および一生を通じて与えられたしつけの結果として私達のなかに備わっていくものです。私達は、何をしてよいか、何をしてはいけないか、あるいは何が正しくて何が間違っているのかということをこれまでに学んできています。つまり、抑制は私達自身の経験の結果でもあります。

通常、私達は同じ過ちを繰り返さないように気をつけます。もし、悪い結果を招いた場合と同じ状況になったら、最低でも、その行動に見合った結果が出るかどうかをよく考えます。

抑制（力）は、公的な見解、文化的背景、私達が育った環境などによって変わります。コペンハーゲン市内のノアブロー地区で許されることでも西ユトランドの田舎町ではダメだということもあります。「こんなことをしたら、近所の人

達はどう思うだろうか」というのは、自分自身に課す抑制の一例です。

当然ながら、抑制というのは、お互いを傷つけることなく付き合うために必要なものです。そのためには、一方にある私達の**欲望**や欲求のように何かをしたいという気持ちと、もう一方にある思慮分別やモラルとの間にバランスがとれていなければなりません。

また、別の問題も生じます。例えば、不必要な抑制をかけすぎてしまって、人生を楽しむ要求に対して充足感をなくしてしまうことも出てきます。抑制されすぎた人間は自らを閉じ込めてしまい、人生を送るうえで傍観者のように控えめになってしまいます。

何かしたいと思った時に生じる抑制力に対しては、尊重すべき正当な理由があるかどうか、それとも拒むべきかを考えてみるのもよいでしょう。隣人に言われるまま自分の庭の芝生を刈るべきか？ 両親の好む服装や髪型にするべきか？ 私がやりたいと思うような少々**異常な（倒錯した）**性愛の遊戯をするべきか？ また、その愛し合うやり方を恋人に提案するべきか、または「女の子は積極的であってはいけない」から止めた方がいいのか？ 彼女に電話をして外に連れ出すべきか、でも彼女が嫌だと言ったら止めるべきか？ などです。

ある抑制が正当かどうかを考える時、熟考すべき点が二つあります。
❶抑制を拒んで自分の欲求に従った場合、他人を傷つけることはないか？
❷その場合、起こりうる最悪のケースは何だろうか？

欲望——例えば、生存したいとか、子孫を残したい（性欲）と思う、もともと人間に備わっている強い**願望**のことです。

私達は、欲望なくして生きることはできません。様々な欲望は、大多数の人間が**思慮深さ**のなかで厳しく制御しているために私達の行動すべてを支配することはありませんが、だからといって完全にコントロールできるものでもありません。こうした欲望は、不運な形で現れてくる場合があります。また、自分の欲望と絶え間なく闘っている人というのは不幸な人間です。

性欲があまりに強いために、その欲望がすべての思慮深さや知識に逆らってしまう人も何人かいます。その結果、子どもに対する性的な虐待やレイプ（強姦）などといった重罪を犯してしまいます。「第9章 愛を踏みにじること」を見て下さい。

欲求、何かをしたいという気持ち——欲求という感情は私達の**欲望**から発するものです。空腹になると食べたいという欲求をもったり、疲れた時には眠りたいという欲求が起こり、悲しいことがあったり、できることなら何もかも忘れてしまいたい時などには酔っ払うまでお酒を飲みたいという欲求が沸き起こってきます。

日常生活のなかでは大小様々な欲求が渦巻いています。それがゆえに、要求を満たそうして、私達は様々な行動をとります。映画を観たいという欲求をもつこともありますし、本が読みたい、テレビが観たい、話したい、黙っていたい、森を散歩したい、球技をしたい、泳ぎたいなどという欲求をもつこともあります。

恋愛生活においても、多くの欲求が呼び覚まされます。それらは、手を握りた

い、打ち解けて話したい、お互いに親しくなりたい、あるいはお互いに離れたい、愛撫したい、様々な方法で愛したい、ただ抱き合っているだけで愛する人の存在や心臓が脈打っていることを感じたいなどというものです。

　しかし、恋人同士の欲求というものは、内容と時が必ずしも一致しません。そのため、お互いに対する欲求をうまく適合させて両方が満足を得られるようにすること、そして今すぐは満たすことのできない欲求もあるということを認識することが重要です。それは、充実した幸せな**人と人との結び付き、関係**をもちたいと思うなら双方が努力しなければならない最も難しくかつ必要な課題の一つです。まず、少しは妥協して自らの欲求をいくつか諦めたり、恋人の欲求を優先してあげることも必要となります。

　そして、できるなら自分の方から譲るべきであり、相手を変えようとして自分の全エネルギーをぶつけてはなりません。また、たとえ時々は自分の欲求を諦めなければならないとしても、それは恋人の欲求に従わなければならないということではありません。つまり、自分の意志にそむいたり、恋人の欲求と自分の欲求が折り合わない時でも嫌悪感を味わうようなことはすべきではないのです。

　服従は（それを性戯の一環として楽しむ**マゾヒズム**でない限り）恋愛とは相容れないものです。「第8章　愛の少数派」を見て下さい。これは、当然、立場が逆であっても同じです。自分のもっている欲求が恋人と分かち合えない時には、絶対にそれらを押し通してはなりません。

　自らを充足させるために、犯罪に走ってしまうような**欲望**や**欲求**をもっている人もいます。少女を強姦したいという欲求をもつ男性、あるいは子どもを性的に虐待したいという欲求をもつ人にとって我慢は当然のことと言えます。私達は欲求をもつことは自由ですが、自分の行動には常に責任をとらなければなりません。そして、ほかの人々が1人の欲求を満たすための道具ではないことを肝に銘ずるべきです。「第9章　愛を踏みにじること」を見て下さい。

予防（望まない妊娠や性感染に対して）
——「第5章　避妊－あなたの愛を守って下さい」と「第7章　STD－性感染症」を見て下さい。

【ラ】

ライブショー —— 実演者が様々な形態の性的な行為を観客に観せ、それによって窃視症の欲望を満足させることができるようなショーのことです。**のぞき魔**の項を参照して下さい。

乱交（グループセックス） —— 複数のパートナーと性交を行うことです。同性あるいは異性間での、3人またはそれ以上の人数で性的な行為を行うことです。グループセックスでは、そのグループの集まりが様々な形態の性的体験を得ること、様々な性的欲求の満足のみを目的としているため、行う人はそれ以外の感情をその時は自分から切り離しています。

　グループセックスは、そこにいる人数の数だけある性器と性器の間だけで行われるにすぎない行為で、それらの持ち主

である人間は置き去りにされてしまっていると言えます。

グループセックスは、ある時期、性の解放に従うものとして、また様々な同居形態や家族形成を試みることの一部／一段階として広がりました。**解放されている、リベラルな**項を参照して下さい。ただ、エイズが私達の未来に影を投げかけるようになってから、グループセックスはもうさほど普及はしていませんし、パートナー関係を長く続ける傾向や、1人の恋愛パートナーを保持する傾向が増加しています。

グループセックスは、エイズや他の性感染症の危険性が高いものです。「第7章 STD－性感染症」を見て下さい。

卵管 ── 卵管とは管状の通路で、子宮のそれぞれの側にあります。これらの通路は子宮腔とつながっており、卵巣近くの漏斗形をした広がりに向かって開いています。女子の**排卵**にあたって卵子はその漏斗のなかに集まり、卵管を通して子宮へと導かれます。

卵管は、卵子と精子が出合い、**受精**によって一つに融合する場所です。143ページを見て下さい。

卵巣 ── 卵巣は女子／女性の二つの性腺（生殖腺）で、子宮のそれぞれの側に位置する腹腔にあります。思春期に至るまではその形と大きさはアーモンドの実ぐらいで、成人すると殻つきのアーモンドぐらいになります。

思春期の始まりに、卵巣は重要で複雑な機能を開始します。

グループセックス

❶ 血流を経由して身体全体に行きわたり、少女から女性への発育を司る女性の**性ホルモン**を形成します。性ホルモンは子宮の働きや**月経**も支配します。

❷ 卵巣のなかには未熟な**卵子**がたくさん入っています。思春期のある時期になると、卵子は1度に一つずつ成熟し始めます。成熟した卵子は卵巣から放出され、その卵巣から**卵管**によって集められて子宮へ送られます。

卵巣は、その複雑な機能を単独では実行することができません。血流のなかにある**ホルモン**を経由し、ホルモンシステムの「中央司令室」である脳下垂体とつながって存在しているのです。脳下垂体は、卵巣自身のホルモンの生成、卵子の成熟、成熟した卵子の放出を司る性ホルモンを分泌します。すべては調和がとれていて、信じがたいほど複雑な共演を行っているのです。172ページと143ページを見て下さい。

卵膜 —— 胎児と羊水を包んでいる袋のような薄い膜のことです。

理解 —— お互いを理解するということは、ほかの人の考えや行動の背景を理解しようとすることです。

2人の人間は、当然ながら、決して心の奥底までお互いを理解し合うことはできません。けれども、パートナー関係をより良いものにするためには、お互いを理解しようと努力することが必要となります。また、理解ができないところがあって、それがたとえ自分自身のものとは異なっていたとしても、お互いの感情や視点などを受け入れようとすることが必要です。

理解することは、忍耐ということと密接に結び付いています。**不寛容、偏狭**の項を参照して下さい。

リスク集団（HIV 感染の危険性が高い人々） —— 現在のところエイズは、ある人々の集団（つまりリスク集団）のなかで最も発生率の高い病気です。この集団に入るのはゲイ、薬物静脈注射使用者、そしてこうした集団と性的なつながりをもつ人々です。**売春**を行う環境におけるエイズ感染の広がりについては何も分かっていませんが、これもリスク集団と考えることができるでしょう。

エイズは特定の形態のセックス（**性交、肛門性交、オーラルセックス**）や直接的な輸血によって感染する可能性のある病気であるため、新しい関係をもった時やセックスパートナーを次々に取り替える時には**安全なセックス**を行うことでのみ感染を防ぐことができます。

その人がリスク集団に属しているかどうか、あるいはその集団に属する人と性的行為をしたかどうかは見ただけでは分かりません。また、その人が感染しているかどうかも外からは見えないのです。もし、私達が危険性の高い性愛生活を送っているなら、つまりエイズ感染の危機にさらされているなら、感染リスクの高い行動をしていることになります。

避妊をする（安全なセックスをする）ことなく多数の、あるいは常に変わるセックスパートナーをもっている場合や避妊せずに売春市場で愛を買う場合、そして薬物静脈注射使用者で注射器や注入器をほかの人と回し打ちして使っている場合は感染リスクの高い行動をしているこ

とになります。「第7章 STD－性感染症」を見て下さい。

リビドー ── 性欲、性的エネルギー、生のエネルギーのことです。

両親 ── 親というものは、自分達がしてしまった不快な経験や苦痛を感じた体験を子どもにさせまいとするため、しばしばアドバイスや指導を非常に積極的にします。

ところが私達は、**実際に試してみること**や良し悪しはともかく、様々な経験からより多くのことを学ぶことができます。そのため、多くの子どもや若者は、あまり両親の忠告や説教に対しては素直に耳を傾けません。

しかし、話の内容が性的な面または感情面のこととなると、多くの親達は貝のようにしっかりと口をつぐんでしまい、子ども達と会話をしません。つまり、子ども達とおおっぴらに、自身が恋愛において初心者であった時の迷い、喜び、失敗、感覚や気持ちなどについて語ろうとする親は多くないということです。

恐らく、みなさんの両親にはちょっとした後押しが必要でしょう。夕食後のコーヒーを飲んでいる時、こんなふうに言ってみたらいかがでしょう。

「初めて一緒に寝た時のことを話してくれない？　どうだった？　何を感じた？」

多分、両親はケーキを喉につまらせてしまうでしょう。でも、みなさんと両親は、学校の成績やおこづかいのことなどよりも、何かもっと根本的なことについてより良い話し合いができるかもしれません。

両性感応者 ── バイセクシュアルの項を参照して下さい。

リラックス段階 ── 性交の段階の項を参照して下さい。

淋菌 ── 淋菌は、淋病の原因となるバクテリアです。

淋病 ── 男子・男性の淋病は、デンマークの俗語では「膿たれ病」と呼ばれています。性感染症、つまり様々な形態のセックス（性交）を通じて感染する病気（以前は「性病」と呼ばれました）です。「膿たれ病」は、ペニスが尿道炎（最も多いのは淋病による）にかかっている状態のことです。この名称は、ペニスから「膿がたれる」ことに由来しています。症状としては非常につらく、「ガラスの破片を放尿している」ような痛みを感じますから、早急に医師の治療が必要となります。「第7章　STD－性感染症」を参照して下さい。

勃起または性欲が起きた際、透明なしずくの潤滑液が男の子の尿道口から流れ出てきますが、これはごく普通のことで、淋病にかかっているわけではありませんので安心して下さい。

冷感症 ── 性的に不感症、冷淡なことを意味し、広義では、性生活から何の感情的な喜びも得ることのない女性に対する悪口としても使われています。けれども、女性あるいは男性がある性愛の形態に喜びを感じず、別の形に大きな喜びを見いだすことは珍しくありません。また、この冷感症は、パートナーが誰かによって表出したりします。例えば、冷感症だと

決め付けられた女性がその相手とは性的関係を享受できなくても、別の男性となら豊かな性生活を営めるということも珍しくないのです。

男性が自分の恋人や妻を冷感症だと見なす時、多くの場合、性愛というものが2人の人間の間で行われる共演であり彼自身がその1人であること、そして2人で調和を生み出していくものである（不調和を醸し出すこともある）ということが分かっていないからです。

成長期に、性的な感情を罪深いものだと見なしてしまった女子あるいは男子が、成人して恋愛関係をもった時に相手や自分自身の性的な感情を拒絶したとしてもそれは当然です。これは冷感症ではないのですが、性生活上においては大きな困難をもたらすことにもなります。性生活は、自分の性的感情を美しく正しいものとして受け入れられた時に初めてよくなります。「第4章 大小の問題」を見て下さい。

近親相姦や強姦など、性的な暴行を受けたことのある子どもや若者は、感情や性的な面において非常に治りにくい傷を受けることがよくあります。そして、それを克服するには、長期間にわたる専門的な治療が必要となります。このような場合も、当然ながら冷感症などではなく、傷つけられた感情の問題です。「第9章 愛を踏みにじること」を見て下さい。

レズビアン —— 同性愛の少女／女性のことです。「第8章 愛の少数派」を見て下さい。

レズビアン運動（LB：Lesbisk Bevægelse） —— 女性運動の一部を担う団体で

冷感症

す。この団体は、**ゲイ解放前線**と同様に、同性愛に対する**偏見**を明らかにし、それを取り去り、社会における**同性愛者**の差別処遇と闘うことに取り組んでいます。

劣等感 —— 劣等感は、多くの人が知っている破壊的な感情です。他人よりも醜い、頭が悪い、不器用である、恥ずかしがり屋である、才能がない、不十分であるという気持ちは特に若い時に抱きますが、老齢期になっても襲うことがあります。劣等感は辛いものであり、孤独を意味します。また、劣等感をもっていると、他人と付き合うにあたって無力な状態になってしまいます。例えば、「いったい、誰が私なんかと関わってもいいと思ってくれるだろう？ 私は、あまりにも退屈で面白くないじゃないか」などと考えてしまうからです。

表面的には自信家である仲間が、実は自分と同じような気持ちでいて、劣等感を覆い隠すために自慢をしているだけだという事実を知ることができれば少しは慰めになります。また**恋**は、劣等感を癒やしてくれる最も効果的な治療法です。あなたは恋人の目のなかに、あなたがどれほどかけがえのない存在であるかということを読み取ることができます。なぜなら、あなたはそのような存在だからです。この世界には、たった1人しかあなたという存在はいません。

連帯、団結（ソリダリティー） —— 協力、相互に義務を果たすことです。

カップルの関係においては、2人が団結することが基本となります。団結するというのは、起こりそうな争いをみんなの目にさらしたり、お互いに騙し合ったりしないということです。

カップルのなかで起こる不和や争いは彼らの間だけの問題で、知人や偶然に関わった人を楽しませるものではありません。他人が聞いているところで自分のパートナーに嘲られたり避難されたりすることは、信じ難いほど傷ついたり苦痛を伴うものなのです。同様に、このような争いに関わるはめになった多くの人々は居心地悪く感じます。

老人愛 —— 高齢者に性的に惹きつけられることです。自分より年齢が上の人に性愛的な魅力を感じたからといって、それが老人愛ではありません。一般的に、性愛的な魅力を感じるのは、年齢の問題ではなく相手によります。これとは別に、老人愛の人は、相手は関係なく老齢期の人すべてに性愛的な魅力を感じます。「第8章 愛の少数派」を見て下さい。

老人と性愛 —— 若い時には、自分がいつか老人になるということを想像もしません。

老人はみんな、内面においては若かった時とまったく同じ人間です。必要とすること、人生欲、いろいろ試してみたいという意欲などは恐らく変化しているでしょうが、老人は子どもや若者と同じように**愛**、相互のつながり、親密さに対して本質的な欲求をもっています。そして、彼らが愛する人達に愛されたいという欲求ももっているのです。この場合、愛されるということは、あるがままの存在として愛されるということを意味します。ですから、それは長い人生の軌跡を残す肉体に潜んでいる、人間としての本質を見つけ出してもらって愛されたいという

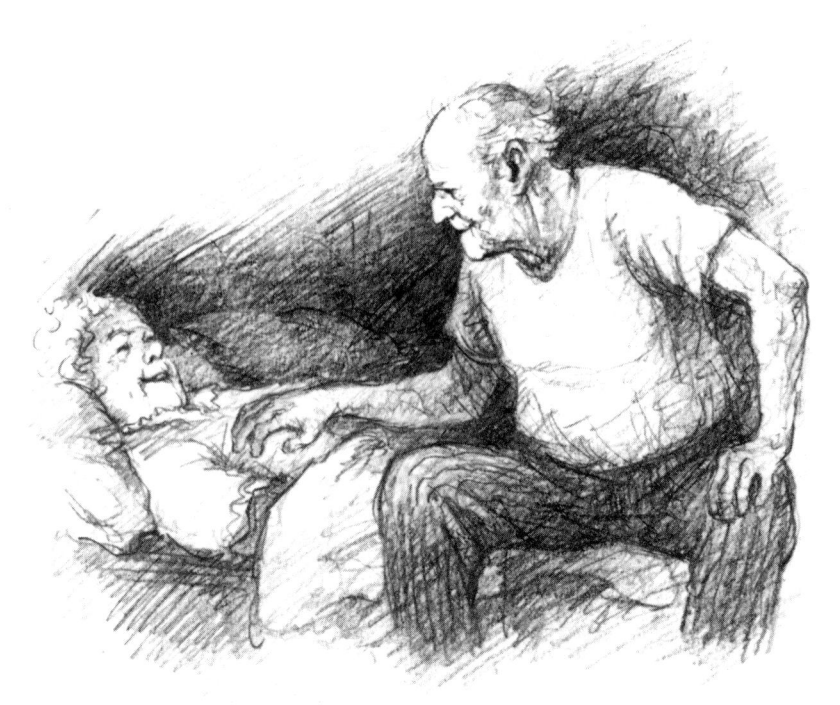

老人と性愛

欲求なのです。
　老人はまた、触れられたい、抱きしめられたい、キスされたいという欲求ももっています。たとえ彼らが弱々しく皺の多い肉体をしていても、そうされることによって愛する人達からの愛を感じるのです。
　若い人達にとっては、老人も**性欲**や**セックス**への欲望をもっていることは理解しがたいでしょう。けれども、多くの老人は、高齢になっても積極的で充実した性生活を営んでいます。恋愛生活も人生におけるその他の領域と同じで、まめに世話をし、手をかければかけるほど成長し、発展し、より良く保たれるものなのです。

です。
　当然ながら老人は、若い人達ほど活発ではありません。年齢と共に身体の機能の仕方は変化してきます。高齢の女性は、若い女性ほど煽情的であったりはしないでしょう。そして、高齢の男性は、若い男性ほどには迅速で力強い勃起をすることはないでしょう。それは、性愛の遊戯や**性交**が変化し、以前とは違った別の内容をもつようになっていることを意味します。だからと言って、慈しみの気持ちや親密さや快感が少なくなっているということではありません。それどころか、その逆なのです。
　私達には愛や性愛、そしてセックスの

第1部　事典項目　135

伴う長い人生を営むことが許されています。しかし、それは贈り物のようにただ与えられるものではありません。私達は、そのために努力しなければならないのです。

露出狂 —— 自分の身体（多くの場合は**性器**）を見せびらかしたいという性的欲求をもっている人のことです。「第8章 愛の少数派」を見て下さい。

露出主義 —— 自分の性器を見せびらかしたいという病的な欲望のことです。こうした欲望をもっている人を「露出狂」と言います。露出狂の人のほとんどは男性で、公園や遊び場など公共の場所で自分の硬くなったペニスを出し、たまたまそこを通りかかった人に見せることで性的なはけ口を得ます。こうした男性は、自分の欲望に苦痛を感じています。しかし、良俗を乱し、罪を犯していると自分では分かっていてもその欲望を抑制することができないのです。「第8章 愛の少数派」を見て下さい。

ロリータ* —— 成人の男性に対して性的になれなれしく、誘うような幼少の女の子のことです。ロリータ・セックスは、年のいった男性と幼女・少女の関係を表す名称です。

＊：ロリータは、ウラジミール・ナボコフが書いた同名の小説の主人公。

【ワ】

猥言、**汚言*** —— 糞尿や性に関する卑猥で汚い言葉を言いたいという病的な欲求のことです。煽情的で、淫らな言葉を使うことによって性的な興奮をもたらします。

どんな言葉が淫らで卑猥だと思うかは、人によってまったく異なります。多くの人が一般的、日常的だと思う言葉でも、人によっては卑猥だと感じる場合があります。

私達の性愛生活やそれに使われる身体の部分は、盛んに様々な言語上の発明（新しい名称を考え出すこと）の標的にされていて、そのことは俗語辞典を見れば納得ができます。

性に関する情報を提供する本（例えば本書）の著者は、**性器**および性愛活動を表現する言葉として自然に聞こえる名称を見つけ出そうと常に思案しています。しかし、それは不可能なようです。日常、男性の**陰茎**を「おちんちん」、女性の性器のことを「おまんこ」と呼ぶ人達にとっては、「ペニス」とか「**女性外陰部**」と呼ぶことは堅苦しく気取っていると感じられるでしょう。その反対に、大学教授が講義の時に女性の性器を「おまんこ」と呼ぶことは絶対にないでしょう。

＊：「汚言症」は、こうした欲求をもつ精神的な病気。

猥褻な —— ふしだらな、卑猥な、淫らなという意味です。何をもって猥褻と見なすかは、人によって大きな違いがあります。裸の人間を猥褻だと感じる人もいるのです！

猥褻さは、嫌悪を起こさせる対象のなかにではなく、嫌悪を感じる人自身の考え方のなかに見いだされる場合が多いです。挑発的な格好をしている女性や男性

は、ある人にとっては魅力的であり、ほかの人にとっては淫らに映ります。

Y染色体 ── 性染色体の項を参照して下さい。

ワッセリマン反応（WR：Wassermann Reaction） ── 血液検査において、**梅毒**を証明するために使われる検査方法のことです。デンマークでは、すべての妊婦に対してWRが行われています。

湾曲陰茎

湾曲陰茎（曲がったもの、ゆがんだもの） ── 歪んだペニスのこと。ペニスの歪みあるいは曲がりは、硬くなった時に分かります。ほとんどのペニスには少しの歪みがあり、片側あるいは反対側を指していたり、上向きあるいは下向きだったりします。これは単に多彩さの表れで、個性的な魅力と見なすことができます。

　曲がった状態や歪みが著しいために**性交**を行うことが難しいことがあります。もし、歪みが性生活に支障をきたすようであれば、簡単な手術で矯正することができます。

第2部

あなたと、あなたの愛を守るために さらに詳しく

> 夜、愛し合う2人が夢見るもの、
> それは、黄金やはかなく崩れる家ではない。
> 夜、愛し合う2人が望むもの、
> それは、愛―思いやり―信頼。
> 2人とも……。
>
> グナックス*

＊：(GNAGS) デンマークのポップ／ロックバンドの名。

第1章 愛から子どもへ

　子どもは愛の結晶です。大多数の人達が小さな新しい人間の誕生を自由に繰れる主体であるということは、同時に愛を大切にし、育んでいくという大きな責任も課せられていることになります。

　2人の人間の愛、そして生まれてくる子どもとの共通の未来をもちたいという願いが結実したものとして、すべての子ども達がこの世に生を受けるわけではありません。けれども、たとえ熱い抱擁のひと時にはその子どもが生まれてくることを2人が望んでいなかったとしても、愛情と共通の未来や共通の家族をもちたいという願いがそこにあるなら、2人にとって誕生が待ち望まれる子どもとなるでしょう。

　私達はみんな、望まれた存在でありたい、愛され歓迎される存在でありたいという欲求をもっています。これは、小さな新しい命にだけ当てはまることではありません。自分達の愛が揺るぎないものになり、子どものある家族として未来を共にしたいという願いが一致するまで、みなさんが子どもの誕生を待つことは大切なことなのです。

▶ 受精

　受精は、男性の精子が女性の卵子と一つに溶け合う瞬間に起こります。ですから受精は、男性と女性の本質的な統合（融合）なのです。私達がそれを奇跡だととらえるにせよ、ただの普通の生物学的な現象だととらえるにせよ、受精が起こるたびにその1回1回がまさに想像を絶するような出来事になるのです。

精子

　精子が通る道は、長く、危険に満ち溢れています。多くの精子が死んでしまいますし、死なない場合でもいつも目標に到達するわけではありません。毎回、射精が起こるたびに男性は何百万個という精子を送り出しますが、卵子を受精させるのはわずかに１個の精子のみなのです。

　子どもの性を決定するのは精子です。これは、どの性染色体がその精子に含まれるかによって決定されます。精子がもつ女性の染色体（X）と男性の染色体（Y）の数はほぼ同数です。もし、X精子が卵子と受精すれば子どもは女の子になり、それがY精子であれば子どもは男の子になります。

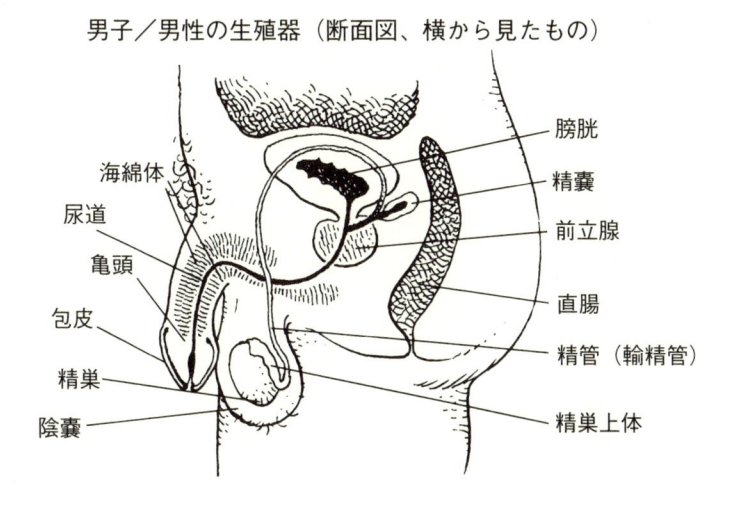

男子／男性の生殖器（断面図、横から見たもの）

海綿体／尿道／亀頭／包皮／精巣／陰嚢／膀胱／精嚢／前立腺／直腸／精管（輸精管）／精巣上体

　精子は精巣で生成され、そこから精管を通じて精漿が生成される前立腺と精嚢へ送られます。男性に射精が起こると、精液（精子＋精漿）が尿管を通って３〜５回ほど射出されます。

第１章　愛から子どもへ

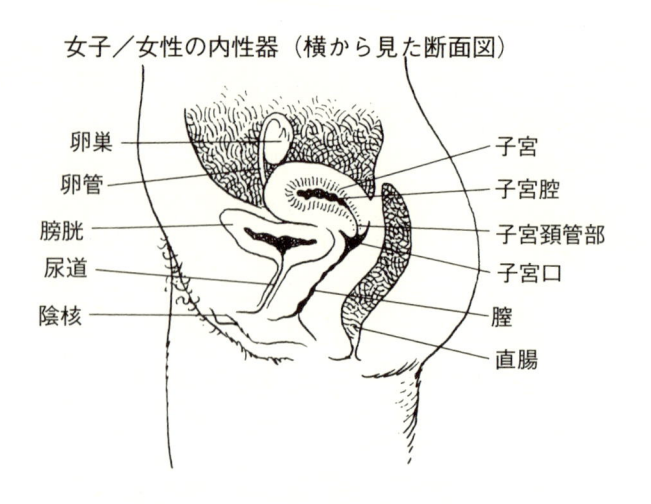

女子／女性の内性器（横から見た断面図）

- 卵巣
- 卵管
- 膀胱
- 尿道
- 陰核
- 子宮
- 子宮腔
- 子宮頚管部
- 子宮口
- 腟
- 直腸

　精液が女性の腟内に射精されると、最初に卵子に辿りつこうとする壮大なレースが展開され始めます。精子は尾をたくみに動かして泳ぎながら、子宮口や子宮頚管部の通路を通って子宮腔に入り込み、そこから卵管へと出ていくのです。彼らの使命が達成されるためには、卵管のなかで卵子と出合わなければなりません。

卵子

　女性は、卵巣に卵子を貯蔵しています。ここでは、優れたホルモンバランスにより、だいたい１ヵ月に１回、片方の卵巣から卵子が成熟して排卵されるようになっています。成熟した卵子は、卵巣の表面で丸くふくらんだようになっている小嚢に入っています。卵子は（ホルモンを経由して）そこでメッセージを受け取ると卵巣から放出され、卵巣の近くに位置する卵管の漏斗状の端に吸い込まれます。

融合

　卵子は、卵管を通じて滑り込みます。そこにおける精子とのデートは、あっという間ではありますが熱烈なものです。卵子に最初に到達した精子は、卵子の被膜に穴を開けて通り抜け、自分の被膜を溶かして自らの染色体と卵

子の染色体とを混合させます。こうして卵子は受精し、新たな1人の人間へと成長していくスタートとなるのです。

　受精卵は、卵管を通って子宮腔へと旅を続けます。この時点では、子宮内膜が厚く柔らかくなっています。そして、受精卵は子宮内膜に着床して成長します。すでに二つの細胞への分裂が始まっていて、それらの細胞がまたさらに二つの細胞に分裂するという繰り返しがなされていくのです。

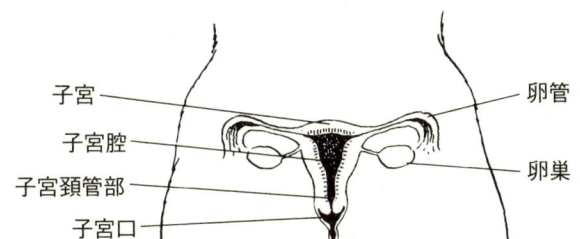

女子／女性の内性器（断面図、前から見たもの）

子宮
子宮腔
子宮頚管部
子宮口

卵管
卵巣
膣

　受精卵が着床してまもなく胎盤の形成が始まります。胎盤は、妊娠した少女の月経を停止させるホルモンを生成します。

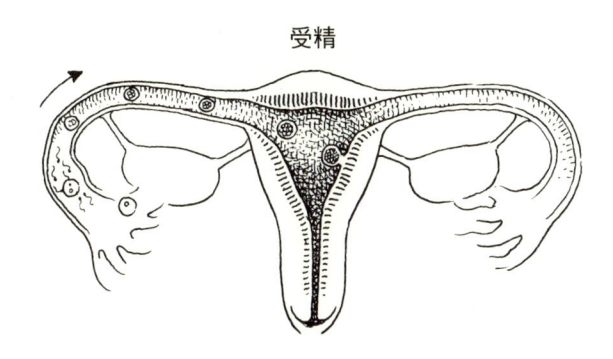

受精

胎児

　子どもは、女性の子宮内にいて発育している間、つまり受精して数日後から誕生までの間の約38週間は「胎児」と呼ばれます。最後にあった月経の初

第1章　愛から子どもへ　143

日から起算するのであれば約40週間になります。この最終月経の初日が計算の起点とされます。というのも、こちらの方が受精時点を見つけだすよりも容易だからです。

胎盤

　胎児は物を食べることができませんし、呼吸をする（血液を酸化する）こともできません。胎児は、栄養や酸素を母親の血液から吸収しますが、これは胎盤を通して行われます。胎盤は主として、子宮内壁に根付いて枝分かれした血管（絨毛）から形成されています。胎盤からは、胎児へ往復する血管をもつへその緒が胎児のへそに向かって出ていて、ここから直接、胎児の血脈へと通じています。

へその緒

　肺のなかで酸化されて腸内の栄養を取り込んだ母親の血液は、胎盤を通じ、へその緒を経て胎児の血脈へ送られ、ここから胎児の全細胞に行きわたっていきます。この時、酸素と栄養素が消費されて老廃物ができますが、胎児はこの老廃物を自分の腎臓や尿を通して排泄することができません。栄養素や酸素に乏しいこの血液はへその緒を通して胎盤へ送り返され、ここから母親の血流に送られます。そして、そこでは血液が再び酸化されて、老廃物が母親の腎臓や尿を通じて排泄されるのです。

胎児への影響

　母親の血液を経由して胎児に到達するものは、栄養素や酸素だけではありません。アルコール、薬剤、その他母親の摂取するものすべてが胎児とその発育に影響を及ぼします。あなたが妊娠中で、自分の子どもに優しくありたいと思うのなら、医師が処方する薬剤のみを服用し、多量のアルコールを飲むことは避け、喫煙は止めるかごく少なめに留めるべきでしょう。喫煙者から生まれた子どもは、喫煙しない人の子どもよりも小さくなります。麻薬常習者から生まれた子どもは、誕生時から肉体的に麻薬に依存した状態となり、危険なレベルとなりかねない禁断症状を起こします。

ある特定の病気は、血液を通して母親から子どもへと伝染します。例えば風疹などがそれで、母親が妊娠初期の4ヶ月内に風疹にかかったら胎児に奇形が生じる可能性があります。また、梅毒やエイズなども同じことが当てはまります。「第7章 STD－性感染症」を見て下さい。

卵膜（羊水）

　子宮のなかでは、胎児は羊水に満たされた卵膜(1)に取り囲まれています。ここで、胎児は動いたり、蹴ったり、伸びをしたり、寝返りを打ったりします。そしてまた、殴打や衝撃から守られた状態でもあります。羊水がそうしたものを吸収してくれるからです。

胎児の発育

　胎児は、妊娠中の9ヵ月間で、1個の受精された精子から完全に成長した生命力のある子どもへと驚異的な発育を遂げます。

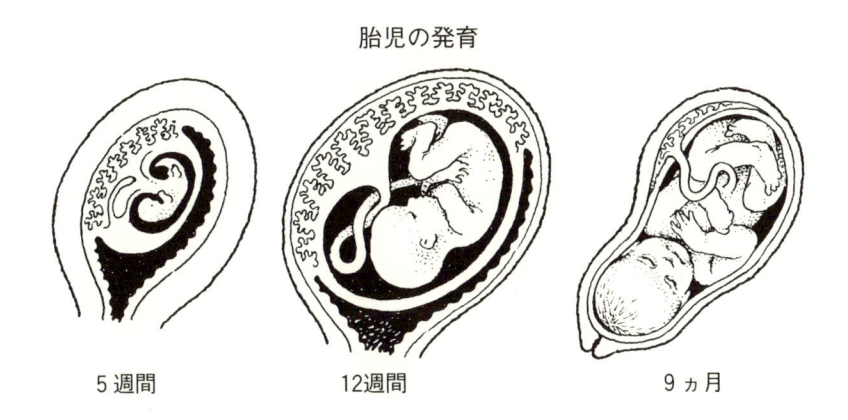

胎児の発育

5週間　　　　12週間　　　　9ヵ月

　すでに3ヵ月で、胎児は親指の先ぐらいの大きさをしたごく小さな子どもに似てきます。その胎児には、腕、手、指、足、足の指、身体、そして目や

（1）卵膜とは、動物の卵細胞をとりまく非細胞性の構造の総称。ヒトの場合に、胎膜（羊膜、絨毛膜、尿膜など）を卵膜と称することもある。（『最新医学大辞典』第3版、医歯薬出版株式会社）

耳となる初期の形態を備えた頭があります。残りの期間でそれらは完全な器官に発育し、妊娠の最終期には体重が3kgから4kgになるまで成長します。

誕生が近づくと大多数の胎児は頭を下にし、最後の時期をそのままの姿勢でいます。時によっては、胎児がお尻を下にしている場合(2)もあります。もし、胎児が自ら位置を逆にしなければ、分娩担当医が変えてやったり、あるいは帝王切開による出産を選択したりすることになります。お尻が下（殿位分娩）の場合は、頭を下にした分娩（頭位分娩）よりも危険性が高いからです。

▶ まもなく両親になる人達

妊娠初期において、両親となる人は日々の生活が変化していることを感じます。

妊婦

妊娠した女性は、数週間後に自分の身体に変化を感じます。乳房が硬くなり、張りが増して痛むこともあります。妊婦のなかには、妊娠初期の数ヶ月に吐き気を感じたり嘔吐したりする人もいます。

しばらくすると腹部のサイズが大きくなり、約3ヶ月後には子宮が恥骨の上に感じられるようになります。4〜5ヵ月では、妊婦は腹部に小さな痙攣のような胎動を感じ始めます。つまり、命を感じるのです。その後、胎動はより一層力強くはっきりしたものとなり、そのうちお腹の外側でもその動きが分かるようになります。ですから、父親もわが子の生の発露を感じることができるのです。

妊娠の最終期には妊婦の身体により顕著な変化が生じ、足や手の指に水がたまってむくんだりする傾向が出てくることもあります。また、日常の家事雑用が、大きなお腹や増えた体重のために困難をきたしたりすることもあります。肌が汚くなったり、色素沈着（そばかすやしみとなって色素が沈着すること）が増加したりもします。同様に、肌に赤らんだ縞となって現れる肌の「くずれ」が出てきたりする女性もいれば、疲労を感じたり、背中や足に

痛みを感じたり、静脈瘤ができたり、血管に小さな亀裂が生じたりする女性もいます。

　こうした身体の変化はすべて妊娠による自然なもので、出産後にはほとんどの場合、完全にあるいは部分的に減少していきます。これらの変化に驚いて、自らを醜いなどと感じて自分の身体に幻滅する女性もいます。こういう人達は、これまでも自分に確信がもてず、恐らくはパートナー関係がうまくいっていなかったり、妊娠を望んでいなかったりする女性に多く見られます。

まもなく父親になる人達
　妊娠を喜ぶ良好なカップル関係にある女性は、身体の変化を容易に受け入れることができます。特に、まもなく父親となる夫が妊娠した妻を愛し、彼女と共にそのお腹のなかにいるかけがえのない新しい生命に喜びを感じていることを示してくれればなおさらです。

小さな新しい生命
　小さな新しい生命は、当初からカップルの日常に自らの居場所を形成します。母親は、自分のなかで育っているのを感じる胎児という存在に意識の大部分がゆき、心を集中させるようになります。このため、父親の方が少々のけ者扱いをされているように感じることもあります。父親は、母親ほどにはこの妊娠という奇跡の現象の近くには存在しませんし、また存在することもできないからです。

　しかし、後になって、女性が妊娠したために今まではごく普通に行ってきた日常的な仕事ができなくなって、その大きな重荷が夫にかかってくるということになるかもしれません。

性愛
　性愛生活にもまた変化が生じてきます。妊婦である女性は愛撫を欲したり親密にしたいと思ったりしますが、妊娠後期になると性交に対してはあまり

（2）　骨盤位、いわゆる逆子。

欲求を感じなくなる場合があります。もし、妊娠以前に熱く激しい性生活の習慣をもっていたのであれば、妊娠中は胎児を考慮し、慎重で優しい性愛生活を送るべきです。

多くの場合、自分では間違っていると分かっていても、夫の方が性愛生活の面で少々ほったらかしにされていると感じるようになってしまいます。ですから、この段階では両方がお互いに自分の欲求や感情を伝え、そしてお互いに自分の欲求を我慢したり、愛する相手の欲求を受け入れようとすることが大切かつ必要となります。さもなければ、様々な問題が生じて、子どもが生まれた後にその問題が大きくなってしまうという場合もあります。こういう場合にこそ、お互いの協力と寛大さが十分に必要となります。212〜215ページを見て下さい。

お腹

妊婦は、お腹が中心にあり、自らがその外側にいてお腹を包んでいる存在のように感じることがあるかもしれません。なぜなら、妊婦の日常で最も大切なものは、妊婦自身にとっても、その夫や周囲の人達にとっても妊娠しているそのお腹だからです。妊婦が医師や助産婦などと接触するようになる時に焦点となるのも、妊婦自身ではなく胎児の入っているお腹なのですから。

▶ 検診

デンマークでは、妊娠した女性は妊娠期間中、自分のホームドクターのもとで3回の検診を受けられるほか、妊娠17週目から定期的に助産婦およびのちに彼女が出産する際に面倒を見てもらう医師から検診を受けることができます。

これらの検診の目的は、妊娠が良好で自然な経過をたどっているか、あるいは母親か胎児に診療・治療を必要とするような状況が認められるかどうかを確かめることです。また、検診は、妊婦が健康な生活や妊娠中に起きる問題の解決に関してアドバイスや指導を受けることも目的としています。

血液（尿検査）

最初の医師による検診の際、妊婦のこれからの妊娠経過を追う妊娠記録が書かれます。また、血液型を調べるためと梅毒を防ぐために血液検査が行われます。どの検診の時にも尿の蛋白と糖を調べ、血圧を測定し、妊婦の体重の増減を量ります。さらに、毎回ではありませんが、検診の時に腹部検診が行われ、お腹（子宮）の大きさが測定されます。

心音

だいたい20週目位から医師（助産婦）は、木のステトスコープ(3)または超音波ドップラーを使って胎児の心音を聞くことができるようになります。

超音波検査

もし、胎児の大きさや発育に疑問があったら、いわゆる超音波スキャニングを行います。この検査では、超音波によって画面に胎児や子宮を映し出すことができます(4)。

羊水検査

妊婦の家族のなかに遺伝性の病気があったり妊婦が35歳以上だったりしたら、胎児が奇形を伴って生まれたり、胎児に遺伝性の病気が出たりする危険性が高くなります。これらの場合、妊婦はいわゆる羊水検査（羊水の検査をするもの）を受けるか胎盤検査（胎盤の絨毛検査）を受けます。これらの検査によって、生じてきそうな胎児の異常を明らかにすることができます。もし、胎児に異常があれば、法律が上限と定める12週間を過ぎていたとしても妊婦は中絶を行うことができます。

こうした妊娠の様々な側面を次から次へと述べると、妊娠とは困難で負担が大きいように思われるでしょう。妊娠は、バラ色の美しい夢だけではあり

---

(3) 聴診器のこと。現在は、木製はほとんど使われていない。
(4) この時に性別が分かる。デンマークでは、性別告知に関しては家族の意思を尊重している。

ません。現実には、喜びと数々の問題を伴うのです。とはいっても、生まれてくる子どもに比べればその問題はずっと小さなものなので、大多数の両親にとって妊娠はすばらしい体験となります。胎児の日々の成長と変化、誕生という人生最大の出来事に寄せる両親の期待を伴った一時期なのです。

▶ 誕生

出産が病気の過程ではなくて女性の一生における自然な出来事であるにも関わらず、デンマークでは大多数の人が病院での出産を選びます。ほとんどの場合、医師または助産婦がその場にいなくても、出産はトラブルが起こることなく進行します。

病院での出産（自宅での出産）

出産中、子どもの命やのちの成長を脅かすような状態、そして瞬時の手術などを必要とする状態になる危険性もあります。病院と自宅の雰囲気が決して同じではないにも関わらず、大多数の人々が病院での出産に安心感を覚えるのはこのためです。

多くの産婦人科の病棟では、子どもの誕生を温かみのあるすばらしい体験にし、臨床的や科学技術的な出来事にしないために多大な努力が払われています。そして、これから父親になる人、あるいは妊婦と一番近いほかの人に出産現場への参加をすすめています。

出産の時に妊婦とそのパートナーのみが分娩室に入っていて、出産後すぐに退院して自宅へ戻ったり、産婦人科病棟に隣接する一種のホテルのような所（病院内にある）に移ったりするということも一般的になってきています。また、出産に立ち会ってくれる助産婦と医師を見つけられれば、自宅での出産も可能です。

陣痛

出産が近づいているという最初の兆候として、妊婦に陣痛（子宮内の収縮）

が始まります。陣痛は、初期には間隔が長くて弱く（前陣痛）、徐々に増大して定期的かつ力強くなっていき、痛みを伴うようになります。陣痛の間は子宮が緊張し、胎児の頭が平らに広がっていく子宮頚管部の方へ徐々に押し下げられ、子宮口は開いていきます（**分娩第 1 期＝開口期**）。

羊水

ある時点で卵膜が破れ、羊水が膣を通って流れ出してきます（破水）。陣痛は増強し、胎児の頭が通ることのできるような大きさにまで子宮口が開口すると、強力で激しい痛みを伴う陣痛（分娩陣痛）がやって来ます。この分娩陣痛は、胎児を子宮口、膣、膣出口を通して押し出し、膣の出口は胎児娩出まで激しく膨張します（**分娩第 2 期＝娩出期**）。

切開

この時、助産婦あるいは分娩担当医は娩出を容易にし、強力な膨張のために膣や骨盤が裂傷を起こすのを避ける目的で膣出口に切開術（会陰切開）を行うことがあります。

麻酔

分娩陣痛はかなり強力なことが多いために、妊婦は笑気（亜酸化窒素）や局所麻酔を受けることもありますが、子どもの誕生を完全に体験するために麻酔なしで出産することを好む女性もいます。

父親の立ち会い

開口期と娩出期においては、父親がその場にいて妊婦の腰をさすったり、湿った布で額を拭ったりというように、何らかの形で出産という出来事に参加することは大きな助けとなります。

娩出

まず、子どもの頭、すぐ後に続いて肩と身体の残りの部分が出てきます。子どもはまだ、膣を通って子宮内の胎盤につながっているへその緒を通じて

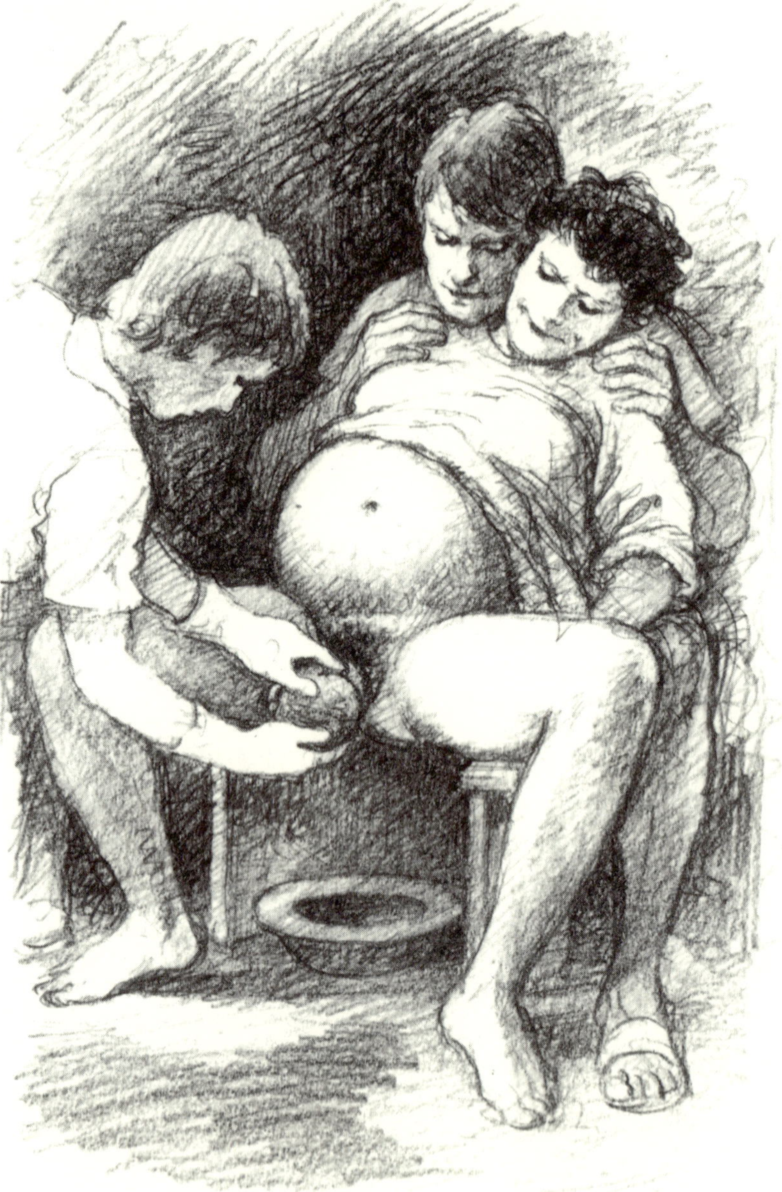

母親と結び付いています。へその緒は、子どもから数センチのところで結束されて切り取られます。

産声

　誕生直後、子どもは産声を上げます。これは、子どもの肺に空気が入って呼吸が始まっているというしるしです。

　子どもは羊水を飲み込んでいることがよくあるため、助産婦が口と喉を吸引して清潔にします。これで、子どもは母親のそばに置かれる準備が整うのです。生まれたばかりの子どもにとって一番好ましい場所は、母親の裸のままのお腹の上です。そこで母親に触れることで、この世に生まれ出るという厳しい体験をした子どもを落ち着かせることができるのです(5)。

　誕生直後の最初のひと時は、母親と子どもにとって密着したつながりが大切です。その時、父親は、関心をもちながらもただ見守る者としての役割に甘んじることになります。けれども、子どもに対して自ら進んで母親と対等に責任のある役割を果たしたいという気持ちがあれば、その機会はのちのち豊富に出てくることでしょう。

後産(のちざん)

　子どもが生まれても、それで出産が完了したわけではありません。子どもの娩出の10〜20分後にさらに数回の陣痛が起こり、胎盤、卵膜、臍帯が排出されます。これを「後産」と言います（後産(あとざん)とも言う）。出産時に母親が会陰(え)切開を受けていれば、その傷が再び縫合されます。その傷跡は1週間ほどで治ります。

骨盤底

　骨盤底の筋肉は、分娩時に相当膨張するために弱くなってしまっていることがあります。ですから、出産後には骨盤底筋を鍛えることが必要となりま

---

(5) デンマークでは、出産直後、まだへその緒が付いた子どもをすぐに母親のお腹の上に乗せて抱かせる。

す。何ヶ月にもわたって、できれば半年から１年間、毎日トレーニングを続けることが大切です。弱くなった骨盤底は、のちに失禁の問題を起こすことになります。また、強力な骨盤底は、パートナー同士が性愛生活をよりいっそう享受できるようにもするのです。

▶ 新しい家族

　小さかった家族は子どもの誕生によっていまや完全なものとなり、これまでとはまったく変化してしまっています。多くの人は、その変化がすばらしくかつ問題のある状態を伴っていることに圧倒されてしまいます。

　子どもを得るということは、良くも悪くも気持ちの面で大変革となります。そして、突然、世界が今までよりも小さなものになってしまいます。つまり世界は、私達のもつあらゆる関心事が存在するという大きなものから、私達に保護を委ねているまだ言葉も発せない小さな人間を中心にしたものへと縮小してしまうのです。子どもの幸福、発育、精神状態、健康が、日常生活上において最も重要なことになるのです。そのほかのことはすべて、また両親が必要とすることも二の次になってしまいます。

　この小さな存在に対して感じる愛情、慈しみ、いたわりの気持ちは、ほかのどんな感情をも打ち負かしてしまい、この小さな子どもに何か災いが降りかかるのではないかというような不安の入り混じった、驚くほど幸福な状況下に両親を置きます。

　子どもに対する愛情は両親に共通するものですが、子どもを身ごもり、出産し、妊娠中を共に過ごしてきた母親と、間接的にその全経過を追い、子どもが生まれて初めてやっと家族の新しいつながりのなかに自分の役割を見いだそうとしている父親とでは、当然異なった体験をします。

　子どもの誕生に至るまでは、愛し合い、お互いの欲求を見つけ出そうとし、調節してきたのは２人の人間でした。いまや、お互いに配慮し合うべき人数は３人となりました。これまでとは違った難しい環境となります。

性愛生活

　両親の性愛生活は、妊娠の最終期と子どもの誕生当初、自然に生じるある制限にぶつかります。一つは、母親の性器が痛み傷ついているために、彼女が性生活に欲望を感じるまでには数ヶ月を要することがあるということです。さらに母親の感情は、当然ながら最初の時期には子どもや育児、授乳に強く向いており、性的な部分への余裕または欲求が常にあるとは限りません。

　なりたての両親というものは、純粋に肉体的に飽和状態です。授乳をし、オムツを取り換え、お風呂に入れてやり、衣服やオムツを洗濯するなど、子どもの世話をこなすということは、夜の眠りが短くなったり中断されたりするために大変な仕事となります。ですから、両親の関係が再び密接になるまでには、その関係に小さなひびが入ったり、性愛生活に問題が生じたりする可能性が多々あります。けれども、それらの問題は、お互いの意志や夫婦の結束があれば解決できるものですし、また克服できるものです。212〜215ページを見て下さい。

　ただ、子どもを世に送り出す決心をするまでには、2人の生活から3人の生活になることが何を意味するのかを現実的に考えてみることが望ましいでしょう。

経済

　衣服、様々な用具のほか、のちに必要となる育児にはたくさんのお金がかかります。

住宅

　愛し合う2人なら、トイレが裏庭にあっても、水道から冷たい水しか出ない、隙間風の通る屋根裏部屋でも幸せに感じるでしょう。けれども、子どもをもつとなると、それに必要な十分な広さや適切な屋内環境、そして整った水周りの設備が要求されます。

病気

　発育の途上で子どもは、両親を心配させ、夜の眠りを妨げ、両親の一方が

仕事を休んで家にいなければならなくなるような病気（例えば、風邪、伝染病、小児病など）にかかるものです。これは、1年間で平均2〜4週間位になります。

仕事（趣味）

　子どもが誕生して最初の頃は、両親の趣味はだいたいにおいて棚上げの状態となるでしょう。多くの場合、新聞を読む時間がなくなりますし、テレビを見ようとも思わなくなります。

喜びの数々

　以上に述べたようなことは、子どもが誕生した後の現実的な光景です。けれども、そこにはまた、子どもを通して体験される世界のすばらしい（驚異的な）毎日があり、何千という日常のささやかな喜び、子どもだけが心に呼び起こすことができるような大きく温かく脈打つような愛しさが存在します。それらもまた、誕生後の現実なのです。

　子どもは自身のなかに人生最大の喜びの泉をもっていますが、最も深い悲しみの源ももっています。それはまた、最大の心配でありながら最大の慰めであり、最大の気がかりでありながら最大の楽しみの源でもあるのです。

第2章 子どもから大人へ

欲求

　生まれてから死ぬまで私達は、誰かから愛されていると感じたい、ほかの人に大切にしてもらいたい、自分を受け入れてもらいたい、私達が触れ合ったり愛撫し合ったりすることは当たり前のことだと思ってほしいという欲求をもっています。愛撫、情愛、セックスは、私達みんなが生まれつきもっている、生きていくうえにおいて不可欠な欲求の表れです。

　十分に食事をとることができなければ、衰弱するか空腹のために病気になって死んでしまうでしょう。それと同じく、十分に人の温かさや愛情を得ることができなければ、感情の面で栄養不足となり、計り知れない不幸を心の底で味わうことになります。

　性的な欲望や衝動は、私達の肉体が愛撫、接触、充足を求めていることの表れです。これらの欲求は、幼児期の早い頃から老齢期の終わり頃に至るまで続きます。

▶ 幼年期

愛撫

　かなり幼い子どもでも、オムツを取り替えてもらったり、さすってもらったり、愛撫してもらったりすることで喜びや嬉しさを感じます。多くの子どもは、自分の性器をもて遊んだりこすったりすることに快感を覚え、一種のオーガズムを得て、その後でリラックスすることがあります。現に、幼い男

児が、オムツを替えてもらったり洗ってもらったりする時にペニスが硬くなることがあります。

　子どもは、すでに幼稚園へ通う年齢からセックスに関心をもっています。お父さん－お母さん－子どもごっこのような役割を演じる遊びやお医者さんごっこなどを通して子ども達は自らの肉体や感情の面を探究し、日常生活における様々な状況とのつながりを見いだそうとしているのです。

遊びと本気

　遊びや実験は、子ども達がもっている健康な好奇心と知的欲求の表れです。遊びによって人生や自分自身について学び、経験を積むことによって周囲の人が誰なのかを見いだし、どんな課題を担っているのか、また人生をどのように理解していくのかということを学びます。

　子どもの遊びは非常に真面目なものです。ですから、私達大人はその行為を見て喜んだり尊重したりするべきです。いかに遊ぶことが（そして、性的な遊びも）すばらしく、学ぶことが多くて面白く、役に立つことであるかをついつい私達は忘れてしまいがちです。私達は、実に多くのことを子ども達から学びますが、逆に私達が彼らに教えることは大して多くはないのです！

思春期

　わずか数年というこの時期に、子どもの身体は成長しきってしまいます。同時に、心と魂の発育も急速に発達してしまった身体に追いつかなければならないわけですが、このような状況では、もう大人になったと考える若い人と、両親を含む周囲の大人達との間で衝突がたびたび起こります。なぜなら、大人の方からすると思春期の若者はまだまだ子どもにすぎないからです。

別離

　思春期には、大人としての独立した人生に備えるにあたって親離れの準備もします。この別離は、若者とその両親にとって困難で辛いものかもしれませんが、必ず訪れるものです。また、この別離が理由で、けんか、口論、そして不和なども生じます。

若者は、人生に対する自分の姿勢や自分なりの政治的な解釈を構築し、自分の夢や願いに基づいて未来に向かって進んでいかなければなりません。もし、若者達が人生に対する親の考え方を無批判に受け継ぐのなら、世界は進歩しないことになります。

▶ 愛とセックス

　思春期において愛とセックスは、身体、心、思考のほとんどの部分を占める感情となります。そして、重要な（もしかしたら一番重要な）日常生活の一部分となります。

　この時期、身体が成熟し、性腺が機能し、血液がホルモンによって湧き立つように感じられます。肉体的な感覚は、これまで以上に他人を求めることになります。つまり、自分の情愛や感情、欲求や欲望を分かつもう1人の人間を求めて社会に躍り出ていくのです。

　様々な感情や思考、夢は、仲間、ガールフレンド（ボーイフレンド）、そして自分が安心感を得られる人達や理解してくれる同年代の仲間に向けられます。そしてまた夢は、いつか出会って恋に落ちる人、あるいはひそかに恋するようになる人に向けられます。

恋

　私達は、成熟することによって恋ができるようになります。その恋は、嵐のように激しくて魅惑的な感情のものです。また、思慮分別がなくなり、魂や肉体までも占領されてしまうため、ほかのものが入り込む余地がなくなり、この世にあるすべてが二次的なものになってしまうような感情でもあります。

　愛する人の目のなかに、私達が一番すばらしい魅力的な人間であるということが読み取れる恋。一瞬にして酔いしれるような幸せな気持ちにさせたかと思うと、次の瞬間には愛する人を失うのではないかという不安に陥ってしまう恋。あるいは、別の人が現れて自分が拒絶されてしまうのではないかという嫉妬で心のなかが食い尽くされてしまうような恋。恋には、至福と痛み

の両方が一度に存在します。

感情とほかからの影響

　このような感情に陥ったら、一体どう対処したらよいのでしょう？

　多くの場合、私達はほかの人達のやり方を参考にします。自分自身の感情をほかの人の体験に基づいて解釈し、感情を言葉や行動で表現しようと試みます。そうすることによって、これらの感情がリアルなものになっていくのです。

　私達はテレビドラマや映画を観ることによって、ほかの人がどのように愛し合っているのかを知り、本や雑誌で、ほかの人の思考や感情、そして体験や痛みなどについて確認します。また日常生活では、両親や兄弟、そして友達が自分達の愛をどのように管理しているのかを目にします。それ以外にも、私達は広告を見たり、学校で教科書を読んだりします。学校での性教育が恋愛生活の生物学的な面だけに専念していて、私達に対しては警告という性格しかもっていないにせよ、セックスや愛についての知識を得るチャンスがあります。

　私達は日頃より、どのようにほかの人達が愛やセクシュアリティを感じたり取り扱ったりするかに関して、メディアなどを通じて様々なイメージを浴びせかけられています。そして、読みたいと思う本、観たいと思う映画、聞きたいと思う物語を自分で選びます。こうしたイメージや、私達自身のなかに感じ取られるもの（言葉に表現できないあらゆる感情）のすべてから、私達は自分で愛やセクシュアリティの概念を形成しなければならないのです。

違い

　それぞれの人間が、自分なりの解釈の仕方や自分なりの欲求や欲望をもっていることは当然です。そして、ほかの人（もしかしたら私達が恋している人）が自分とはまったく異なったやり方や予想とは違ったやり方で感じたり恋を表現したりすることが理解できなくても何ら不思議ではありません。

女の子の役割と男の子の役割

　人生において女の子と男の子（女性／男性）が担っている役割（あるいは分担された役割）は異なります。一つには、身体のなかのどの細胞にも生まれもっての違いがあるからです。そして、もう一つには、幼少期や成長期の段階で一番身近にいる人（両親、家族、友人）の影響を受けたり、両親のしつけによって男女の役割が生まれてくるからです。

　こうして女の子は、周囲が期待する女性の役割に順応していき、男の子は男性の役割に順応していくのです。典型的な男性的、女性的な思考や感情、および表現方法が問題となる時、それらの内のどれぐらいが生まれつきのもので、どのぐらいが周囲の影響によるものなのかを決定するのはかなり難しいです。

　女の子は、一般に男の子よりもほかの情報源からの影響を受けることが多いようです。というのも、大多数の女の子は、恋愛がロマンチックで豊かな感情にあふれるものとして描かれている本や雑誌を読み、深く純粋で真摯な愛をテーマにしている恋愛映画を好むからです。

夢

　思春期における女の子の夢、性的な感情や感覚は、情愛、2人で一緒にいること、真心、優しく感じやすい愛撫、お互いの身体が近くにあることなどに関するものがほとんどです。

　それに比べて、男の子の夢や欲求（欲望）は、直接的な性的調子を帯びています。彼らの頭のなかには、乳房、太腿、膣、おしりなどといった映像が写し出されています。思春期の男の子は、女性の裸を見ただけで興奮して勃起し、ズボンをはいたまま射精してしまうことすらあります。

違いが生じる

　このような違いがあるからといって、その男の子が恋している相手に対して思いやりの気持ちや優しさ、そしてロマンチックな感情をもっていないということではありません。2人の若い男女が出会い、心に甘美な音楽が鳴り響いた時に、双方の違いがトラブルの原因となってしまう場合があります。

男の子は、相手の女の子が自分の肉体に対して少しも欲情を示さないので、自分のことを好きではないのだ思ってがっかりしてしまうかもしれません。女の子の方はと言えば、男の子が手をつないで恋愛について話すことよりも彼女の身体を知ることばかりに夢中になっているので、実は愛してくれてはいないのではないかと考えてしまうかもしれません。

このような感情のすれ違いから切り抜ける方法は、たとえ恋人の感情が自分のものとは異なっていたり、別の方法で表現されたりしたとしても、自分の感情と同様にうそ偽りがなく、強いものであるということを信じることです。これは、学ぼうとして学べるものではありません。そのため、多くの大人でさえこのすれ違いが理由でトラブルを起こします。その結果、相手に対して、自分と同じ感情を表現するべきだという要求を突き付けたり、満たされない感情のまま生涯にわたってあがき続けることになるのです。

▶ 数々の実験

肉体の感覚や欲求は、調べたり、探究したり、試すことで分かります。それには、自分とほかの人とで試みるのが一番よく、そこから学ぶことも多くあります。これらの行為は「遊戯」と呼ぶこともできます。性愛の遊戯、性戯、セックスの遊戯などのことです。

オナニー

オナニーは健康的なもので、自分自身の身体、そして感情や感覚との戯れです。女の子の約50％、男の子の90％以上は若い時に定期的にオナニーをしています。パートナーとセックスをしている時期でも、それは同じです。

オナニーは一般的な行為で、正常かつ無害なものです。オナニーをすることにより、私達は自分の身体や性器の機能、感覚を探究し、自分の夢と想像に肉体的な感覚と欲望を付け加えるのです。夢では、すべてが許されます。夢のなかで、私達はまさに自分が望むやり方で自分の欲する相手と愛し合うことができます。また、夢のなかで私達は、現実の出来事に備えた練習をす

ることもできますし、自らの夢の一部を現実の世界にもち込むこともできます。それはちょうど、現実が夢のなかで再現されるのと同じです。

女の子のオナニー

　女の子がオナニーをする時、気持ちがよいと感じる自らの身体の部分を愛撫し、おそらく恋人が愛撫してくれていることを想像して行われることが多いでしょう。そして、乳房や腿、お腹、喉あるいは膣を愛撫します。指で陰唇を愛撫し、一番快感が得られる方法でくすぐります。1本あるいは2本の指を突っ込んだり、何か物を挿入する（鋭かったり、尖っていたりしないように注意をして下さい）ことを好む少女もいます。それとは違って、間接的な作用を好む少女もいて、足をリズミカルにはさみつけたり、足の間にかけ布団を挟んでこすりつけたり、入浴時にハンドシャワーを使って行ったりします。

オーガズム

　オナニーをする女の子の多くは、オーガズムを得ることを学習します。そのため、のちに男の子と性的関係をもった時にオーガズムを得ることがずっと容易になります。彼女達は自分が何をもっとも好むか、どのようにしたら気持ちがよいかということを知っているため、恋人の男性にそれを見せたり話したりすることで容易にオーガズムに達するのです。
　アクロバットの演技者でない限り、足の付け根の部分がどのようになっているのかを見ることはできません。ですから、鏡を使って自分で調べ、身体のどの部分がどのように感じるのかを知っておくとよいでしょう。

男の子のオナニー

　女の子に比べると、男の子達は自分の愛の器官を調べることが容易です。この器官は身体の外側にあり、毎日何度もその存在を確認するからです。
　大多数の男の子は日に何度も欲望を感じ、ズボンのなかで勃起が起こります。淫らな夢などは見ていない罪のない眠りの途中でも夜中に勃起が起こり、射精をすることがあります。

オナニー

男の子がオナニーをする時は、通常、片手で陰茎をつかんで前後にこすったり、硬くなったペニスをかけぶとんやマットレスに押し付けたり、性交の動きをしたりします。そして、オーガズムが起こり、それに伴って射精が起こるまでそれらの動作を続けます。男の子もまた、オナニーの最中に性的な夢や空想を試みています。

2人と2人（カップルはそれぞれ）

パートナーを見つけると、その2人の関係のなかで様々な感情、欲望、セクシュアリティ、欲求がどのように起こり、感じられるかなどを試そうとします。そして、これまでのような空想の世界ではなく、パートナーとの関係という現実の世界においてお互いがもっていた性的な夢を実現しようとします。

若い時には、自分自身を知るために様々な実験を繰り返します。多くの人はいくつもの短期間にわたる関係をもち、それ以外の人は少数の長期にわたる関係をもちます。すでに、ごく若い時からのちに人生を共にする伴侶、つまり家庭を築く相手を見つける人もいます。どのようなカップルの関係にあっても、当事者達にとってはそれぞれにすばらしいものなのです。ですから、ある人にとっては本物だと思える関係でも、ほかの人にとってはそうでもないと思われることもあるのです。

境界

自分のセクシュアリティ、自分の欲望をほかの人と共に探究するのはよいことですし、学ぶことも多く、また必要なことでもあります。私達には様々な欲望や、越えたくない、あるいはまだ今のところは越えたくない（現在のパートナーとでは越えたくない、または現在の状況下では越えたくない）様々な境界があります。

性的な行為を共にすることは、遊戯であるのが一番でしょう。つまり、性的な行為が喜びを意味し、経験を与えることになるような欲望に満ちた共有の時間であるべきなのです。決して、抑圧や強制によってこれらの行動を支配してはなりません。

第2章　子どもから大人へ

それでは、性的な愛撫はいつ性交につながるべきなのでしょうか？　私達はいつ、そして誰と初めての性交をするべきなのでしょうか？

集団の圧力

若い人の周囲にいる多くの人々、つまり恋人、様々な集団、仲間、両親は、戒めを携えてその若い人の進路に立ちふさがります。その戒めはどれも、今ここで支配している道徳や信仰、性生活への視点に依存するものです。彼らは全員、いつ性交を始めるのが正しいかについて自分なりの考えをもっています。

「イエス」と「ノー」

けれども、結局のところ決定を下すのはあなた自身なのです。あなただけが心のなかで、性行為を共にするのにふさわしいパートナーであるかどうか、適切な時点であるか、また適切な場所であるかどうかを知っているのです。なぜなら、ここで問題になっているのはあなたであり、あなたの身体であり、あなたの人生であり、あなたが下す決定だからです。あなたが男の子であろうと女の子であろうと、それは同じです。ですから、適切な場所で、そして適切な時点で「イエス」と「ノー」を言えるだけの強い意志をもっていなければなりません。

▶ 初めての性交

初めての性交は、それが2人で決定したもので、両方に準備が整っていればすばらしい体験になるチャンスが大いにあります。その準備とは、以下に記すように簡単なものばかりです。

❶ あなた達が、仲間や両親や兄弟にじゃまされることなく2人きりになれる快適な場所であること。

❷ 2人共がお酒を飲んでいない状態であること。そうすれば、この体験は酔いにまかせたものとはなりません。

❸避妊をすること（コンドームは最初の性交の時でも使えます）。
❹2人が、居心地よく楽しく一緒に過ごしたいと思い、性交が格式ばった行事や目標達成のために奮闘するものではないということが分かっていて、心の準備ができていること。

確信のなさと心配

　あなた達がお互いに密接な関係を築いているのだったら、何を心配しているのか、または恐れているのかをお互いに事前に伝えておくことがよいでしょう。

　もし、女の子が処女であれば、男の子が自分のなかに入ってきたら痛くはないだろうかと恐れることがよくありますが、それは当然のことです。男の子の方は、正しく性交をすることができて、彼女が気持ちよいと思ってくれるだろうかと不安になっているかもしれません。

　もし、2人がこうした不安を事前に共有することができれば、性交は劇的な出来事になり、それらの不安を吹き飛ばしてくれるでしょう。そして、あなた達は、お互いの不安を配慮できるだけの可能性をもっているのです。

　いつ挿入すべきなのかということは、男の子の頭のなかを駆け巡っている最大の心配事です。その場合は、女の子に決めさせてあげて下さい。いつがよいのかは、彼女が一番よく知っています。それは、彼女が彼を恋しいと思い、そこに感じたいという欲望をもった時なのです。その時、男の子の方は爆発寸前である可能性があります（もし、爆発してしまっているのなら少し待って下さい。そして、2人でくつろぎ、精液をペニスから洗い落として、中断してしまった状態のところから続けて下さい）。

避妊

　避妊具（コンドーム）が装着されたら、次はどこにペニスを挿入するかを知る必要があります。女の子の方が膣口へとペニスを導いて道案内をするのが一番よいでしょう。慎重に、慎重に挿入して下さい。それが彼女にとって最初だったら、なおさら少しずつ挿入して下さい。

処女膜

　処女膜が破れる時は少し痛みがあり、少量の出血を伴います。女の子が快感を得る前に男の子の方が射精してしまうことがあるかもしれません。また、女の子の方が感じる感覚や気持ちは、彼女が想像していたものとまったく違うかもしれません。男の子の方は、女の子を痛がらせ、その結果、決定的な瞬間にペニスが萎えてしまうかもしれないと心配になったり不安になったりすることもあるでしょう。また逆に、女の子の方が不安を感じて緊張してしまうために行為を楽しめなかったり、濡れなかったり、快感が得られなかったりするかもしれません。このように、「もしかしたら」という不安は尽きないものなのです。

失望

　初めての性交が、予期していたような体験にならないことが多々あります。好きな人とある時間を過ごし、共に人生の新しい章を開いたというとてもすばらしい体験になるかもしれませんし、あるいは2人一緒に天にも昇るような体験を期待してきたのに、そうならなかったことで失望してしまうかもしれません。もし、あなた達2人がお互いに安心感を得られ、お互いを好きで、お互いを欲し、共に話したり笑ったりすることができるのであれば、初めての性交は生涯忘れることのないすばらしい体験になり得るでしょう。

　もし、最初の性交が泥酔状態の時に起こり、あなたが前から好きだったわけでもなく、信頼もしていなかったパートナーと行ったのだったら、忘れてしまいたいと思うような失望の体験になることは明らかです。

▶ カップルの関係

　恋という感情は、愛に比べると一過性のもので長続きしません。けれども、恋をしている人にとっては、日常生活を占拠し、自分のすべての行動を決定し、すべての将来の夢を支配する嵐のような感情がいつか消滅するかもしれないということは考えられないことです。

愛

　持続し、揺るぎないものとなるようなカップル関係、そしてパートナーの両方が徐々に良い面でも悪い面でもお互いを知るようになっていくカップル関係においては、恋は、ゆっくりと帰属意識、連帯感、情愛、いたわりの気持ちという深い感情に変わっていきます。これらはすべて、私達が「愛」と呼ぶ感情です。

対立と別れ

　どんな関係においてもある時期には、最初の頃と同様に恋の感情が燃え上がったりする一方で、どれほど基盤を成す愛情が深まっていても様々な対立や不和、けんかが起こったりして失望してしまう時があるものです。

　若い頃の恋は長く続かないことが一般的です。恋人に対する盲目的な愛情は、相手をよりよく知ることによって冷めてしまったり、ほかの人に恋をすることによって消えてしまったりします。

　別れは、パートナーのどちらにとっても辛いものです。また、熱い想いが両者同時に冷めることは稀です。

　一番多いケースは、片方が別の相手を見つけたために関係の解消を望み、そのパートナーが拒絶された人間として、つまり自分を醜く、何の役にも立たない、不十分で心底不幸だと感じるような敗北者として報われることのない自分の気持ちと向き合わなければならなくなります。また、パートナーに対する気持ちが消えているのを感じて絆が断たれることを望みながらも、恋人を傷つけることができない人にとっても別れは辛いものです。

　不幸な拒絶された愛を背負うことは、人生において最も克服が困難な危機です。それは、私達が再び光のなかに浮上し、心に傷を抱えながらも生き続けていくために準備が整うように克服しなければならない悲しみです。そして、これらの傷を負うことによって私達は完全な人間になっていくのです。

嫉妬

　嫉妬は愛の苦難であり、えぐり抜かれるような痛みの伴う心の苦痛、つまり愛する人を失うのではないかという恐れと言えます。恋人が自分から離れ

つつあるのではないか、あるいは別の人を好きになっているのではないかという疑いやその確信は、疼くような嫉妬の感情を溢れさせます。そして、その感情は恋する時と同じように強く、思慮分別をもってコントロールすることが不可能になることがあります。

　しかし一方で、嫉妬は、もし激し過ぎるものでなければ恋愛関係に活力や原動力を与えることができます。少々の嫉妬であれば、人に一層の努力をさせ、自分の愛情を表示する時に今までよりもっと気を配るようになるかもしれません。さらに嫉妬は、その相手に対して性的な欲望を促す働きをします。

　強い嫉妬あるいは（実際には理由のない）病的な嫉妬は、どの恋愛関係にとっても重荷となりますし、また破壊的なものとなります。疑いをかけられたり、スパイ行為をされたり、不信感をもたれたりすることに長い間耐えられる人は誰もいません。そして、2人の内のどちらが多くの嫉妬の感情をもっているかは知るすべもないのです。

よいアドバイス

　恋愛関係で傷ついた感情に関する限り、よいアドバイスはたくさんあります。ただ、たとえそれらのアドバイスに思慮分別があったとしても、傷ついた感情は思慮分別をもってコントロールができません。ですから、結局、よいアドバイスであってもあまり役に立たないことになります。傷ついた感情を抑制したり隠したりすることはできますが、そうすると、今度は逆に嫉妬として認識されない状況で、その感情が頭をもたげてくることがあります。

「ああ、何てあなたは意地悪なの」という言葉は、現実には次のような意味かもしれません。

「私は、あなたを愛しています。あなたに裏切られたという心痛で死にそうです」

　また、「私のことを愛している？」という質問をする人は、実際には次のように言いたいのかもしれません。

「あなたが私を愛しているかどうかが疑わしいのです」

　そして、曖昧に答える恋人が「なぜ、そんなことを尋ねるの？」と言うのは、次のような意味かもしれません。

「私は、あなたを愛していません」
どのように悲しみ、嫉妬、不安、確信のなさを克服するべきかとの問いに対してアドバイスをするとすれば、それは次のようになるでしょう。
「自分の感情に**正直でありなさい**」

正直でありなさい

まず第一に、自分自身に対して正直であって下さい。嫉妬を知りましょう。そうすれば、その感情が働いているのはいつなのかを知ることができます。あなたの欲することと欲しないことを、自らにおいて明確にして下さい。そして、あなたがパートナーに対して感じていることを行動で示して下さい。あなたの感情、恐れ、怒り、嫉妬について話して下さい。ただそれだけでなく、あなたの喜び、幸福、夢についても話しましょう。そして、はっきりとしたメッセージを伝えて下さい。

もし、あなたが自分の感情に対して正直であるなら、自分のパートナーにあなたが誰であるのか、どこにいるのかを示すことになります。もし、もってもいない感情をもっているかのように偽るなら、あなたはパートナーに自分自身の偽の姿を見せることになります。これは相手に不安を与え、不確かさや嫉妬を助長することになります。

身体

自分自身とパートナーを理解するためには、自分の身体、そして相手の身体に関する知識をもつ必要があります。

性愛や性的感情は、極めて密接に肉体や感情、視覚、聴覚、味覚、嗅覚などの感覚につながっているものです。理論的には、身体全体が性愛の器官なのです。ですから、私達がセックスについて語る時、性器を身体のほかの部分と切り離すことは少々不自然なことになります。けれども、性器とその性器に関連づけられるセクシュアリティ、そして性愛および生殖器官としての性器の機能は、恋愛の性的な部分において重要な意味をもちます。ですから、ここではこの性器を全体から切り離してもっと詳しく見てみましょう。

▶ 女子／女性の性器

　女子／女性の内性器は、腹腔のなか、恥骨の後ろ側に位置し、二つの卵巣（両側に一つずつ）、2本の卵管、子宮から成り立っています。142、143ページの図を参照して下さい。

卵巣

　卵巣は、出生時から少女が思春期に達するまでは活動していない状態にあります。そして、思春期になると、このアーモンドの実ぐらいの大きさの性腺（卵巣）はその機能を活動させ始めます。これは、女の子が数年の内に子どもから成人の女性へと発育し、子どもが産めるようになることを意味します。

　卵巣は、女性の性ホルモンを生成します。この女性ホルモンが脳下垂体から分泌される主要な性腺刺激ホルモンと連携して、女性への発育と月経や排卵を支配します。

　これに加えて女性の性ホルモンは、心身上、他にも多くの機能をもっています。特に、骨の強度と精神状態（気分、エネルギー、性欲など）に影響を及ぼします。

卵管

　卵巣には、誕生の時から未成熟の卵子が入っています。脳下垂体と卵巣から分泌されるホルモンの影響を受け、卵子は思春期に入ってしばらく経ってから成熟します。一度に1個の卵子が成熟して卵巣から放出され、末端が漏斗のようになって卵巣を取り囲んでいる卵管に吸い込まれます。卵管とは、子宮腔へと入り込んでいる管のことです。放出された卵子は3〜5日の間に卵管を通って子宮腔へ送られ、そこで溶けて消滅します。

　卵子が卵管を通る時に精子と出合って受精すると、子宮内膜に着床して成長し、胎児の成育が始まります。

子宮

子宮は、洋梨ぐらいの大きさの筋肉です。内部は腔になっていて、二つの卵管（両側に一つずつ）につながっています。また、子宮の一番下の部分は、子宮頚管を通じて膣とつながっています。

月経

子宮腔は、常に変化し続ける粘膜で覆われています。月経の時には粘膜がはがれ、子宮内壁から出血が起こります。月経の後には粘膜の層が厚くなり、排卵期には柔らかくなり、受精卵を捕まえる用意が整います。受精卵が来なければ、粘膜は次の月経の時にはがれ落ちます。受精卵が着床して女性が妊娠すると、月経は停止します。

妊娠中に子宮がその中身（胎児、胎盤、羊水、卵膜）と共に成長し、妊娠最終期にはバスケットボールよりも大きなものになります。出産後、子宮は数ヶ月ほど経つと縮小して、再び小さな洋梨ぐらいの大きさになります。

子宮頚管

子宮頚管はその洋梨の一番下にある狭い末端部で、膣の底に突き出した形になっています。子宮頚管は膣から子宮腔へと通っています。子宮頚管部にある粘液分泌腺のいくつかが粘液を生成し、その粘液は排卵期には薄くて精子が通り易くなっていますが、月経前後には粘着性が強くて精子が通りにくくなっています。

膣

膣はひだになった腔で、内性器と外性器をつないでいます。膣は粘膜に覆われ、そのなかには粘液を分泌する腺があり、女性が性的な欲望を覚えると潤滑液が出てきます。

女子／女性の外性器

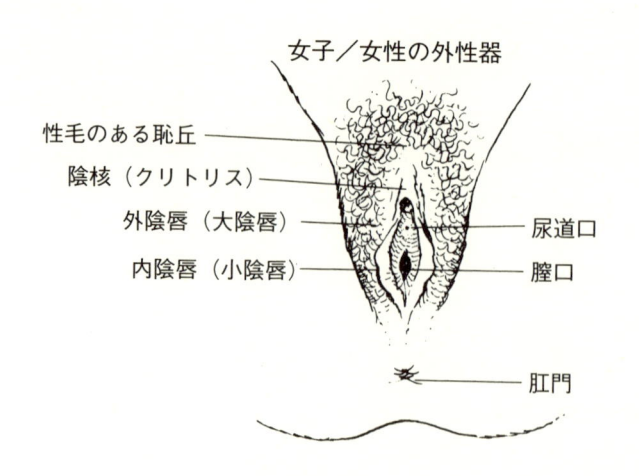

- 性毛のある恥丘
- 陰核（クリトリス）
- 外陰唇（大陰唇）
- 内陰唇（小陰唇）
- 尿道口
- 膣口
- 肛門

骨盤底筋

　膣の一番外側の3分の1は筋肉の層（骨盤底筋）に取り囲まれていて、この骨盤底筋は性交時における女性の機能と感覚、そして排尿機能に大きな意味をもっています。オーガズムの時には、リズミカルで絞るような収縮が骨盤底筋に起こります。

Gスポット

　膣の前壁（約4～5センチ）には、小さなクッションのような形をした領域（Gスポット）があり、これは性戯や性交の時に押されたり摩擦されたりすることによって気持ちよく感じるという、特に敏感なところです。

陰核（クリトリス）

　外性器は目に見える部分にあり、女子が自分で鏡を見て調べることができます。陰核は、内陰唇が出合うところにある、前方の皮膚のひだの下に隠れている小さなつぼみのようなものです。陰核は男子のペニスに相当しますが、非常に小さくて通常は見えません。

　性欲を感じたり愛撫を受けたりすると陰核に血液が充満して少し張りが増し、小さなつぼみのように感じられるようになります（これを見つけるため

には練習が必要です)。陰核は愛撫に対して非常に敏感です。陰核をていねいに長く愛撫されただけでオーガズムを得られる女性もいます。どれぐらい優しく、一定して長い間陰核をこすられることを好むかは人によってかなり違います。

外陰唇(大陰唇)

外陰唇は、膣の両側にあるクッションのような形をした厚い部分です。外陰唇は、太腿の間にある恥丘から広がっている性毛に部分的に覆われています。恥丘と外陰唇は、愛撫に対して非常に敏感です。

内陰唇(小陰唇)

内陰唇は、陰核の上で前方が出合う皮膚のひだで、花びらのようになって尿道と膣口の両側に位置しています。内陰唇の形や大きさには大きな違いがあり、外陰唇に覆われていることもあれば外陰唇の間から突き出していることもあります。どちらの場合でも正常です。

性的に興奮すると、外陰唇と内陰唇の両方に血液が充満して硬くなります。また、内陰唇は愛撫に対して非常に敏感です。

尿道

尿道は、前方にある陰核と後方にある膣口との真ん中に開いている小さな穴です。

膣口

膣は、周りを取り囲む骨盤底筋によってくっついているために閉じていますが、非常に柔軟性があり、性交時に挿入されるペニスの大きさに適合するようになっています。

処女膜

処女膜は、性交経験のない少女では、膣口付近に輪の形をした狭窄部として存在します。処女膜は初めての性交の時に破れますが、例えば乗馬、体

操、オナニー、タンポンの使用などによっても破れることがあります。

稀な場合には、処女膜が完全に膣を閉鎖していて月経の出血ができなかったり、膜が硬いために性交が不可能であったりすることがあります。どちらの場合でも、医師による局部麻酔の簡単な手術で治療できます。

会陰

会陰とは、膣口から肛門へ至る領域で、愛撫に対して非常に敏感なところです。

アヌス

アヌス（肛門）も同様に愛撫に対して非常に敏感で、性戯の際に多くの人によって愛撫に利用されたり、膣の代わりまたはバリエーションとして使われたりします（アナルセックス＝肛門性交）。

▶ 男子／男性の性器

精巣

精巣は体外に位置しているため調べることが容易です（141ページの図を参照して下さい）。一番後ろと一番下に、男性の性腺である精巣があります。これら二つの精巣は、陰茎の下にある皮膚の袋（陰嚢）に入っています。

男の子が思春期に入ると、精巣は発育してヘーゼルナッツぐらいの大きさから栗の実大となります。それと同時に、精巣は次のような機能を開始します。

❶少年の成人男性へ向かう発育を支配し、精子形成や性欲／快感、身体の筋肉および骨組織、皮脂腺の生産活動、ひげの成育、声帯の長さ（声の低さ）、その他無数の機能に作用する男性ホルモンの生成。

❷精子の形成（毎日、数百万個）。

精管

　精子は、精巣から精管を通って上っていきます。精管はスパゲティーぐらいの太さをもち（そして、そのように感じられ）、精巣から鼠径部へと陰嚢を通って伸びている２本の管です。鼠径部では、精管は鼠径管内を通って膀胱の下側へと入り込んでいます。

前立腺と精囊

　精管は、精漿を分泌する前立腺と精囊へつながっています。射精の際、精液（精子＋精漿）が尿道を通って射出されます。射出は、男の子の骨盤底筋のリズミカルな収縮によって起こります。

ペニス

　弛緩した状態のペニスは、男の子では小指ぐらいの大きさで、十分に発育した成人男性だと親指ぐらいの大きさです。けれども、ペニスは寒い時には小さくなり、暖かい時には大きくなったりするため、サイズには大きな違いがあります。また、人によって長さや太さも様々です。

　性欲が起こると（あるいは、別の原因で勃起すると）、ペニスは張って硬くなり斜め上を向きます。サイズ上の違いには大差がありませんが、外形、太さ、曲がり具合などは男の子によってかなり異なります。

　ペニスは三つの海綿体から成っており(1)、勃起の際には血液がここに充満します。同時に、そこから出ている血管が閉鎖されて血液の流れが止められます。射精後、海綿体からの放出口が開かれ、陰茎は柔らかくなって弛緩します。

亀頭

　尿道はペニスの真ん中にある海綿体を通って伸び、亀頭の先端で口を開いています。亀頭は赤みがかった色／青色で、皮膚が薄くなっています。ここは、ペニスで一番感じ易いところです。

（１）尿道海綿体と左右の陰茎海綿体。

包皮

勃起の際、亀頭はむき出しになり、弛緩した状態では包皮に全体（あるいは一部）が覆われています。

包皮小帯

包皮は二重になっており、ペニスの下側では包皮小帯によって亀頭に固定されています。

亀頭の周囲に沿って多くの小さな腺があり、亀頭を残尿による湿気や炎症から守る皮脂（恥垢）を生成しています。恥垢はつんとくるような臭いがしますから、定期的に、つまり1日に少なくとも1度は洗うことが恋愛生活にとって一番望ましいでしょう。

ペニスの柄の部分、亀頭、陰嚢、陰嚢周辺の皮膚は、愛撫に対して非常に敏感です。これらの様々な場所をどれぐらい激しく、あるいは優しく愛撫されることを好むかは人によってかなりの違いがあります。

会陰と肛門

会陰と肛門周辺の領域は、女の子の場合と同様、愛撫に対して非常に敏感なところです。

第3章 愛ー性愛ーセックス

　もし、人生というものを十分に体験をしたいと願うのなら、生きている間、つまり今ここに存在する時間に目を向けるべきでしょう。昨日という日はもうすでになく、今という時間の前に存在した1分、1秒もすでに過ぎ去ってしまっているのです。そして、この後に新たな1秒、1分、1日が再びやって来るかどうかは誰にも分からないのです。
　もし、私達が性愛や愛を体験したいと思うのなら、今ここでそれらに目を向け、体験しなければなりません。昨日抱いていた感情は今この時点のものとは異なっているかもしれないし、明日その感情は遠くに消えてしまうかもしれないのです。
　愛は持続する反面移ろいやすく、人と人をつなぐ温かくて強い感情の結び付きです。性愛や性的な熱情は急速に移り変わってゆくもので、澄み切った空から稲妻のように私達のなかに飛び降りてきたかと思うと、それと同じぐらいの速さで消えてしまうものです。また情欲は、魂のなかで白熱して炎をあげて消え去ったかと思うと、再び燃え上がることがあります。

欲求と熱情

　性的な感情、つまり性欲や情欲は、愛し合っている2人の間に存在する、長く持続する愛情から切り離せない一部分です。けれども、性欲や情欲は私達に権力を振るい、愛というものの外で思考や行動を支配することもあるのです。その時それらの感情は、ただ満たされることのみを必要とする、愛から孤立した要求として存在します。
　セクシュアリティは私達のなかに存在する、そのように孤立した欲求のこ

ともありますし、愛の一部であることもあるでしょう。また、その両方であるかもしれません。

ですから私達は、たとえそれらの感情が現在通用している道徳とそぐわないものであったとしても、そうした感情の傍らにいてそれらを感じ取り、自我の正直な表現として受け入れなければなりません。自分自身の様々な部分を否定したり、恥ずかしく思ったりすれば、充実した性愛生活を営むことはできないのです。

性的な感情に関する限りだけでなく、自分自身を知ることによって発見するものを容認し、自分の性的な熱情、セクシュアリティ、肉体を好ましく思うことが大切です。

ほかの人に対して率直になり、ほかの人やその人達の感情、特に私達が愛し、愛し合う人達の感情を知ろうとすることもまた大切です。私達とは異なる領域、そして、もしかしたら私達には理解できないようなほかの人々の領域をも受け入れて配慮することが重要なのです。

性愛とテクニック

性愛は、テクニックの問題ではありません。けれども、どのように私達自身やパートナーが行動し、考え、感じるかをできる限り知ることは有意義なことです。その大部分は、率直になり、好奇心をもち、偏見にとらわれずに思いやりをもつことによって学べるものです。そうすれば、性愛のひと時が自分自身やお互い、また人生について分からせてくれることになり、その結果、愛し合う者同士として私達を向上させてくれるのです。

男の子達は、おそらく技術的なことの方に注意が向くでしょう。技術的なことを学べば女の子がどのように愛されたいかを知ることができ、そうすれば申し分のない恋人として行動できるようになるからです。一方、女の子達は、男の子というものはどのように愛撫をしたり愛したりすることを最も好むのかについてすべて知りたいと思っているかもしれません。

性愛ですばらしいことは、愛する人と自分自身が一体となってお互いに喜ばせたいと願うことです。こうしたことは、図表化して表すことができないものです。なぜなら、私達はみんなそれぞれに違うからです。けれども、私

達は練習を重ねることができます。耳や身体でお互いを聞き、口や身体で相手に伝えることができます。期待していたようにならない時は臨機応変に対応し、性愛で実験をして共に笑い合うことだってできますし、一緒にふざけ合ったり、真摯になったりもできるのです。

夢と憧憬

　私達は、みんな、夢や憧憬をもっています。そしてそれは、人によってそれぞれ違います。すべては無理であるにせよ、それらの内のいくつかを実現したいと願っても恋人に果たしてもらうことができず、その結果、満たされないままの欲求をもつようになってしまいます。

　私達のもっている慎み深さが、ある性的な夢や憧憬の表現を禁じる場合もあるでしょう。あるいは、恋人がもっているそうした夢や憧憬を、相手に尋ねられない場合もあるかもしれません。

慎み深さ

　少しずつ慎重な歩みで自分の慎み深さを超えようとすることは賢明なことです。つまり、自分が試してみたいと考えていること、あるいは恋人にしてもらいたいことをほのめかし、伝えて表示することです。

　自分の羞恥心や慎み深さを克服することは困難かもしれません。けれども、時にそれは自分の夢の目標に近づくために必要なことなのです。相手の考えを読み取ったり、夢を判断したりすることは誰にもできません。私達は、目標への途上で助け合わなければならないのです。

女の子が恋人に望むこと

　何を自分の恋人に望むかは、当然ながら人によって異なります。多くの男の子は、一緒にいる時に相手の女の子がどのように感じているかを知りたいと熱望します。彼女を覗き込んで、その気持ちを感じ取りたいと願います。けれども、私達が理解できるのは自分自身の感情だけですから、その感情を表現するために様々な言葉を用いることになります。そうすると、セックスと性愛を特別なものとしてではなく、できれば親密さや情愛、ロマンス、日

常に起こる大小の出来事などの一つとして体験したいと思う気持ちを伝えられるようになる女の子は多いはずです。

女の子の多くは、恋人が人間として女性として自分に接し、愛し合うことを望んでいて、肉体としてだけで扱わないでほしいと願っています。また、愛撫や愛の遊戯、性戯を、一緒にいることの本質的な（もしかしたら一番根本的な）こととして体験します。彼女達は、相手の男の子と楽しく過ごすこと、性交に常に至るのではない相互の愛撫を好みます。彼女達にとっては、お互いに好きだと思っている2人が一緒にいて、ただ親密さや優しさを感じて満喫することも大切なのです。

もちろん、女の子の多くもまた性的な欲求をもっています。その欲求を満たすためには、パートナーとの深い感情の共有はおそらく必要ではなく、ただ単刀直入な性的に共通の時間だけがあればよいのです。

男の子が恋人に望むこと

私達は、日常、様々な形で性的役割を担っています。つまり、男性は男として期待されていると考えられる行動をとり、そうでないことは避けています。同様に女性は、女性としての性的役割に自らを合わせているのです。ただ残念ながら、私達はこのように硬直した性的役割には適合しません（私達の夢や憧憬は、そのことを暴露しています）。そして悲しいことに、このような役割をそれぞれに担っている状況では、自分の性的な夢を現実のなかで試す機会を逸してしまっているのです。

私達の性的な役割のなかには、男性が積極的で主導的な立場にあり、女性が征服されるべき（奪い取る、寝かせる、ベッドに誘うなど。これらの言葉には、性的役割の解釈を固定する表現が散りばめられています）消極的な立場にいるということが植え付けられています。

男の子の多くは、主導的で積極的な愛人から切望され、寝かされ、誘惑され、愛されるような受け身の立場になりたいという夢や憧れを抱いています。また、恋人が性的な要求を表現し、自分と愛撫し合うことが好きで、男性としての自分が好きで、自分のペニス（ここには彼のアイデンティティの大部分が存在しますが、ペニスが期待を裏切ったり、笑いものにされたりすると

いう一面も存在します）が好きだと彼女が表現することを好んでいます。

　たとえ男の子が、（女の子達と同様）お互いの身体がそばにあること、優しさや感情面での親密さなどを欲していたとしても、多くの場合、肉体的な近さは彼らの性的な欲望を目覚めさせ、その結果、ほとんどの状況において直接的な性行動へと駆り立ててしまうことになります。

どのようにお互いの欲求を合わせるか
　もし、あるカップルがお互いに違いすぎる感情や性愛体験の方法をうまく適合させようとするなら、相手の感情や欲求が自分のものと違っていても、同じように価値のあるものなのだということを容認することが大切になってきます。それは、自分自身の内面にある境界を越えない範囲で自分の欲することを表現し、相手の望むことに対して率直になることです。またそれは、自分と相手の身体に興味をもって探究してみること、そして自分と相手の欲望を知ることでもあります。

　愛し合う2人の双方が好み、楽しむことをお互いの間で行う限り、ここには何のタブーも存在しません。また、人間の身体には、汚れた、気持ちの悪い、あるいは不道徳なところはないのです。身体が清潔にされているのであれば、どの身体の部分も味わい深く食欲をそそるものですし、快い性愛体験へ導く無数の可能性を備えています。

秘訣
　恋人を幸せにしたい時、どこを押したり、こすったり、さすったり、なめたりするべきか、どのぐらい優しく、どのぐらい激しく、どのぐらい長く、どのぐらいの回数なでるのか、またどのぐらい速く行うかの秘訣は誰も教えてくれません。どこに押すべきボタンがあるのかは、あなた自身が探さなければならないのです。

第4章 大小の問題

　そして、2人は死ぬまで幸せに暮らしました。……けれども、時にその暮らしは困難をきわめました！

　性生活や恋愛生活上、私達はみんな、一定の間隔をおいて多くの問題にぶつかります。
　私達は、性愛を人生から切り離すことはできません。性に関する問題は、必ずしも性愛器官に何か異常があり、「性の機械装置」に何か機能上の欠陥があることを意味するわけではありません。性生活上の問題は、ほとんどの場合、日常生活上の問題が原因となっているものです。もしかしたら、カップル関係にも問題があったり、自分自身の性欲、欲望、あるいは肉体を容認することに関わる問題があるかもしれません。
　性愛生活がぎくしゃくし始めたら、小さな問題が大きなものに発展してしまうことがあります。さらに、その問題は強大なものとなり、ほかの感情生活や日常生活に至るまで蝕むことも稀ではありません。そうなると、私達は悲しくなり、場違いな感じをもち、自分は至らない人間だと思うようになり、日常生活、友人や恋人、夫婦の関係がうまく機能しなくなります。

悪循環
　性愛上のささいな問題は、人生の喜びや日常生活を妨げるような悪循環を引き起こすことがあります。そして、日常生活におけるささいな問題が性愛生活を妨げるようになり、さらにその悪循環に陥ってしまうのです。

問題を認識する

　最初の一歩は、事が生じた時点で問題があるのだということを自分に認識させることです。そして、その問題から目をそらさないことです。

率直になる

　次の一歩は、自分の性愛のパートナーに対して率直になることです。あなたが問題だと考えることを伝えて下さい。これは、恥ずかしいことでも何でもありません。それどころか、パートナーに対する信頼の宣言なのです。それはまた、事態を大げさにドラマ化してしまわないことであり、あなたのパートナーと連携して問題の解決に当たるという訴えでもあります。問題というものは、語られることによって小さくなるのです。

劣等感

　確信のなさや劣等感というものは、若い頃には頻繁に私達の心のなかに沸き上がってきます。場違いであるという感じ、ほかの人のようには魅力的でないかもしれないという気持ちは、ミミズのように私達の心のなかを這い回ります。そしてこのミミズは、メディア界が生み出す、若くて美しく、金持ちで、みんなからちやほやされる、成功を成し遂げたという理想的な人間から栄養を吸い取ります。さらに、日常生活や性生活の上でしっかりと足場を築いている、ある特定の友人達が見せる姿（彼らも実際には、私達と同じぐらい確信がないかもしれませんが）からもおそらく栄養を吸収することでしょう。こうして、この劣等感というミミズはどんどん大きくなっていくのです。

　私達は、理想像とはほど遠い自分の身体を情けなく思うことがあるかもしれません。もっと大きいあるいは小さい乳房、より大きなペニス、もっと背が高かったり低かったり、もっと太っていたり痩せていたりしたい、幅の広い肩やカールした髪の毛、あるいはもっと狭い肩やまっすぐな髪の毛の方がよかったと思うかもしれません。また、自分の性的な思考や欲望、あるいは自分の性器を容認することが難しい場合もあるでしょう。

自分の身体を知ろう

　性生活がタブー視され、ふしだらで秘められたものと見なされている（あるいは、不潔または穢れのあることと考えられている）家庭で育ったのであれば、自分の性的な感情や欲望を受け入れることは難しいでしょうし、自分の身体や性器に嫌悪感を感じてしまうかもしれません。しかし、自分自身やその身体を好きだと思えるようになることは大切です。これは必ずしも簡単なことではありませんが、そのための努力をすることは可能です。

　鏡で丹念に自分を見つめて下さい。あなたが好きだと思うこと、あまり好きではないと思うことを書き出して下さい。そして、あなたではどうしようもないこと（背の高さ、足の大きさ、目の色など）を書き出して下さい。最後に、あなたが好ましい方向に変えられること（体重、コンディション、筋肉の増強、ヘアスタイルなど）を書いて下さい。

思考から行動へ

　くよくよしないで行動に移して下さい。食事の計画や運動の計画を立てたり、体操に参加したりフィットネスクラブに申し込んだりなど、あなたが願う方向へ進むために何かをして下さい。

あなたの身体を愛しなさい——あなたの身体はあなたのものです。あなたの身体はこの世で唯一のものです。喜びを感じて、自然なあなたを見せて下さい。あなたには、そうできるだけの当然の理由があるのですから。

自分の身体と愛し合いなさい——よい性生活が営めるための条件は、自分の身体を知り、可能な限りその身体をあらゆることに使うことです。

好奇心をもちなさい——鏡で自分の性器を調べて下さい。様々な部分に触れてみて、自分と親しくなって下さい。そして、あなたの部分であるその性器という場所とも親しくなって下さい。

　身体の様々な部分や性器を自分で愛撫して、どのように感じられるかが分かるように練習をして下さい。そして、自分にとって快適なこと、あまり心地よくないことが何か分かるようになって下さい。その時に、どのような感情、どのような思考が現れてくるのか、目を背けないでそれらが現れてくる

のを直視して下さい。

想像

　あなたの欲望や身体に関する想像をしたり、夢を見たりする練習をして下さい。その夢がどんな内容であろうと構いません。あなたの夢や想像は、あなたについて教えてくれるのです。

▶ 初心者が陥る困難

　私達はみんな、何か新しいことや自分が知らないことを行う時、またある境界を越えて日常生活の未知の部分に踏み込む時、それを難しいものだと思います。愛し合おうとして、初めてその相手に近づき過ぎると私達は当然不安になり、すべてのことに対して緊張します。十分にできないこと、また正しく行えないこと、あるいは正しいタイミングで行えないのではないかということを怖れます。

　私達は、自分にとっても愛し合う相手にとっても、それが快適な体験になって欲しいと願っています。そして、失敗することを怖れます。それはちょうど、パラシュートをつけて飛び降りる時、パラシュートを開くために正しい紐が引けるようにと願うのと同じ感じです。

ユーモア

　初心者が初めて陥る困難は、大したことでなくても大きな問題のように感じられます。けれども、そうした困難はあって当然です。それを克服する最もよい方法は、その困難自体をユーモラスに眺めることです。

　みなさんは、お葬式へ行くのではありません。性愛の宴へ向かうのです。みなさんが期待していたようにはいかなかったとしても、それは破綻でも悲劇でもありません。性愛は、達成しなければならないスポーツの成績でも試験でもありません。うまくいかない時は、ちょっと笑ってみて下さい。そして、また試みて下さい。

率直さ

　あなたが恐れているびっくり箱の中身を明らかにして下さい。そうすれば、その中味はさほど悪意のあるものではなくなります。あなたが心配していることを、性愛のパートナーに伝えて下さい。そうすれば、あなた達2人はすでにその心配を克服する途中にあるということになります。

　もし、男の子の方がコンドームがうまく装着できないのではと心配をしているのなら、そのまま正直に相手に言って下さい。

「コンドームがうまく付けられないんじゃないかと心配なんだ」と。

　もし、女の子の方が相手のペニスがなかに入ってきたら痛いのではないかと怖れているのなら、彼にこう言えばよいのです。

「あなたが入ってきたら痛いかもしれないから怖いの。初めてだもの」

　心配や不安は、心のなかにしまい込まれるといっそう大きくなり、逆にさらけ出されれば小さくなります。

性愛の主な規則

　最初の性的な行為が成功するためには、以下のことがすべての人に通用する主要規則として挙げられます。

❶両親や兄弟、友達などに邪魔をされないように気を配って下さい。
❷十分な時間を取るように心がけて下さい。
❸避妊を行って下さい。妊娠や病気への不安は、よい体験をする可能性を台無しにしてしまいます。
❹その性愛が成功するかどうかは、パートナーがあなたの知っている人で信頼ができ、あなたが好きだったり愛していたりする人であることが条件になります。
❺酔っていない状態で行って下さい。

▶ 永続的な悩み

　悩みのなかには、時間（そして訓練）と共には解決されずに定着してしま

い、回を重ねるごとに大きくなったり、忘れた頃に再び現れて性愛生活の体験や喜びを台無しにしてしまうものがあります。そして、1人のまたはお互いの愛の生活に影を落とす問題となってしまうこともあります。

　その悩みがどのような種類のものであっても通用する解決方法は、無力になったり疑いを抱いたりするのをやめ、代わりに何かをすることです。つまり、自分とパートナーに対してその問題を明らかにし、お互いに尋ねてみることです。「どうしたらよいのか」と。

▶ 何ができるか

トレーニング

　最も一般的な性的機能の障害とその治療に関しては、1人で行うか、パートナーと一緒にすることもできる効果的なトレーニングがあります。

　それらのトレーニングは、愛し合っている2人の間に存在するほぼすべての性的な問題を解決するために使われます。大切なのは、慎重に説明に従って行い、手を抜いたりしないことです。

　トレーニングはまた、2人の性戯のバリエーションとしても用いることができますし（それらのトレーニングは気持ちがよいので）、その時には規則にとらわれずにやりたいと思うトレーニングを行うことができます。

締め付けトレーニング

　骨盤底筋のトレーニング（締め付けトレーニング）は、骨盤底の筋肉をトレーニングするものです（骨盤底筋は、女の子では膣口、尿道、肛門を取り巻く筋肉、男の子ではペニスと直腸の根元の部分を取り巻く筋肉です）。

　骨盤底筋は、性交時の快感、オーガズム、そしてオーガズムや射精へ影響を与える可能性に大きな意味をもちます。骨盤底筋を意識して使えるということは、性愛の歓びや快感を促進する有益な能力となります。そしてまた、セックスに関する悩みを解決するのにも役立ちます。

　誰でも、骨盤底筋を使うことを学べます。それは、一般に考えられている

ほど難しいことではありません。骨盤底筋は、放尿のために「開ける」時（最前部にある筋肉）と、肛門を締め付ける時（最後部にある筋肉）に使います。

　まず、最前部の筋肉を使って締め付ける練習をして下さい。筋肉を緩めて再び締め付けます。最前部にある筋肉をどのように締め付けたり緩めたりするのかが分かったら、同じことを最後部の筋肉で行って下さい。そして、次のような方法で1日に何回か同じことを繰り返します。

　まず、前の筋肉で締め付けます。緊張を10秒間持続させ、その後10秒間弛緩させて下さい。これを10回繰り返します。それから、後ろの筋肉で同じことを行って下さい。

　このトレーニングを行っている時、どのように筋肉が緊張したり弛緩したりするかを手で触って感じることができます。女性の場合だったら、1本または2本の指を膣に入れてみると、その指の周りを筋肉がはさみつけるのが分かります。

女性向けのオナニーの練習

　私達は、オナニーをすることによって自分の欲望やもっとも感じやすい身体の部分を知ることができますし、オーガズムを得るまで欲望を刺激する訓練ができます。

　オナニーの練習には想像力と好奇心が必要です。ただその時、例えば想像して良いことと悪いことがあるのではないかなどと考えないようにして下さい。ここで大切なのは、あなたにとって何が快く感じられるのかを知ることです。決して、どんな快感なら後ろめたく思わないですむのかを知るためにトレーニングをするのではありません。

　自分を愛撫し、様々な方法で様々な場所を刺激してみて、快いと感じる部分、そしてあなたの欲望に火をつける最高のイメージや想像の場面を見つけて下さい。快感が最高潮に達するまで空想を活動させ続け、欲望の持続を試みて下さい。手や指を使ったり、補助具（例えば、ハンドシャワーなど）を用いたりして、一番心地よいと感じる方法で行って下さい。

　私達人間はそれぞれ違います。あなたの欲望がボーイフレンドやガールフ

レンドのものと同じとは限りませんし、あなたが本で読んだり映画で観たりしたものとも同じではないのです。

　自分を愛撫したいという欲望や欲求をもたない女性もいます。彼女達は、自分の性器を触ることに抵抗があるのかもしれませんし、もしかしたら成長期に、性生活を人目を忍ぶようなもの、あるいは不潔なものと見なす教育を受けてしまったかもしれません。性生活に対してこのような視点をもつ女性にとっては、克服しなければならない辛いことであっても自分の性器を知り、オナニーをし、自身とその欲望を受け入れる練習をするということが必要でしょう。少しずつ、慎重に歩みを進めてみて下さい。

　女性に比べると男性は、空想を呼び起こしたり、オーガズムに至るまで自分を愛撫したりすることは簡単にできます。けれども、男性もまた、様々なやり方でオナニーをすることによって自らを知ることができるのです。

男性向けのオナニーの練習

　ストップ・スタート・トレーニングは、意識的に射精をコントロールできるようトレーニングする少年／成人男性向けの特別なオナニーの練習です。まず、射精がもうすぐ起こると感じるまで自分を愛撫します。それから、性的興奮が収まるまで（数分間位）休憩します。それからまた愛撫を始め、射精が起こると感じたらまたストップします。これを４〜５回繰り返してから射精をします。

　このトレーニングは、週に何度か行います。その内、徐々に、もっと意識的に射精がコントロールできるようになります。

共同の練習

　カップルの関係においては、その片方だけが性愛の機能に関して問題があるということはありません。片方が抱えている問題は相手の問題でもあるのです。つまり、そのカップル間の問題であるわけですから、２人で解決していくことが一番よく、また正しいことなのです。

　ここでは、男性側の射精コントロールを向上させるために、ストップ・スタート・トレーニングを男女が一緒になって行ってみましょう。

ストップ・スタート・トレーニング

第1段階 ── 男性が背中を下にして仰向けになり、女性がそのそばに座ります。2人とも裸になっています。射精がもうすぐ起こりそうだと男性が感じるまで女性が陰茎を愛撫します。その後、あらかじめ2人で決めておいた合図を男性が送り、女性はすぐに愛撫を中止します。少したってから愛撫を再開し、射精が近づいたらまた合図を送って中止します。そして、4回目に男性が射精直前の状態になったら女性は射精が起こるまで愛撫を続けます。

このトレーニングは、男性がこの状態をよりうまくコントロールできるようになったと感じるまで週に数回行います。

第2段階 ── 同じ練習を、陰茎に潤滑クリーム（診査用クリームか食用油）を塗っただけで行います。クリームは、男性側の刺激感覚を増大させます。

この練習も、男性がさらに状況をうまくコントロールできるようになるまで数回行います。

第3段階 ── ここでは避妊を行うことが必要です！

男性は仰向けになります。女性は、男性が力強く勃起するまで陰茎を愛撫します。その後、女性は男性の上に乗り、陰茎を膣に挿入します。もし、男性が射精をしそうな状態であったら、女性はゆっくりとした性交の動きをするか静かに座ったままでいます。

男性は、射精が起こりそうだと感じたらすぐに合図を送り、女性は動きを止めるか男性から離れるかして下さい。数分間の休憩の後、（動きを伴うか、また伴わずに）性交を再開し、射精が近づいたら男性はまた合図を送り、女性は動きを止めるか離れるかします。4回目になって初めて、女性は男性が射精をするまで動きを継続します。

ここでは、女性が「セラピスト」で、男性が「治療」を受ける立場であることが重要です。もし、目的を達成させたいのなら、ちょうどとても快い時であっても正しい時点でストップさせられるだけの意志をコントロールする力が双方に必要となります。第3段階の練習も、男性が確実に射精をコントロールできるようになるまで繰り返して行います。

第4段階 ── 第3段階と同じ練習です。ただし、別の性交体位で行います。正常位（この体位は、男性にとってコントロールを維持することが最も困難

ストップ・スタート・トレーニング

第4章 大小の問題　193

です）で男性が射精をコントロールできるようになれば「治療」は終わりですが、トレーニングは一定の間隔をおいて定期的に行い、状態を維持してゆくことが望ましいでしょう。

締め付けるテクニック

男性の射精は、骨盤底筋をリズミカルに収縮させる反射によって引き起こされます。包皮小帯が張り付いている亀頭のちょうど下をきつく押さえ付けることによって、この反射（収縮）は緩和されます。

締め付けるテクニックは、ストップ・スタート・トレーニングをもっと効果的に行う方法です。前述したのとまったく同じ方法で行われますが、射精が近づいている合図を男性が送った時、女性は親指の先で包皮小帯がある部分を押し付け、残り4本の指を陰茎の反対側に置いてしっかりと男性の陰茎を握り締めます。痛くなるほどではありませんが、それに近いぐらいきつく親指で押し、10秒〜15秒間そのままの状態でいます。そうすると、勃起が少し緩和されます。この練習を繰り返すために、女性は再び力強い勃起が起こるまで男性を愛撫します。

▶ 愛撫トレーニング ― 感覚トレーニング

セックスの機能や性愛生活におけるほぼすべての問題を治療する時に用いられる基本的なトレーニングが愛撫トレーニングです。これは、共同生活上の問題が女性側に起こっても、男性側に起こっても同じです。その目的は、以下のようなものです。

❶一緒にいる時に遂行不安（達成不安）・行動不安を回避する。
❷愛し合うために身体全体を使うことを学ぶ。
❸性戯を行う時、能動的立場（与える側）と受動的立場（受ける側）の両方になることを学ぶ。

性交の禁止

　トレーニング期間中はずっと性交は禁止です。愛撫トレーニングは、パートナーのどちらか一方あるいは両方にオーガズムをもたらすことが目的ではありません。オーガズムが起こるか起こらないかは、トレーニングの効果に何の影響も与えません。もし、オーガズムを得たいのなら、トレーニングの時間外に自分でオナニーをするか、お互いにオナニーをしあって下さい。

時と場所

　トレーニングをいつするかは事前に決めておきます。（1週間に1～2回）毎回、十分な時間をとります（約2時間位）。トレーニング用の部屋は暖かくて快適でなければなりませんし、気持ちのよい幅の広いベッド（または、床に敷いたマットレス）が必要です。トレーニングウェアは神様がくれたもの、つまり裸です。
　トレーニングはゆっくりと次のように行います。

入浴

　浴槽かシャワーでの入浴を一緒に行うことから始めて下さい。お互いを交代で洗ったら開始して下さい。
　交代で、愛撫を与える側と受ける側になります。どちらが最初に与える側になるかを初めに決めておいて下さい。それから、次にその立場を交代します。ここでは、一方を「A」、もう一方を「B」と呼ぶことにします。

スプーン体位

　最初にお互いスプーンのような形で重なって横になり、あなたに触れるパートナーの肌を感じて下さい。十分な時間をかけて下さい。場所を交代して、後ろ側のスプーンが前側になり、どのような感触かを感じ取って下さい。お互いの息づかいと心臓の鼓動を感じて下さい。あなた達は、お互いの身体を感じる、生きている2人の人間です。この瞬間、あなた達には一緒にいることを満喫する以外何もありませんし、遂行しなければならないこともありません。

愛撫の授受

　Aは最初に受ける側になり、お腹を下にして寝ます。Bは、Aのそばに座ってAを愛撫し始めます。髪の毛から始め、うなじ、耳の後ろを愛撫します。ゆっくりと下に向かい、肩、背中、腰を愛撫します。愛撫は優しく行い、少し掻いたり、少し押したりしてAの反応を感じ取り、それに注目します。お尻、腿、脚、足先と続け、身体の後ろ側全体を愛撫します。Aは、愛撫を受けて快いと感じること、またはあまり快くないと感じることを伝えなければなりません。言葉や音、そして動きで誤解されることのないように伝えて下さい。BはAが発する信号に注意し、Aが快いと感じていることをゆっくり行い、再びその部分に戻ります。

　15分〜20分かけて後ろ側を愛撫します。その後で、数分間休憩して下さい。その時に、お互いの役割をどう感じるかについて話してみて下さい。あるいは、またスプーンのように重なり合ってリラックスして下さい。次は、身体の前側です。

触らない

　Aは背中を下にして仰向けになります。Bは、髪の先から足のつま先まで愛撫します。ただし、性器と乳房には触れてはいけません。前側すべてを愛撫し、気持ちがよいと感じることをゆっくり行い、またその場所へ戻って下さい。同じく、15分〜20分この愛撫を行って下さい。再び休憩をとり、話したりリラックスしたりして下さい。

交代

　それから2人の役割を交代します。今度はBが受ける側、Aが与える側になります。手順は同じです。最初に身体の後ろ側、それから前側です。重ねて言いますが、性器と乳房は除きます！

伝える

　このトレーニングは、両方がどのように感じたかを伝え合うことで終了します。どちらか一方、あるいは両方がトレーニングの途中で性的な方向へ進

みたいという欲望が当然起こりますが、最初の何回かの間は実行してはいけません。ここで問題になっているのはオーガズムではないからです。性的な達成を考えずに、一緒にいることがいかに心地よいものであるかを発見することが重要なのです。性器に触れず、性交もしない愛撫トレーニングは、さらに先に進む前に2回から4回行います。

どうぞ触れて下さい

　前述したのとまったく同じ愛撫トレーニングですが、この段階では乳房や性器の愛撫も取り入れます。ただし、乳房や性器は身体と同等の部分としてのみ考えます。つまり、今度は身体全体が対象となります。ここでは、依然として愛撫を与えたり受けたりすること、お互いの身体全体を感じることが大切で、射精が起こるまでお互いにオナニーをするということではありません。

性戯（性交）

　愛撫トレーニングをしなければならなくなった原因である問題が解決された時には、もし両者が望むのなら、このトレーニングを性戯あるいは性交で終了させることができます。

　愛撫トレーニングは、毎回もしくは時々性愛への導入として行います。根本的な問題が解決したら、トレーニングの規則にとらわれることなく、みなさんに一番合った形で行うことができます。

▶ 最も一般的に起こる問題

　2人の間で行われる性的な共演で、最も一般的に起こる問題は次ページで記載するようなものでしょう。たとえそれが「生殖器の機能上の故障」として現れることがあったとしても、生殖器自体に何か問題があることは非常に稀です。その問題には、通常、一方あるいは両方にその原因となる心理的な背景があります。あるいは、その問題は2人の関係においてうまくいってい

ないことの表れであったり、日常における別の問題が隠れていたりするかもしれません。

　性的な欲望や欲求は、私達が自分の人生に対してどのように向き合っているのかを知る非常に敏感な物差しとなります。もし、性愛生活に何か問題があるのなら、ただ単に生殖器だけでなく、自らの人生や日常生活全体にその原因を探らなければなりません。

欲望がない

　欲望がないという状況は、カップルの関係において非常によく現れてくる問題です。多くの場合は、パートナーの一方（多くの場合女子／女性）にセックスへの欲望がなく、もう一方（男子／男性）が相手に何か問題があるのだと考えられています。

　しかし、この問題はお互いに関係するものです。それに、片方に欲望がないということは、異なる欲望をもっている者同士（つまり、パートナーの一方があまりにも欲望がありすぎるということ）に比べたら大した問題ではありません。性的な快感は、日常生活のありとあらゆる状況から影響を受けます。そして、セックスへの欲望は、何か問題があれば最初に疎かにされることなのです。

　当然、欲望は、まず第一にパートナーが誰なのか、お互いにうまくいって満たされているか、恋をしているのか、あるいはもしかしたら現実には性的に魅力を感じていないのではないか、お互いに苛立ちを感じているのではないだろうかなどということに左右されます。そして、病気の時、職場で問題がある時、悲しみや危機に陥っている時、ストレスがたまっている時、日常の仕事において大きな負担がある時、睡眠不足の時、多量に飲酒している時、ある種の薬剤を使用している時など日常において無数の負担がかかっている時に、性愛への欲望が一時的に減退するか、またなくなってしまうのは自然なことです。

　次に私達がその原因を追究しなければならないのは日常生活です。そして、もし病気の疑いがあるのであれば医師に相談しなければなりません。

　性愛において挫折感を味わうような性生活は、当然、性愛の喜びを減少さ

せることになり、それに伴って欲望も減退することになります。もし、パートナーの一方がもう一方よりはるかに強い性欲をもっており、そのことが日常生活、健康、あるいはカップルの関係上で説明できることではなく根本的な問題だったとしたら、率直に話し合い、問題解決に向けて共同の試みが必要になります。

様々な欲望

　人間はあらゆることに対して様々な要求をもっていること、つまり性愛や性的な満足に関しても様々な要求をもっているということを認めることが重要です。私達のパートナーは、お互いの欲望を満たすためにつくられた物体ではありません。

　私達それぞれの要求が、時々、もしくは頻繁に相手と同じであって欲しいと願うことはできますが、それを待ち望んだり期待したりすることはできません。お互いに、自分の欲望について満足感を得られるためにはどうすればよいのかを話し合うことはできます。そして、相手の望みに沿うよう自分を合わせることはできます。ただそれは、自分が行える限り、そして自分でも満足できる限りにおいてであって、嫌悪感を感じてまでは行うべきではありません。

　もし、2人が率直に語り合うのであれば、両方に居場所のあるところを見つけることができます。その場合、一方のパートナーが、性交で終わる必要のない愛し合い方や愛撫を望むかもしれません。また、もう一方のパートナーが、時には自分の要求を抑えて愛撫で相手を満足させることに専念できるかもしれません。

　時には、ただ一緒にいて、性器を使うことなく**愛撫トレーニング**（194ページ）だけを行うことが好ましい場合もあります。

　2人が歩み寄れる方法はたくさんありますし、そこには決まったレシピなどありません。うまく機能しているカップルが、率直さ、やる気、共通の努力などによって独自のレシピを見つけだすことは十分に可能です。

正常 — 異常

多くの人は、何が正常で何が異常なのかと自問します。私達は、異常であることを恐れているのかもしれません。正常な関係にあるごく普通のカップルの場合、いったい何回ぐらい性交を行うものなのでしょうか。

私達は、みんながそれぞれ違うためにみんなが異常である（正常とは異なっている）とも言えます。それゆえ、この質問はナンセンスです。一番大切なことは、自分の人生や性生活に満足していると感じることです。仮に、1日に何回も愛し合っても、月に1度しか愛し合わないとしても、どちらも正常なのです。つまり、あなた自身が一番よいと感じることが正常なことです。自らの声をしっかりと聞いて下さい。他人に合わせて自分を歪めてしまってはいけません。

▶ 女子／女性の性的機能障害

性器の機能上の問題を「性的機能障害」と呼びます。若い人の場合、性行為の際に働くべく性器が機能しない原因としては、心理的なものが背景となっている場合が圧倒的に多いです。不安、妊娠への恐れ、病気、行動不安、幼児期に性的虐待を受けたり、性生活そのものを不潔なものと見なす教育を受けたことなどがその理由です。

高齢者や、ある特定の病気にかかっている人の場合は、肉体上の欠陥や病気がその理由となります。性的機能不全が継続し、性生活の喜びを破壊してしまうような時は医師による診察が必要となります。

膣内の乾燥

女子／女性の場合は、膣内の乾燥が性的機能不全となって現れることがよくあります。これは、性行為の際に女性の膣付近や膣内にある腺から潤滑液が十分に分泌されないことを言います。

性器が愛撫される時や性交の時、十分に潤滑液を分泌できなければ敏感な粘膜に炎症が起き、性交中や性交後の長い間にわたって染みたり痛みがあっ

たりします。差しあたりは、クリーム（調剤薬局で買える診査用クリーム、ペッサリークリーム、食用油）を使用することで状況が改善されます。クリームは、性交前に性器と膣口周辺に塗るか、性交時の性戯の一部として塗ってもいいでしょう。

　もし、この状態が継続するようであれば、その背景に一種の不安や恐怖があることも考えられますので、**締め付けトレーニング**（189ページ）やオナニーの練習（190ページ）をして、自身の性生活への解釈の仕方を改めることで解決できるかもしれません。また、カップルの間で一時的に性交を避けて、**愛撫トレーニング**（194ページ）で共にくつろいだ時間を過ごすとよいかもしれません（トレーニングプログラムに従って下さい）。

　女性が更年期にある場合は、性器の粘膜が乾燥することがよくあります。これは、女性ホルモンの分泌が減少しているためです。錠剤や座薬（膣座薬）などの形でホルモン補充治療を行うことにより、効果が期待できます。

痛み

　性戯や性交時の性器または腹部の痛みは、病気（膣炎、腹部の炎症、その他）の兆候である場合があります。もし、医師による検診の結果、正常な状態であることが分かれば、その原因がセックスに対する自分の考え方やパートナーとの不和にあるかどうかを探ってみる必要があります。その結果、深刻な心理的な問題がその背後にあると分かれば（例えば、以前、強姦されたとか近親相姦をされたことがあるような場合）、性生活をうまく機能させるために専門の心理カウンセラーによる治療が必要となります。

　女性が初めて性交を行う際、多少の痛みがあるのは普通で自然なことです。ですから、初めて行為を共にする相手の男性は、優しく慎重に、また十分にそのことを配慮しなければなりません。その時、女性の性器が十分に潤っていることが重要となります。もしそうなっていなければ、潤滑剤（診査用クリーム、食用油、殺精子クリームなど）を使用しましょう。また、クリームを塗布加工したコンドームは、最初の性交の時に用いる避妊具としては最適なものです。

　性的に興奮した男の子が、女の子はネジを巻くように膣内をかき回される

ことを最も好んでいると思い込んで、まるでスチームローラーのようにかき回してしまうことがよくあります。これは、当然、女の子に苦痛を与えることになります。ここで大切なことは、ほかの状況と同様、自分がどんなことを好み、何を不快と感じるかを相手に伝えることです。痛みがある時は断るべきで、決して我慢をしてはいけません。

セックス中に原因を説明できないような痛みがある場合は、一時期愛撫トレーニング（194ページ）で治療を行うことがよいでしょう。またその時は、全般において性交を避けます。1歩1歩、ルールに従って愛撫トレーニングを行えば痛みはなくなることでしょう。

膣痙攣

膣痙攣とは、膣内に何か（指、ペニス、医師の検査器具など）を挿入しようとした時に、その女子／女性が膣口を完全に閉じてしまうことを言います。この時、一種の痙攣、つまり膣付近で骨盤底筋の強力な収縮が起こります。そして、その筋肉の収縮がかなり強力なために性交は不可能になります。

膣痙攣は、痛みを伴う腹部の病気（炎症、カタル、その他）が原因で起こることがあります。何かを挿入しようとする時、その痛みが理由で筋肉の収縮を引き起こします。病気が治癒した後でも、自分でコントロールできないような一種の拒否反応を起こすことも稀ではありません。

腹部の病気が原因でない膣痙攣は、その理由を解明したり、自分で治療したりすることが困難な奥底に潜む心理的なことが原因と考えられます。そんな時、あなたのホームドクターが治療を行うか、この種の問題に卓越した専門家を紹介してくれるでしょう。

初心者としての心配、不安感、妊娠への怖れ、その他の心配事が理由で女性に膣痙攣を引き起こさせます。多くの場合、これらの心配事によってセックスの喜びが台無しとなり、逆に、次のセックスに対する恐怖が芽生えてくることになります。これは、当然ながら膣痙攣が確実に再び起こるということを意味しています。カップルという関係においては、これは単に女性だけの問題ではなくなります。両者がその悪循環を断ち切るべく共に行動し、問題を解決しなければならないのです。

女性自身も、問題解決に向けて自ら努力することができます。それは、先にも述べたように、骨盤底筋を意識的に締め付けたり弛緩させたりする**締め付けトレーニング**（189ページ）を行ったり、慎重に1本の指、数回後は2本、最後は3本の指を膣に挿入する**オナニーの練習**（190ページ）を行います。カップルは性交禁止の約束をし（ここで、次回のセックスへの恐怖がなくなります）、すべての性行為を**愛撫トレーニング**に置き換えます。慎重にルールに従い、少しでも膣痙攣が起こりそうな気配があれば第3段階まではいかないようにします。

膣痙攣によってペニスが挟みつけられ、そのために抜けなくなってしまうという話はまったくのつくり話です。なぜなら、膣痙攣が起こるとペニスを挿入することが困難になってしまうからです。(1)

オーガズムの欠如

容易に早くオーガズムに到達する女性がいたり、それが困難な男性がいたりと様々ですが、通常、女子／女性は男子／男性よりも性行為の際にオーガズムに達するのには時間がかかります。

若い時には、大多数の男の子はズボンのなかが熱く、日に何度も勃起が起こります。淫らな考え、一つの裸体、あるいはやるせなさそうな視線だけでもそれは十分に起こります。また、チークダンスや熱いキスだけで射精してしまうこともしばしばです。

けれども、年齢と共に激しさや引火しやすい快感が減退していきます。そして、頻度の高い迅速なオーガズムの能力も減退していき、オーガズムを引き起こすためにはより長い時間にわたって、より集中的な愛撫が必要となります。女性の場合はある意味でその反対で、若い時に性行為や性交の際にオーガズムを得ないことがごく一般的です。女性がその状態になるまでには、通常、性的な刺激だけでなくそれ以上のものも必要とします。

（1） 実際には、ペニスが抜けずに救急センターで筋弛緩剤を使用した例もある。

身を委ねること

　オーガズムを得るということは、自らを解き放ち、身を任せて従順になることを意味します。身を委ねることによって、自らを捧げる相手に対して安心感、信頼、そして親しい感情を要求します。さらに、女性が妊娠や病気感染への怖れを抱かないことも必要ですから、確実な避妊が条件となります。

　大多数の女性にとって、性的な愛撫だけでは決して十分ではありません。自分を解放する勇気が出るまで、また欲望や情熱によって行動をするようになるまでには、相手との関係において感情面での近さや親密さが必要となります。

　たとえ性行為の際に女性がオーガズムに達しなかったとしても、快適で、得るものの多い好ましい体験である場合も十分あります。優しさ、肉体面と感情面での近さ、愛撫、そして楽しむこと自体が感情や愛情面において満足感や喜びを与えるものであり、女性がオーガズムに達していないからといって物足りなさを感じるとは限らないのです。

　ほとんどの女性は、好きで安心感を得られる男性と愛し合う時、すぐかどうかは別にして、その間にオーガズムを体験します。もしかしたら、毎回はオーガズムを得られないかもしれないし、時々かもしれません。オーガズムが性愛の一般的な部分になるまでに何年も要する場合があります。その代わりに、オーガズムを感じる頻度や快感の深さは年とともに増大します。ですから、人生も半ばを過ぎれば、女性と男性はオーガズムに関してお互いにうまく合い、足並みが揃うようになるのです。

　オーガズムに到達しにくい女性が、もし性愛が失敗したと感じたり、だまされたと感じたり、逆にオーガズムに達したという演技をして相手の男性をだましてしまったら、おそらく性愛生活におけるトラブルへと発展してしまうでしょう。

オーガズムの追求

　このような状態に陥ると、男性と女性が一緒になって、女性がオーガズムを得ることばかりを追求するようになるかもしれません。女性の方は、本で読んだり人から聞いたりした状態に達しようとして緊張したり、自らにプレ

ッシャーをかけたりします。一方、男性の方は、あらゆる技や知識を駆使してこすったり、摩擦をしたりしますが、結果的にはすべてが無駄に終わります。オーガズムは、求めれば求めるほど遠のいてしまうものなのです！

　オーガズムの欠如が女性にとって問題であるなら、次のように取り組むことができます。これは、女性と男性が一緒になって対処していきます。まず、女性がオーガズムを感じないのは彼女だけの問題なのか、それともオーガズムを「導いて」あげられないために男性の方も自らを下手だと思ってしまって落ち込んでいないかどうかの結論を下すことです。もし、女性にとってオーガズムを得られないことが問題でなく、現在のままの性愛がよいと思っているのなら男性にそれを伝えましょう。男性の方も同じく、現在の状態でよいと思っているのなら、女性がオーガズムを得られるかどうかということは何ら意味をもたなくなります。

見せかけのオーガズム

　女性が相手の男性を喜ばせようと思って、オーガズムを得たような振りをすることを「見せかけのオーガズム」と呼んでいます。

　もっていない感情をあるかのように見せかける行為は、問題解決のためには最も好ましくない方法です。それどころか、かえって問題が大きくなり、どんどん根深いものになってしまいます。女性が演技を遂行しなければならないと感じたら、オーガズムはいっそう遠のき、パートナーと一緒に過ごす喜びは減少してしまうでしょう。そして、女性は次第にオーガズムに達したという演技ばかりをすることになり、その役から逃れることが困難となるでしょう。

　もし、女性の方が性愛の後に何かが足りない、がっかりしてしまった、もしくは満足感がないと感じたなら、それを解決するべくカップルが一緒になって努力をしなければなりません。そして、2人でするべきこととは、オーガズムの追求の逆、つまりオーガズムの禁止です。

オーガズムに達することを禁じたトレーニング

　次の性行為から5〜10回ぐらいは、カップル双方がオーガズムで終わらな

いように約束をして下さい。これは、**愛撫トレーニング**（194ページ）や性交を禁止して行うのが一番ですが、完全にオーガズムを抑制して行うことも必要です。

女性が一人の時は、先に記述したように**締め付けトレーニング**（189ページ）や**オナニーの練習**（190ページ）を自分で行うことができます。これらのトレーニングは、カップルが第2段階まで行った時に愛撫トレーニングに生かせるでしょう。オナニーをした時に何が気持ちよかったかを表示したり伝えたりして、自分のパートナーに試してもらうのです。

トレーニングの最中は、オーガズムに達することは完全に禁止です！　とはいえ、男性に射精が起こってしまっても気にしないで下さい。トレーニングは予定通り続けます。

もし、規則が守られたら、女性はオーガズムの禁止から解放され、カップルは第3段階へと進むことが可能となります。

オーガズムに関する神話

オーガズムに関しては多くの神話が存在し、多くの女性達が自らのオーガズムは「正しい」ものなのか、もっと強烈ではないのか、またはもっと違ったものなのかと考え込みます。また、女性がオーガズムに到達するために、陰核、膣の内部、あるいはその両方のどこを刺激されたり自分で刺激すればよいのかということに関してもまことしやかなつくり話が存在します。そして、膣オーガズムとクリトリスオーガズムのどちらが最も的確または「最も深い快感」を得られるかについても、みんなが信じている根拠のない説がたくさんあるのです。

あなた自身の声を聞こう

愛や性愛においては、神話ではなく自分自身に耳を傾けて下さい。あなたは、何を心地よいと感じるのか、あなたのオーガズムはどのように感じられるのか、どこをどのように愛撫されるのが一番好きかなど、あなたに関する真実を見つけだして下さい。その真実は、どんな本をもってしても読むことはできません。

▶ 男子／男性の性的機能障害

男子／男性は体外に性愛の器官をもっているため、望むようにその器官が機能しない時はパートナーに対して隠すことができません。

若い人のインポテンス

男子／男性の最も一般的な性的不能はインポテンスです。ここでいうインポテンスとは、通常、男子／男性が勃起できず、性交が遂行できないことだと理解されています。

インポテンスはごく普通に起こるもので、若い時も稀ではありません。機能して欲しい時にペニスがストライキを起こすことを体験していない男性はごく少数です。大多数の場合、本質的なインポテンスについては話題にされず、行動不安の兆候、心配、パートナーの不安、あるいはその男子／男性が実際にはその時点で愛し合う欲望がなかったり、相手となった女性とではその気になれなかったりすることが問題にされます。

悪循環

もし、男性が初めてインポテンスを経験し、その状況をみっともないと感じたら、次にもまた同じような状況になるかもしれないという恐れを抱いてしまうことになります。そして、その恐怖心だけでインポテンスを引き起こしてしまいます。このように、男性は自ら悪循環をつくってしまうのです。

その男性が状況を多少なりとも把握していて、彼の絶望的な雰囲気に感染してしまわない女性と一緒にいれば、たいていの場合、勃起の問題は自然に解決します。もし、両方がその状況を笑い飛ばすことができ、「気にしないで、ペニスが嫌だと言うなら自由にさせてあげよう！」と言って楽しく過ごし続けることができれば、ペニスが頭をもたげるまでにさほど長い時間はかからないでしょう。

男性がインポテンスの状況をユーモラスな面から取り上げることが困難なら、口を開いてその状況を言って下さい。怒ったりして、何百ものまずい言い訳をしないようにして下さい。なぜなら、この言葉がまさにびっくり箱

なかにいるトロル（16ページ「インポテンス」の訳注を参照して下さい。）、つまりあなたを驚かそうとし、あなたが怖がっているものの正体だからです。箱を開けて、このトロルを外に出して下さい。そうすれば、このトロルはもう危険なものではなくなり、あなたはインポテンスを恐れる必要がなくなります。

治療

インポテンスの治療は、失敗への恐れを取り除くことが目標となりますので、よく理解してくれるパートナーが必要になります。多くの場合、そのカップルがインポテンスになった後の5〜6回は性交をせずに愛し合うという取り決めをし、男性が勃起してしまったとしても、その取り決めを破らないと厳かに約束することが必要です。それでも解決できないような場合には、愛撫トレーニング（194ページ）のプログラムに従ってゆっくりと進めていくことが必要となります。

高齢者のインポテンス

高齢となった男性には、インポテンスが性器の病気（動脈硬化症、神経の病気その他）の兆候が出る場合があります。ある種の薬剤がインポテンスを引き起こすこともありますし、飲酒癖がインポテンスの原因となる場合もあります。病気あるいは肉体的な衰え、疲労、ストレスなど多くの理由によって、長期的または一時的なインポテンスになります。また、夜または朝にも勃起しない、あるいは空想をしてオナニーをしようとしてもだめな場合は根本的なところにその理由があると考えられます。

インポテンスの男性とそのパートナーの性愛生活にとって勃起することが非常に重要な意味をもつのであれば（男性が勃起しなくても、充実した性愛生活を営むことのできるカップルもあります）、様々な形態の治療を行うことになります。こうした治療の場合、まず最初に医師のもとでインポテンスの原因を特定するための精密検査を行う必要があります。

早漏

　早すぎる射精を「早漏」と呼びます。
　男の子や若い男性が性的に燃え上がりやすく、簡単かつ迅速にオーガズムを得てしまうことはまったく正常なことであり、ごく普通のことです。ダンスの最中、戸口で行うさよならのキスの時、性戯の愛撫の時、性交の時（おそらくは性交の始まりの時）、あるいはすでにペニスが挿入途中にある時などに射精をしてしまう場合があります。
　若い男性が簡単に射精に至ることがごく普通であるのと同様に、若い女性にはオーガズムを得るまでに相当の時間がかかります。また、多くの女性においては、オーガズムを得ることを学ぶまでに数年かかることも普通です。

普通のこと

　若い男性が簡単にまた早期に射精してしまうのに対して、女性の方はしばしば長い時間がかかるか、まったくオーガズムに達しないケースが多いのが一般的です。これは自然なことです。
　いずれにしても、上に述べたようなオーガズムに関する男女の状況は両方ともごく普通のことです。そして、いつどちらがオーガズムを得るかということは、性愛生活の成功には何の意味ももちません。もし、女性がまだ性戯を続けていたいと思っている時点で男性が熱くなりすぎて性戯の初めや性戯に入ってすぐにオーガズムに達してしまったら、その男性は女性に対して大いに欲望を感じ、興奮している証拠なのだと善意的にとらえましょう。

休憩

　カップルが望むのであれば、10分から20分の休憩をとって下さい。その後、男性は多くの場合再び勃起します。休憩の時間は、硬くなったペニスを必要

（2）インポテンスの分類は、勃起機能は正常であるが、精神的な要因（心因性）や精神病などにより性交ができないものを機能的インポテンス、陰茎そのもの・神経欠陥・内分泌などの障害によって十分な勃起が得られず性交できない器質的インポテンスに大別される。（中略）器質的インポテンスは種々の原因による神経障害と血管障害によることが多い。（『現代性科学教育事典』より抜粋）

としない愛撫のために使うことができます。

多くの若い男性は、性交が始まってすぐに射精をしてしまいます。これは、性交を心地よいと感じ、まだオーガズムに達していない若い女性にとっては不満に思われるかもしれません。

タイミング

タイミングが悪すぎるということもあり得ます。もし、男性が女性を愛撫するのに十分時間をかけ、「こうしてほしい」と女性が意志表示するのであれば、また2人が、女性がオーガズムを得るか今にも得そうになるまで性交そのものを待つのであれば、タイミングが合わなくても問題にする必要はないでしょう。

どのぐらい長くお互いを愛撫しなければならないのか、そして女性がオーガズムに近づくためにはどのぐらいの時間が必要なのかは人によってかなりの差があります。10分かもしれませんし、1時間かもしれないのです。一番大切なのは、性愛のひと時をファーストフード店での食事のようにすぐに食べられるもの、つまりすぐにオーガズムが得られるもののように考えないでじっくりと味わうことです。

コントロール

たいていの男の子は、何でもコントロールをしたがるものです。女性がオーガズムを意識的にコントロールするのがかなり難しいことであるのに対して、射精をコントロールできるようにし、これによって性交を長引かせることはある程度可能です。この訓練は、**ストップ・スタート・トレーニング**（192ページ）のところで記述したように行います。できるだけゆっくりと性交を楽しみたいとお互いが望むなら、**ストップ・スタート・トレーニング**や**圧搾技法**（7ページ）で記述したようなトレーニングを一緒に行うことができます。粘り強くトレーニングすれば、よい結果を得ることができます。

射精ができない

若くて健康な男性に稀に起こるケースとして、射精ができないということ

があります。これは、性交の相手が変わった場合に分かります。あるいは、オナニーや相手による愛撫では射精ができるけれど、性交の時にはできないということもあるし、射精ができる時もあればできない時もあるかもしれません。また、性交時になかなか射精ができず、そのために女性が痛みを感じて性器がヒリヒリしたり、性交を苦痛だと感じてしまうこともあります。

　男性の射精を妨げる薬物は数多くあります。そのなかにはアルコールも含まれます。男性が泥酔状態の時に射精できないことはごく普通のことです。男性が射精できない場合や、射精までに時間がかかりすぎることがそのカップルの間において問題となるのだったら、2人で一緒に解決するようにしましょう。男性だけでは問題を解決することはできません。

治療

　射精ができない場合の治療は、**愛撫トレーニング**（194ページ）や男性側の完全な**オーガズム禁止**によって始めます（これらの治療の際に女性がオーガズムを得ても何の問題もありません）。

　愛撫トレーニングやオーガズム禁止の方法の第3段階以降からは、パートナーの女性は積極的な行動をとる側になります。女性は相手の男性の指示に従って、彼が射精しそうになるまで愛撫をしたり刺激をしたりします。挿入後に女性が性交の動きをし、同時に手でペニスの根元や陰嚢を男性がオーガズムを得るまで刺激します。

　しかし、射精できない原因が心理的なところにあり、治療が困難な場合があります。もし、状況が閉塞していて、カップルの性愛生活を崩壊させるような時は専門家の助けを借りなければなりません。ホームドクターのところに行けば、熟練のセクソロジストを紹介してもらえます。

▶ セックスにとって困難な状況

　人生の多くの時期において、そして、ある特定の状態においては、性愛生活や性生活上、特に困難が生じて2人の関係に問題を引き起こすことがあり

ます。日常生活における様々な出来事が理由で、自身やパートナーの性的欲求や能力を縮小させることがあるということ、そしてその結果、一時的あるいは将来にわたって愛の生活がほかの習慣のなかに埋もれてしまうこともあるし、感情を別の形で表現しなければならなくなったりすることもあります。大事なのは、そのことを明確に知っておくことです。

危機

　人生において危機に直面した時、人はなかなかそのショックから立ち直ることができません。親しい人を失った悲しみ、愛する人を失った悲しみ、2人の関係が崩壊した時、失望させられた心の痛み、愛する人に対する不安や嫉妬、仕事を失った時などの社会的な破局、親しい人や自らの病気の時に感じる恐怖、そして倒産などのような経済的な崩壊状態など、人生は空洞だらけです。そして、その空洞は底なしの沼のようにさえ思えてきます。

　しかし、必ず底はありますし、私達を再度光のなかへ押し上げてくれる道は存在します。「危機」とは「**ターニングポイント（転機）**」という意味です。そして、最悪の危機でさえ、人生における数々の新しい可能性、将来へ続く新しい針路への出口をつくってくれるのです。

　自身が危機や悲しみにぶつかっても、その時は乗り越えていくようにしなければなりません。それには、まず痛みを感じたことを素直に表現し、その痛みについて語ることが大切です。

　悲しみや危機の真っ只中にある時は、セックスや性への欲求はおそらく失せてしまうでしょう。性愛への欲求や性欲が再び戻ってくるまでには、数ヵ月あるいは数年という長い時間を必要とするかもしれません。カップルの関係において、一方または両方を襲う様々な形の危機が困難な負担となることは当然ですし、またそうなると2人の内で余裕のある方が相手を助け、自らを助け、カップルの関係をサポートするだけの忍耐や思いやり、そして理解が必要となります。

妊娠と出産

　妊娠および出産は、妊婦の身体と感情、さらに女性としてまた人間として

の自分への見方に大きな変化をもたらします。また、妊娠と出産は、これまでのカップル関係やお互いの感情に完全な転機が訪れることも意味します。

　女性のお腹のなかで順調に子どもが成育し、無事に誕生するように、２人の愛は次第に重心とその軸点を移していきます。以前は共に生き、すべての熱い感情や愛撫、そしてお互いの欲求だけを考えていたのが、これからは様々な関心事や注意および配慮が子どもに向けられるようになります。その子どもは、誕生すると同時に両親の人生や愛の新しい重心となったり今後生じるすべての中心となり、共に築いていく未来となります。

　ですから、この時期には性生活が困難になるかもしれません。それに対する説明のつく理由は多く見つかるでしょう。ただし、問題が起きた理由の説明がつくからといって、それらの問題を解決して乗り越えることが容易になるわけではありません。

妊婦

　妊娠中ずっと新しい生命が自分のなかに育っていることを感じる女性は、体内で起こっていることに対して自ずと全神経を集中するようになります。子どもをいとおしく感じ、かけがえのない生命に何か起こることを恐れます。お腹が大きくなるに従い、自分の身体が子どもにとって安全で守られた成育空間へと発展していくことを感じるようになります。そして、妊娠する前ほどには自らを性的な存在、つまり「女という性」としては考えなくなります。

男性（妊婦の夫）

　妊娠期全般にわたって、父親の方はこの間に起こる様々な出来事の中心からはずされ、自分が隅っこに押しやられてのけ者にされているように感じてしまうことがあります。ひょっとしたら、愛する人のお腹に嫉妬すら覚えるかもしれません。

　妊娠後期になるに従って、妊婦はセックスへの欲求が弱まっていきます。そして夫の方はといえば、蓄積された性的な緊張を感じて恥ずかしく思います。なぜなら、妻の気持ちをよく理解しているにもかかわらず、彼の気持ちはセックス以外の何物でもないからです。

出産後は、妊婦の膣や骨盤が回復するまでに少し時間がかかります。そして、子宮は依然として開口したままですし、出血もしています。出産前と同じような性的な欲望を感じるようになるまでには数ヵ月ぐらいがかかるかもしれません。

子ども
　小さな子どもが家族のなかにやって来ると、授乳、オムツの取り替え、睡眠不足、子どもの世話などによってこれまでの生活が完全に変わってしまい、セックスのことを考えたり、性欲を感じたりするだけの余裕も力もなくなってきます。それが理由で、子どもが誕生してからしばらくの間（おそらく、1年またはそれ以上）は女性が男性に比べてずっと性欲を感じなくなるのはごく普通です。同時に、夫の満たされない欲求を理解し、女性として、またパートナーとして行き届いていないと感じるかもしれません。

　先ほども述べたように、夫の方は自分の欲求を後ろめたく思うかもしれません。なぜなら、妻の拒絶の理由をよく分かっているのに、子どもの存在が理由で自分がのけ者にされていると感じてしまうからです。このような状態において、日常生活と感情と欲求をうまくかみ合わせることは必ずしも容易ではありません。そして、うまくかみ合わせるためには、多大な相互理解と受容力が要求されます。そしてここでは、互いが自分の気持ちに対して正直になり、その気持ち（欲望も失望も）を伝えることがいつも以上に大切になります。

父親の役割
　妊娠中に、夫は可能な限り妻の様々な検診や妊婦体操や新生児の世話に関するコースに積極的に付いていき、新生児の世話や子どもに対する責任の一部を積極的に担っていくことも大切なこととなります。そうすることによって、父親はスタート時点から子どもに対して対等な親としての役割を果たすことができます。つまり、単なる扶養者ではなくなるのです。

性愛

　この時期の性愛に関しては、相手を求める気持ち、つまり欲求に対して両方が率直になり、お互いに配慮をしなければなりません。それによって、両方が充足できるところに到達できるようにします。これまでとは違うやり方で愛し合わなければならないかもしれません。時には、抱き合うだけで満足したり、そばに横になって、優しい愛撫で自分の情愛や優しさを表示するだけに留めることも必要です。一方の愛撫が相手を満足させることがあるかもしれませんし、通常とは異なる方法によってお互いに満足することができるかもしれません。

　大切なことは、私達が疲れていたり余裕がなかったりした時に起こりやすい欲求不満や苦々しい気持ちを野放しにするのではなく、両方がパートナーへの優しさや愛情を表示するにあたって必要な力をもつように努力することです。

▶ ハンディをもつ人達

　自らがハンディをもっていると思う時、それは人生というドラマにおける共演者が私達よりもリードしている、もしくは有利な点をもっているのだと考えればよいのです。

　恋愛というドラマにおいて、私達はみな大なり小なりのハンディをもっています。言い換えれば、理想像（それは、私達が理想的なものだと思い込んだり、またメディアが理想像として供給したりするものです）に対して自分自身が不利な条件をもっていると感じることです。その供給される理想像よりも、太っていたり、痩せていたり、背が高かったり低かったりするかもしれません。あるいは、スムーズに話せなかったり、ひどい近視、若ハゲ、胸が小さかったりするかもしれません。人間に個性を与えているこうしたすべての些細な特徴が、ある人にとっては恋愛という世界から遠ざけられていると感じることになっています。つまり、その人達がほかの人に比べて不利な点をもっていると感じてしまうということです。

憧れと欲求

　なかには、深刻にこれらのハンディで悩んでいる人達がいます。彼らの多くが、もともと病気にかかっていたり、肉体または精神の欠陥が理由で他人との関わりが困難であったり、性欲や恋愛に基づく優しさや肉体的な接触への憧れを声に出して言うことが困難であったりする人達です。どんなハンディであるにせよ、ハンディをもっている人もほかの人達と同じように、感情面、性的な面において憧れや欲求をもっています。それがゆえに、深刻に悩んでしまうのです。

　残念ながら周囲の人達（健常者すべて）は、障害者の抱える困難な状況を必要以上に難しくしてしまいます。というのも、健常者は、会って一緒に時を過ごしたり世話をしたりするなかで現れてくる障害者の性的欲求を完全に無視しているからです。

セックスはタブー

　障害をもった人達を介護するうえにおいて、セックスというテーマについて話すことはあまり気が乗らず、どちらかというとタブー視されています。

　障害にはいろいろな種類があり、その程度も様々です。感覚（視覚、聴覚、触覚）に欠陥がある場合もありますし、身体の筋肉、骨、関節、神経系統が損なわれていることもあります。麻痺があったり、大なり小なり身体の部分に感覚がなかったりすることもあるでしょう。出産時において、あるいは事故や病気の後に脳に損傷が起きたかもしれません。そしてそれが、肉体の一部の機能を損なっていることもあるでしょう。知性や精神の発達を制限している精神的な障害なども、生まれつきの状況であることがあります。

　もし、私達が障害をもつ人達のために人生をより良いものにし、豊かなものにしようと考えるのなら、障害がもたらし得る性的な問題にも注意を傾ける必要があります。私達は、障害者が肉体的な接触ができるように手助けし、実践的に彼らの性的憧れや感情を満足させるための手助けをするなど、寛容でなければなりません。

　私達は、障害者が移動したり、食べたり書いたり読むために必要とされる補助器具を発明することよりも、もっと精神的なサポートのために私達の想

像力や創造力を使わなければなりません。性愛のための補助具（マッサージ器具、人工ペニス、人工ワギナ、勃起促進器具など）もありますが、もしやろうとする意志が存在するのであれば、それらの技術はより一層の発展を遂げることが可能となります。

自助への援助
　愛する方法には多くのやり方があります。そして、普通のやり方で行うことを妨げるような障害をもつ人達は、手助けや指導やほかの可能性に関するレッスンによって大きな喜びや恵みを得ることができます。例えば、私達は理学療法を使って治療します。それなら、セックスセラピーという治療法があるのですから、それも障害者のために利用するべきではないでしょうか。また、健常者が看護婦、作業療法士、理学療法士、医師、秘書、看護助手、清掃員を施設で雇用する時にマッサージ師も雇用してもいいのではないでしょうか。
　セックスと性愛は、多くの障害者にとっても大きな問題です。にもかかわらず、多くの場合、障害者の周りの人々はあたかもその問題が存在していないかのように振る舞ってしまいます。まるで、性的な感情をもっているのは健常者だけであるかのように……。

第5章 避妊－あなたの愛を守って下さい

デートを成功させるには次の三つが必要です。あなた、あなたの恋人、そしてあなたの思慮深さです。

愛を脅かすものは数多くあります。無関心さが招く冷淡な態度、思慮深さがないために愛が踏みにじられること、そして不安というものがもつ毒性です。

避妊は身を守ることを意味します。そして、恋愛生活において必要なことです。ですから、最初の段階から避妊を行って下さい。

望まない妊娠への不安や病気から愛を守らなければなりません。人生を設計し、夢を実現させるために、あなたの未来や様々な可能性を守らなければなりません。まだ生まれていないあなたの子どもが足手まといになったり、将来の計画が崩れてしまう原因となってしまうようであれば、それを防がなければなりません。子どもは、望まれ、歓迎される時にだけ生まれてくる価値があるのです。不安を感じることなく安心して愛の戯れを行ったり、あなた自身や恋人を探究することができるような状況を守らなければなりません。ですから、避妊について知り、どのようにその避妊を行うべきかを学び、そして実行しなければならないのです！

避妊は、性愛生活においても必要なことです。なぜなら、避妊によってあなたとパートナーは、不安を感じることなく共に時を過ごせるからです。

女性はどのようにして妊娠するのか

女性がどのようにして妊娠するのかということは、非常に簡単であると同

時に信じられないくらい複雑なものです。誰もが知っているごく簡単なことは、何らかの方法で精子が女子／女性の膣に入ることによって妊娠するということです！

　非常に単純で論理的で容易なことであるにもかかわらず、あまりにも多くの人が現実には忘れてしまっていることに驚かされます。

　それでは、どのようにして精子は女性の膣内に入るのでしょうか。可能性としては次の四つがあります。

❶男性が自分のペニスを女性の膣に挿入する場合、その時射精をしなくても、精子が膣内に入る可能性はいろいろとあります。挿入前の射精で放出された精子がペニスにくっついたままで、それが膣内に残留してしまうことがあります。ペニスが硬くなった時に出てくる潤滑液のなかに精子が混じっていることもあります。射精すれば、何百万という精子が放出されるのです。そして射精は、時にすばやく、また予期せずに起こります。

❷男性の指に精子が付着したまま、その指が女性の膣を愛撫する。

❸女性の指に精子が付着したまま、その指で自分の膣を愛撫する。

❹女性の太腿の間、ちょうど膣の前で男性が射精する。精子というのはタフで強靱な泳者なので、膣内まで到達してしまいます。

　避妊具を使って避妊していないのなら、女性の膣に男性のペニスから出た精子が入らないように注意しなければなりません。これは、いくつもの快適な方法で行うことができます。

避妊の規則Ａ（妊娠を避ける）

　避妊を行わないのなら、性交を伴わずに愛し合うだけにして下さい。愛し合うことと性交をすることは決して同じではありません！　もし、指に精子が付いたと思ったら少し休憩し、愛撫を続行する前に手を洗って下さい。

　では、どのようにして性交することなく愛し合えばいいのでしょうか？　男性のペニスが女性の膣に入ることを除いて、２人が望むすべてのことが許されます。

　オナニーをする時、空想や夢のなかから多くのアイデアを見つけてくるこ

とが可能です。欲求、好奇心、恋人へのいたわりの気持ちをもてば、様々なことがひらめくはずです。そして最後には、恋人が心地よいと感じることを見つけ出そうとするインスピレーションが湧いてくるでしょう。

性戯（ペッティング）

　性戯とは共に戯れることであり、自分や恋人の身体や欲求を探求することです。愛撫やキス、抱擁、優しい言葉や音で戯れることができます。2人で戯れ合ったり、自分自身と戯れたりすることもできますし、手や口や身体を両者が心地よいと感じることすべてに使うこともできます。それらの方法を、お互いや自身の喜びのために使えるのです。性戯とは、性交を伴わない性の遊戯です。

　性戯は心地よいものです。これによって妊娠することはありませんし、学ぶことも多く、役に立ちます。もしかしたら、男性の方は1回ないし数回のオーガズム、また女性の方もオーガズムを得るかもしれません。しかし、意味があるのはオーガズムを得ることではないのです。愛し合い、お互いに何かを発見する戯れや喜びが大切なのです。

　性戯は「ペッティング」とも呼ばれます。

▶ 避妊なしの性交は危険を伴う

　性交とはお互いにベッドを分かち合うことを意味していますが、この言葉は、性愛に関してはもっと限定された部分に用いられます。つまり、男性のペニスが女性の膣（あるいは、肛門性交では直腸）に挿入されることです。

　性交は、数ある愛し合い方の内のわずか一つにすぎません。そしてそれは、すばらしい性愛の重要な部分からはほど遠いものです。性戯が性交へと発展していく過程では、完全に理解しておくべきことがいくつかあります。

準備をする

　性交は、ただ起こるがままにしてはいけません。なぜなら、性交は妊娠を

引き起こすものであり、また病気を感染させる危険もあるからです。

　避妊具を使わない避妊法もいくつかありますが、それらの方法は非常に不確実なもので、十分な安心感を得るにはほど遠いものです。非常によく使われている避妊方法は「中断性交」と呼ばれるものです。

中断性交

　学術用語では「coitus interruptus」と言います。多くの若い（そして年配の）女性は、情熱的な恋人から享楽のひと時に「ちゃんと僕が気をつけるから」とささやかれることを体験しています。これは、ペニスを挿入しても射精する前に必ずペニスを引き抜くということを約束しているのです。おそらく、その男性は本気で言っているのでしょう。そして、その約束を守れると自分では信じているのかもしれません。

　しかし、その約束を守ることができない理由が数多くあります。男性は、とうてい自分ではその状態をコントロールできません。ペニスに少量の精子が付着していることもあれば、自分で気づかずに精子がもれ出てしまうこともあるからです。そして、決定的にダメなのは、彼自身が予期せずに射精をしてしまうことがあるということなのです。「あれれ、ごめんね！」と女性に言うかもしれませんが、その言葉が女性にとっていったい何になるというのでしょう。

　多くの若い人達は、ペニスを膣に挿入してから射精が起こるまでにどのぐらいの時間がかかるのかを明確に知っているわけではありません。

射精はいつ起こるのか？

　その答えは、「早い時は挿入した途端であり、時によっては射精が起こらない場合もある」となります。ペニスを挿入する途中で、あるいは膣内でわずかにペニスを動かしただけで射精をしてしまうのはごく普通のことです。一方、ほかの場合には数分かかったり、稀にまったく射精が起こらなかったりします。これには何の規則もありません。その時々に異なったり、相手の女性によって違ったりします。その時の状況や状態、情熱の強さ、飲酒など、実に多くのことに左右されるのです。

非常ブレーキをかけなさい！

　もし、あなたが男性で「気をつける」という約束をしているなら、また約束なしに女性の膣内にペニスを挿入させてしまったのなら、射精が起こるまでに必ずペニスを引き抜いて下さい。ただし、もしそんなことが実際の状況においてできるのならの話ですが……。望まない妊娠よりは、不満が残るせっかちな性交の方がましです。

　中断性交は、今までに述べてきたように確実な方法ではないのです。とはいえ、まったく何もしないよりはましでしょう！

リズムメソッド

　リズムメソッド＝「安全」期＝クナウスメソッド（Knaus Method）は、オーストリア人の医師クナウスの名前にちなんで付けられました。この方法を信じた人達の多くが望まない妊娠をしてしまったことを考えると、彼の罪は大きなものとなります。この方法は、妊娠のチャンス（あるいはリスク）が排卵期、つまり2回の月経のだいたい真ん中ぐらいの時期に最も大きく、月経中と月経後には最も小さいという事実から考えられたものです。

「安全」期は不安定

　完全に規則正しい排卵が起こる女性で、無計画な妊娠をしてもいい人であれば、この方法を必要な時に利用することができるでしょう。けれども、若い人にとってはこれはよい方法ではありません。なぜなら、一つには排卵が確実に一定していることが稀だという点、もう一つには排卵の時期を計算するためには、体温計や薬局で購入する用具を使って長い時間をかけて努力することが必要だからです。そして最後に、この方法がしばしば失敗している事実から、女性にはいつでも予期しない排卵が起こっていると言えるのです。

　たとえ月経と月経の真ん中の週に危険が一番高いとしても、避妊をしていなければ、どんな時でも妊娠する可能性があることを肝に命じておかねばなりません。安全期をうまくとらえようとすることだけに専念してしまうと、安心感や愛し合う喜びがを妨げられてしまいます。ですから、もしみなさんが避妊をせずに愛し合いたいと思うのなら、使える方法はたった一つ、つま

り性交をしない性戯しかないのです。

▶ STD

病気感染

　性交をするということは、同時に性感染症の危険を意味します。「第7章 STD－性感染症」を見て下さい。
　これは、主に性器の粘膜に生息するバクテリア、ウイルス、菌、その他の微生物によって引き起こされる感染症のことです。こうした感染症の多くは、さほど害がなく簡単に治癒します。しかし、梅毒や淋病は、適切な時期に治療しなければ長引いたり、深刻なものになったりすることがあります。さらに、エイズに対して配慮した上で恋愛生活を営む必要があります。エイズは困難な精神的、肉体的疾患を招き、不幸にも命を落とすことがあるからです。
　こうしたことが原因で愛は困難なものとなり得ますが、だからと言って退屈なものになる必要もまったくありません。病気に感染したくなかったら（もちろん、そうでしょう！）、次のような約束を守るべきです。
　揺るぎないカップル関係にある固定した恋人同士で、2人ともが健康であれば、お互いからの病気感染を恐れる必要はありません。新しいパートナーや、よく変わるパートナーとのセックス、浮気などにおいては「安全なセックス」の規則を守らなければなりません。

避妊をしない安全なセックス

　多くの性感染症は、性器、直腸、口中の粘膜の直接的な接触によって感染します。特定の性病は、一方の性器からもう一方の口および喉に伝染することがあります。例えば、淋病、梅毒、エイズなどです。大多数の性感染症は、キスしたり抱擁したり、愛撫したり、お互いの性器をマッサージあるいは愛撫することにとどめておけば感染することはありません。
　これに対して、もしお互いの性器を吸ったりなめたり（オーラルセックス）、性交したり、肛門性交をしたりすれば感染の危険があります。

避妊の規則B（安全なセックスの規則——妊娠と感染を避ける）

　新しいパートナーとの性愛、パートナーを替えての性愛、そして浮気の相手との性愛は、性交、肛門性交、オーラルセックスを除いてはどんな行為をしても構いません。もし、みなさんがこの規則を守らないのなら、コンドームを使用しなければなりません。それは、たとえ女性の方が別の方法で避妊を行っている場合でも必要です！

▶ 避妊具

　あなたが常に所持していて一番重要な避妊具と言えば、あなたの「思慮深さ」です。避妊法というものは愛する方法のことを言います。そして、それによって妊娠と病気の危険から自らを守るのです。それに対して避妊具というのは、性交を伴う愛し方を行って、子どもや病気になることを望まない場合に用いる用具のことを言います。

　避妊具には質のよい確実なものが数多くあり、みなさんはそのなかから選択することができます。ただし、同じ避妊具がどの人にとっても等しく適切であるとは限りません。おそらく、あるカップルのある状況で最良とされる避妊具でも、別の状況または別のカップルの間ではほかの避妊具が好まれることもあるのです。

　大切なことは、みなさんの恋愛生活において、あなたと恋人に必要な安心感と喜びを与えられるような避妊具を見つけることです。よい避妊具の条件は以下のようなものです。

避妊具に要求されること
❶ 性交中に女性または男性が心地よいと感じるのを妨げない。そして、性戯に使われても構わないもの。
❷ 性交の前後と最中に、妊娠と病気を防いで安心感を確実にする。
❸ 副作用があったり、使用者に病気を引き起こしたりしないもの。
❹ 使い方が簡単なもの。面白く、楽しんで使えるとなおよい。

❺どこへでも持っていけるもの。
❻高価すぎないもの。

　以上、すべての要求を満たす理想的な避妊具はありません。それぞれの避妊具に長所と短所があります。選ぶ時には、どのような要求を満たすことをあなたが最も重視するか考えて選んで下さい。異なった状況で、それに合わせた様々な避妊具を使う必要も出てきます。正しくさえ使えば、すべての避妊具はその目的に従って機能し効果を発揮します。思慮深さをもって愛し合うこと以上に、技術的、化学的、医療的に優れた方法はありません！

責任

　それでは、責任は誰にあるのでしょうか？　それはあなたにもあり、あなたのパートナーにもあります。しかし、パートナーが自分の責任を自覚しているかどうかについてはあなたには決して分かりません。この場合、あなた自身の思慮深さを信頼することが必要となってきます。

　愛情に満ちた抱擁が望まない妊娠という結果に終わってしまった時、貧乏くじを引くのは女性です。変化が起こるのは女性の身体のなかですし、恐れを感じたり非難を受けたりするのも女性なのです。

　性戯がある程度進んだ段階で性交になるかどうかを決定するのが女性の権利ですし、その避妊方法が十分で安心感を与えるものであるかどうかは女性の決定にかかっているのです。もし、その状況で安心感がないと感じたら、「ノー」と答えるべきなのは女性なのです。

　一方、病気感染に関しては、男性は女性と同様にその危険にさらされています。そして、当然男性の方が、安心感が得られなかったり、その気がなかったりした時の行為に対して「ノー」と言える権利をもっているのです。

▶ コンドーム

ゴム、フレンチレター、コードン(1)、レインコート、長いフランスバゲット

など、数多くのニックネームがあります。コンドームは薄く、強力なゴムのカバーで、ペニスが硬くなった時に（そうでなければ装着できません）上から下に向けて被せます。

コンドームの長所パート1

コンドームの長所はたくさんあります。もし、複数の性的関係をもっていた場合、コンドームはほかに勝るもののない最良の避妊具です。また、たとえ相手の女性が別の形態の避妊具を用いる場合でもコンドームは使うべきです。なぜなら、コンドームは妊娠とエイズの感染を確実に防ぐ唯一の避妊具だからです。

コンドームは、あなたの性愛生活上の初期において、性愛が一定したリズムで定期的に行われるようになるまでは最も適切な避妊具です。コンドームは、初めての性交の時には最適なものなのです。

コンドームの長所パート2

コンドームは、薬局、キオスク、ガソリンスタンド、スーパーマーケット、自動販売機など、どこでも購入することができます。子ども、高齢者、女の子、男の子など、誰でもコンドームを買うことができます。

コンドームは、女の子のかばん、ポケット、日記のなかなどどこでも収納ができ、さほど場所をとりません。また、飲み込んだりしない限りは無害なものです。

女の子がペニスに装着するのを手伝うのなら、コンドームは男の子の性器をより良く知る絶好の機会を与えます。コンドームはペニスの敏感さを少しだけ抑えるので、男性の射精を遅らせることにもなります。それを残念に思う人はまずいませんし、大多数の人はそれを長所と考えています。

それぞれの好みに合ったコンドームがあります。様々な色がついたものや、溝やつまみがあったりなかったりするものもあります。また、「精液だめ」があるものとないものがあります。精液だめとは、コンドームの先端に付いている、精液を集めるためにつくられた小さな出っ張りのことです。コンドームは、溝、縞模様、精液だめがあるなしにかかわらずどれも効果的です。

コンドーム

　これらの様々なバリエーションは、性生活に少し変化をつけるようにと考えられたものなのです。
　コンドームのなかには、クリーム（潤滑剤）が塗布されたものもあります。このクリームは、同時に精子を殺傷する働きがあります。クリームが塗布されていることは長所であるかもしれません。なぜなら、クリームはペニスが

（1）　交通遮断線、立ち入り禁止線の意味。

第5章　避妊－あなたの愛を守って下さい　227

膣に挿入されるのを容易にするからです。さらにクリームは、特定のバクテリアやウイルスのタイプ、特に HIV（エイズウイルス）を阻止する働きをします。クリームの塗布によって、コンドームの確実性は増加されます。

下手な言い訳

　確信がもてなくなると、男の子は超スマートな外見の下にその不安な気持ちを隠すことになります。恋愛生活が男の子にとって目新しいものである間は、探究すべき時間が必要な多くの新しい感情が芽生えますし、ちょっとした不安も生じます。自分は十分に優れているだろうか、うまくやれるだろうか、正しいやり方でやっているだろうか、彼女はこんなふうにするのが好きだろうか、などです。

　上記と同じように、男の子がコンドームをいざ使う時には、多分次のような不安が生じてくることでしょう。
「どうやって付けるか？　いつ着けるのか？（服を脱ぐ前か後か、愛撫する前か後か）もし、ぎこちなくコンドームをいじったりしてみっともなく見えたりしたらどうしよう？　着ける時には彼女に背中を向けるべきか、それとも彼女の鼻先に座ってこいつを被せるべきなのか？」

　最初の性交の時、コンドームを使用しなければならないと考えただけで多くの少年が不安になります。それを隠すために、「レインコートを着てしまったら、雨に濡れたかどうか分からないじゃないか」とか、「耳栓をしないでコンサートへ行くのが一番だ」などという分かったような生意気なことを言ったりすることがありますが、それはさほど不思議なことではありません。練習さえすれば、そんな彼らでも達人になれるのです。

使う練習をして下さい

　コンドームに関する限り、遊び感覚で使えるようになるまでにはさほど時間はかかりません。一箱買って練習してみて下さい。
　男の子は、硬くなったペニスで練習できますし、女の子は適当な大きさのニンジンを使えば練習できます。カップルの場合は、男の子のペニスで一緒

に練習することができます。ただし、それは性交へ至る前にしなければなりません。仮に失敗しても笑ってすませましょう。そして、再度チャレンジして下さい。

　もし、男の子の方が深刻に考えてしまい、失敗するのを恐れたり、「あなたが世界で一番よ」というパートナーの期待に応えられないのではないかと不安に思ってしまったら、彼のペニスは一瞬にして欲望と硬さを失ってしまうでしょう。言ってみれば、ペニスがストライキを起こしてしまうのです。

　しかし、これは恥ずかしいことでも誤ったことでもありません。逆に言えば、まったく正常なことなのです。それを正直に認める人はごくわずかもしれませんが、男の子はみんな、遅かれ早かれこのような状況に陥ります。そんな時は、少しリラックスして、事態をユーモラスにとらえればよいのです。大多数の女の子が、萎えて柔らかくなったペニスはかわいらしいと思うものです。決して、心地よい時間を過ごしていることを忘れないで下さい。

　ペニスに要求するのを止めた途端、再び遊戯の仲間に入れてもらおうとペニスは頭をもち上げるのです。だから、いろいろと心配したり言い訳をしないで、必ずコンドームを使用して下さい。

コンドームの使い方

　コンドームは以下のようにして使います。

❶もし、膣への挿入前に射精をしてしまい、ペニスに精子が付いていたら、コンドームを着ける前にペニスと手を洗わなければなりません。そうでなければ、コンドームの外側に精子が付いてしまうことになります。

❷膣に挿入する前に、硬くなったペニスにコンドームをつけます。ペニスの膣への挿入は、2人で丹念に愛撫をしてから行います。そうすれば、女性の方は十分に興奮して入りやすくなるからです。

「コンドームなしでちょっと試してみるか」ということは絶対にしないで下さい！　もし、女性への挿入がきつくてできなければ（最初、女性によくある状態です）、クリームを塗布したコンドームを用いるか、コンドームを装着したペニスにクリームまたは食用油を塗るのもよいでしょう。また、男性

の方がゆっくり少しずつ、慎重に女性のなかへ入っていくことも大切です。

ごく稀にコンドームが破れてしまうことがありますが、それは通常、男性が情熱的すぎて、さかりのついたヤギのようにペニスを用いるからです。

コンドームの装着

コンドームは次のように装着します。まず、パッケージを開けて、どちらに被せる方の口が開いているのかを確認して下さい。そして、コンドームに精液だめが付いている場合は空気を押し出して下さい。次に、陰茎から包皮をむいて下さい。亀頭にコンドームを被せ、包皮を少し押しのけてからペニスの根元までコンドームを被せて下さい。

ほとんどのパッケージに、コンドームと一緒に使用説明書が入っています。仮に説明書を忘れても、とりあえず着けてみて下さい。

男性に射精が起こると、精子はコンドームのなかに溜まります。精子が漏れないようにしなければなりません！　射精後、ペニスは弛緩しますので、ペニスを抜き取る際には、ペニスの根元とコンドームの両方を指で持ちます。そうしなければ、コンドームがずり落ちて女性の体内に精子が残留してしまうことになります。

コンドームは1度しか使用してはいけません！　使用後は、口のところをしっかりと結んでごみ袋に捨てます。

エイズや性感染症を防ぐコンドーム

「コンドームは、エイズやそのほかの性感染症を予防します」

これが、もしみなさんが一定の（そして誠実な）恋人以外の人と性交をする場合に常にコンドームを用いなければならない理由です。また、女性が男性のペニスにキスしたり吸ったりするのなら（オーラルセックス）、同じくコンドームを使わなければなりません。そして、あなたがホモセクシュアルの男性なら、オーラルセックスまたは肛門性交をする時には当然コンドームを使わなければなりません。

コンドームは、あなたの恋愛生活において重要かつ自然なものです。使う日がやって来るまでにコンドームについての知識を得、コンドームと親しく

なっておいて下さい。その日は、大多数の人にやって来ます。ひょっとしたら、コンドームは傘のようなものかもしれません。持っていくのを忘れた日に限って必ず雨になるのです。

▶ 殺精子剤

　これは、医師の指示や処方箋なしに薬局で購入できます。これらの薬剤は、精子を殺す成分を含んでいます。

効能

　多くの殺精子剤は精子を殺す成分を含んでいますが、いかなる性病も防ぐことはできません。しかし、最低でもコンドームと併用することによって確実性を増すことだけは知っておくべきです（コンドームのなかには、精子を殺す働きをするクリームを塗布したものがあります。それは、パッケージを見れば分かります）。

　殺精子剤を正しく使うことによってかなりのレベルで妊娠を防ぐことができますが、だからといって100％ではありません。コンドームを併用することによってその確実性を増大させることができます。また、殺精子クリーム（ペッサリークリーム）は常にペッサリーと共に使います。

クリーム

　殺精子クリーム（ペッサリークリーム）はプラスチックの注入器（薬局で買えます）に入れて、膣のずっと奥の方、子宮口の前で押し出します。押し寄せてくる精子に対してバリアを築くのです。ただし、毎回、性交の前に新しい分量を注入しなければなりません。

泡剤（フォーム）

　殺精子フォームは、スプレー缶に入った形で買うことができます。これは、髭剃り用のフォームと同じような感触と外観をしています。スプレー缶の中

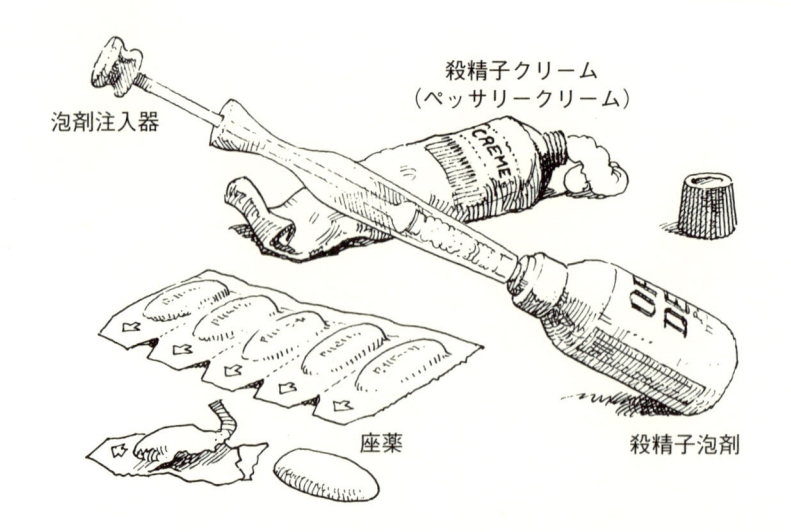

身をプラスチックの注入器に入れ、性交の前に膣の底の方に注入します。効果は1時間ほどですから、愛撫がそれまでに終わらなかったり、新たに性交を始めたりする時には再度注入しなければなりません。

座薬

　ピストルの弾に似た殺精子座薬（膣座薬）は、膣の上部に挿入することによって溶解し、子宮口の前でバリアになるように付着します。座薬は溶解するまでに少なくとも10分はかかるため、挿入してから10分間は忍耐強く待たなければなりません。また、座薬も1時間ほどしか効果が持続しませんので、性戯の時間がそれ以上に伸びたり、再び性交をしたいと思ったりしたら新しいものを挿入する必要があります。

練習が大切

　ここでもまた、練習がみなさんを達人にしてくれます。女性の方が、1～2回使って試してみることが望ましいでしょう。そうすれば、クリーム、フォーム、座薬のどれを用いるかにかかわらず、使用過程を熟知することができるようになるでしょう。

　これらの殺精子剤を男性も一緒に挿入したいと思うかもしれませんが、や

はり女性自身が行うことが最良です。正しい位置に挿入できたかどうかが一番よく分かるのは女性自身だからです。

これと反対に、町へ繰り出す時、今度はその男性自身が入念な準備をしておかなければなりません。コンドームと座薬の両方を持参することは簡単なことですが、次のことを忘れないで下さい。座薬は体温で溶解しますから、絶対に内ポケットに入れてはいけません。

殺精子剤の長所

殺精子剤は、医師の指示なく、誰でも薬局で買うことができます。そして、使用が簡単な上、どこへでも携帯できます。また、初めての性交の時から使うことが可能です。さらに、コンドームとの併用によって安全性を増大させることができます。

無害なので、口に入ったとしても安全です。ただ、その味については保証しません。

価格と短所

座薬は、高価なものではありませんが、クリームとフォームはかなりの金額になります。そして、先ほども触れたように、座薬の方は内ポケットのなかで解けてしまうので、座薬を携帯して町へ出かける時にはカバンが必要になります。

確実に妊娠を防ぐには、これらを組み合わせて使う方がよいでしょう。非常事態の時は例外ですが、たとえどれか一つでも使用しましょう。なぜなら、何もしないよりははるかにましだからです。

副作用

副作用のあることは稀で、もしあったとしても危険なものではありません。
使用の翌日に、膣内のおりものが増加する女性もいます。また、座薬を使う時、(溶解している間に)膣内が熱く感じられる女性もいます。それを不快に感じる人もいれば、心地よいと感じる人もいます。

稀に、殺精子剤に添加されている香料や保存料に敏感に反応する女性ある

いは男性がいます。この時には、性器が染みるように感じたり赤くなったりしますが、数日後には自然に消えてしまいます。その間、非常に不快な思いをするかもしれませんが危険はありません。ただし、もしこのような状態になってしまったら、ほかの避妊具に換えた方がいいでしょう。

▶ ペッサリー

ペッサリーは、「アルペン帽」、「サマーハット」、「レインハット」などと呼ばれます。ニックネームが示すようにペッサリーはゴムでできた小さなお碗型のもので、伸縮性のある輪にそのゴムの部分が張られています。

ペッサリーの使い方

ペッサリーは、正しく機能させるために殺精子クリーム（ペッサリークリーム）を縁とお碗の底に塗ります。その後、細く押しつぼめて膣に挿入します。そうすると、ゴムのお碗が子宮頚部を覆います。

これは、女性が自分で装着するようになるでしょう。キューピッドが空中に漂っていると感じる時（つまり、性交に至りそうな予感の時）は、十分に余裕をもって家から装着していくことができます。もちろん、性戯の直前、または性交に至る前の性戯の最中に装着することもできます。

性交後は、除去するまで少なくとも6時間は装着したままにしておきます。もし、それ以前に除去すると、膣内にまだ生きている精子が残る可能性があるからです。また、もし続いて何度も性交を行うような場合は、毎回ペッサリークリームを膣の底に塗布する必要があります。

ペッサリーは、手前のゴムの縁を少し引っ張れば簡単に膣から取り除くことができます。水できれいにすすいで、付属の箱に入れて乾燥させれば次回にまた使うことができますし、1年またはそれ以上の保管が可能です。

価格

ペッサリーの価格は映画の切符でいえば7、8枚分です。それに加えて、

ペッサリー　　　　　　　ペッサリーの挿入法

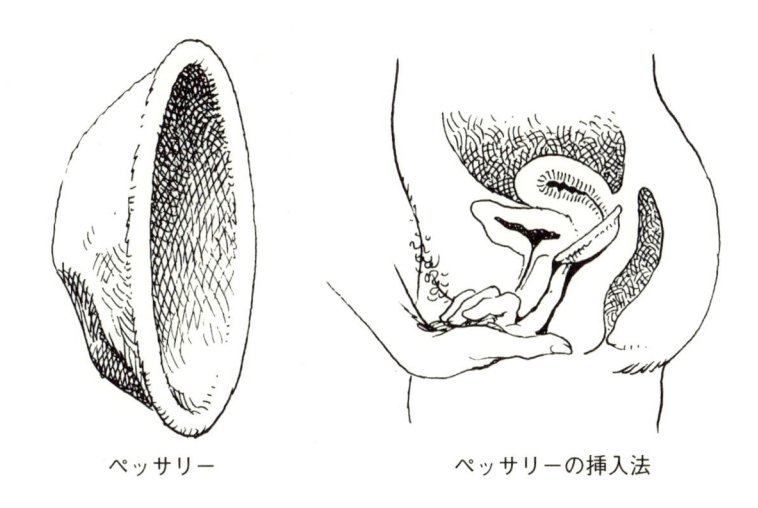

少量しか使いませんが毎回ペッサリークリームの経費が必要となります（次ページのコラムを参照して下さい）。

ペッサリーの長所
　ペッサリーは妊娠をかなり確実に防ぎます。病気感染に関してもある程度防ぐ機能をもっています。また、危険がほとんどありません。
　ペッサリーは、女性に自身の身体を知るきっかけを与えることになります。女性のなかには、自分の性器をいじくり回すことに嫌悪感をもっている人がいますが、ペッサリー法だと直接自分の性器に触れざるをえないので、性器をやたらに触ってはいけないという固定観念をもっている人の場合はそこから抜け出すのに役立ちます。
　ペッサリーを装着して性交を行っても、着けていない時と比べて女性は特別何の違いも感じません。

ペッサリーの短所
　友達のペッサリーを借りることはできません。どの女性も皆、膣の幅や深さなど内部に様々な違いがあるので、自分用のペッサリーをつくらなければなりません。そのためには、医師のもとに行くことが必要となります。医師

は、様々な大きさのゴム環を基にしてどのサイズにするかを決定します。この時、同時にあなたは腹部検診を受けることになりますので、ほかの箇所も含めて正常であるかどうかが分かるのです。その後、挿入方法も教わりますが、この検診にはまったく痛みを伴いません。

　ペッサリーと付属の殺精子クリームは薬局で購入できます。もし、何か不安があれば、家から装着していって正しく装着されているかどうかを医師に診てもらうこともできます。要領が分かってしまえば、自然とうまく着けられるようになります。

ペッサリー

日本の場合：
日本ではコンドームを中心とした避妊法が主流で、ペッサリーは年々使用率が低下したために1995年に製造中止となった。その後、全国の助産婦などからの強い要望があり、1998年に社団法人の日本家族計画協会が発売元となって株式会社サンテックスが製造を開始し、「FPペッサリー」の商品名で販売されている。価格は1個税込みで7,350円となっている。問い合わせ先は日本家族計画協会。

　また、受胎調節指導員から購入する場合は、ペッサリーが2,500円程度で、指導料が5,000～8,000円ぐらいかかる。クリニックや病院を通じて購入する場合は、診察料が5,000円～1万円程度。（保険適応外）

　ただし、ペッサリーは国内ではほとんど使われていないのが実情だという。

（資料：www.members.aol.com/Toramomo、www.5f.biglobe.ne.jp/yuandme）

デンマークの場合：
　ホームドクターや産婦人科医のもとで自分に合ったサイズを測定したり装着の指導を受け、薬局などで購入できる。ペッサリーだけでなく殺精子剤も併用することがすすめられている。価格はペッサリーが425クローネ前後、殺精子剤が60クローネ程度である。ただし、最近では日本と同様、ペッサリーを使用する女性が少なくなっているといわれる。
（資料：www.sexlinien.dk　若者向けの性に関するページ。アルファベット順で様々な情報が掲載された事典などを見ることができる。「ペッサリー」の項では、価格以外にも詳細な情報が得られる）

ペッサリーとクリームのチューブは、カバンのなかで少々場所をとります。また、ペッサリーは最初の性交の時に用いることはできません。⁽²⁾

▶ フェミドーム

　これは新しい避妊具で、デンマーク人看護師と医師のカップルによって発明されました。フェミドームは、コンドームとペッサリーの機能を兼ね備えた避妊具です。これはゴムのサックで、この上に外側のリングがついています。女性の膣内に挿入されると、外側のリングが膣の大部分を覆います。この後、緩いゴムのリングをフェミドームの内部に挿入すると膣内に固定されます。

　フェミドームは、コンドームのように1回きりしか使用できず、再び用いることはできません。⁽³⁾

確実性は未知

　望まない妊娠や性感染症（エイズなど）に対する予防の効果は大きいとされるものの、まだ明らかではありません。この方法が、使うのに簡単で価格が安く、若い人向きかどうかについてはさらに疑問が残ります。

▶ Pークッション（避妊クッション）

　これは、デンマークでは新しい（1990年の時点）避妊具ですが、ほかの国々では何年にもわたって使われてきました。⁽⁴⁾

（2）処女の場合は、ペッサリーの使用が可能なだけの膣の広さがまだないことや、性交の経験がないために装着することに困難が伴うことが多くあまりすすめられない。
（3）「マイフェミィ」（大鵬製薬）は2004年3月に販売が終了した。しかし、ネット通販などでは取り扱っているところもあるようだ。
（4）日本では使われていない。

第5章　避妊－あなたの愛を守って下さい　237

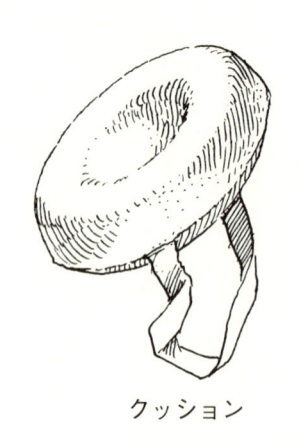

避妊クッションは、殺精子クリームで満たされた小さなスポンジです。このスポンジを濡らして、性交へ至る前に膣の底に挿入します。そうすると、そこでこのスポンジが子宮頚部の手前で一種の殺精子機能をもった栓の役目するのです。性交後、このスポンジは少なくとも 6 時間そのままにしておかなければなりません。これは使い捨ての避妊具ですから、膣から除去したら捨てて下さい。

クッション

確実性は未知

　妊娠を防ぐことに関しては、殺精子剤のみ用いるよりも確実性は高いと考えられています。また、病気感染も防ぐ可能性があるとされていますが、それについてはまだ未知です。

▶ 子宮内避妊器具（IUD、通称リングと呼ばれている）

　これは、T字形や数字の 7 の形、あるいは馬の蹄鉄の形をしたプラスチックの器具です。これらの周囲には、ごく細い銅の糸が巻き付けられています。そしてこれは、医師によって子宮腔内に装着されます。受精卵が子宮内膜に着床しないよう作用し、妊娠が進展していかないようになっています。

　IUD から下がっている細いナイロンの糸は、子宮口の外に突き出ます。この糸を使って（指で子宮頚部を探ります）、女性は IUD が正しい位置に固定されていることが確かめられるのです。医師は、腹部検診（内診）の時に糸が見えるので、それを引っ張ることによって除去ができます。

　種類にもよりますが、IUD は 3 年から 5 年ぐらいが有効期間です。それ以後は、効果が低くなりますので交換が必要です。

IUD の長所

いったん IUD が装着されると、女性は一定して妊娠を防ぐことができます。そして、性戯や性交の時の喜びや快感を妨げませんし、避妊効果は非常に高いです。しかし、病気感染を防ぐことはできません。

価格

価格は、特に高いものではありません。デンマークでは、ホームドクターのもとでの装着は無料ですが、IUD の価格そのものは自分で支払います。効果は 3 年から 5 年持続します。

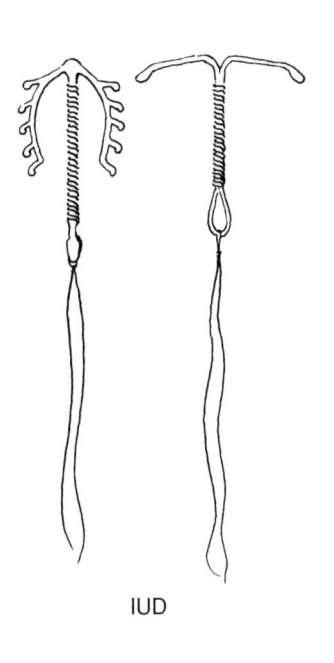

IUD

多くの短所

残念なことに、数多くの短所があります。まず、IUD の装着には痛みが伴います。特に、出産経験のない若い女性の場合は、子宮に装着する瞬間に痛みを感じます。そして、多くの女性は、装着してから子宮が IUD に慣れるまでに数日間は月経痛に似た痛みを覚悟しなければなりません。

複数の副作用

副作用も頻繁に起こります。使用者のほとんど全員が、使用していない人に比べて月経時の出血量が多くなります。その上、月経期間が長くなる人もいれば、月経と月経との間に少量の出血がある場合もあります。そうした状況がひどく、IUD を除去しなければならないというケースも多々見られます。

若い女性の場合は、IUD の使用によって腹部に炎症を引き起こしやすくなります。最悪の場合、それはのちに妊娠するのが難しくなったり、不妊になったりすることを意味します。そして最後に、子宮外妊娠の危険を多少増加させることもあります。

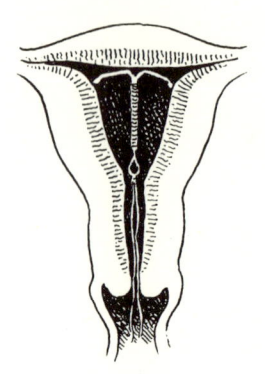

子宮に装着された
IUD

性感染症を予防しない

　IUD は性感染症を防ぐわけではありません。しかし、IUD は簡単で値段も比較的安く、避妊効果が高いものですから、一人あるいは複数の子どもを出産したことのある女性で、安定した関係をもっている人にとってはよい避妊具となります。

　IUD は、月経時に出血の多い女性や腹部に炎症を起こしやすい女性は使えません。また、出産経験のない若い女性にも適切ではありませんし、性感染症は防がないためにパートナーをよく交換している女性が使う唯一の避妊方法としてはそれほど効き目がありません。

　IUD を装着している女性が浮気をする場合は、エイズなどを防ぐためにコンドームを用いるべきでしょう。同じことが、彼女の恋人あるいは夫についても言えます。

子宮内避妊器具（IUD）

　リングに（IUD）には、以下の２種類がある。
❶銅付加 IUD──プラスチックの管に銅線が巻き付けられているもの。銅は子宮頸部の環境を変えるため、精子の動きが鈍くなる。また、子宮内膜が変化し、受精卵が着床しない。
❷ホルモン IUD──ゲスタゲン（黄体ホルモン物質）を放出する。ゲスタゲンは子宮内膜を妊娠に不適切なものにする。

　IUD には様々な形やサイズがあるが、T字型のものが最もよく利用されている。銅製のものは98％の避妊率であるが、月経量が増加する。ホルモン IUD は99％の避妊率で、多少の不正出血が起こる。

　現在では、出産経験のない少女／女性でも利用できるサイズの小さなものができている。価格は、銅製リングが240〜270クローネ、ホルモンリングは1025クローネぐらいである。最初の半年以内に除去しなければならなくなった場合、購入時のレシートがあると価格の50％が返還される。
（資料：www.sexlinien.dk）

▶ ピル（経口避妊薬）

　ピルは、人工的に製造された女性ホルモン（エストロゲン＝卵胞ホルモンとゲスタゲン＝黄体ホルモン作用を有する物質の総称）を錠剤にしたもので、腸に吸収され、血液中に運ばれて身体全体を循環します。

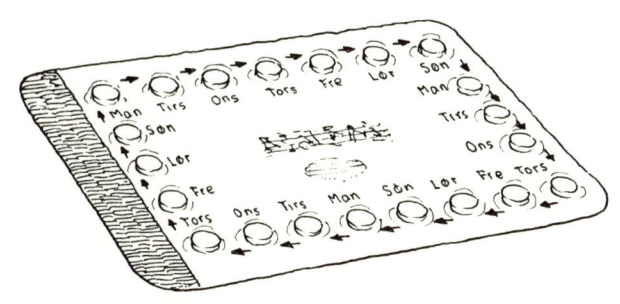

カレンダー式のパッケージに入ったピル

作用

　血液中にあるピルの人工的な性ホルモンが脳下垂体から分泌されるホルモンに代わって働くことで、排卵抑制作用をもたらします。それによって、性腺刺激ホルモンを分泌する**脳下垂体**と女性の卵巣との間のバランスが崩されます。その結果、その女性に排卵が起こらず、妊娠することができなくなります。

　ピルの使用は、器官全体にうまく保たれているバランスを崩すことになりますから、ただ単にちょっとした錠剤を服用する程度のこととはわけが違うのです。人工ホルモンは、脳下垂体や卵巣の機能に影響を及ぼすだけでなく、身体全体にも影響をもたらします。

ピルの副作用

　ほとんどの場合、副作用は稀であり、またあったとしても軽いものです。けれども、頭痛がしたり、気分が悪くなったり、吐き気がしたり、めまいを起こしたりする傾向が多くなる人もいます。また、機嫌が良くなったり悪くなったり、性欲が減退したり増大したりもします。そして、大多数の人は１

第5章　避妊－あなたの愛を守って下さい　241

〜2キロ体重が増えることを覚悟しなければなりません。(5)それ以上の増加があった場合は、ピルのせいではなくて食習慣のせいです。

　ほとんどの副作用は通常一時的なもので、ほとんどの女性がそれをあまり感じないで過ぎてしまいます。

危険性

　ピルを使用することの危険性は時々新聞などのメディアで議論されており、それが理由で使用している女性に疑心や不安を起こさせたり、考え込ませるきっかけにもなっています。ピルは、世界中で何百万人という女性が使用しており、最もよく調査されてテストされた医薬品タイプの一つですから、使用することが未知の脅威をはらむという危険はありません。

　唯一、35歳〜40歳の女性で、同時にヘビースモーカーの人には血栓症を起こす確率が高いと言われています。一方、若い女性の場合は、その危険がほんの少ししかありません。

　もし、ピルの危険性を日常におけるほかのこと、例えば交通事故、妊娠、出産、そして中絶したりすることと比較するなら、その危険性はかなり小さなものです。ただ、ピルを使用した後で、自分の自然なホルモンバランスや月経を取り戻すことが難しくなる女性も何人かいます。ですから、ピルを使い始めるまでに、少なくとも1年間は定期的な月経が起こっているかどうかの確認が重要となります。

　以前は、ピルによる治療をする場合、その効果や副作用について不安があったために途中で休止期間をとることがすすめられていました。しかし、今ではその必要はないと考えられており、いったん使用を開始してからは、妊娠を望むかピルをほかの避妊具に変えない限り使用を続けることが可能です。

　ある特定の病気は、ピルを使用することによって悪化したり再発したりすることがあります。例えば、糖尿病、肝炎、代謝異常症や血圧症などです。そのため、ピルの使用を開始する前に医師と相談したり、検査を受けたり（尿検査を忘れずに）することが必要となります。

　絶対に、あなたのお母さんや友達からピルを借りてはいけません！

ピルは処方箋が必要

ろくに診察もせず、腹部検査も行わないで処方箋だけを渡す医師もいます。こんな医師の言うことを聞いてはいけません！　ピルの使用を始める前に必ず検査を依頼して下さい。もし、拒否をするようであれば別の医師を探して下さい。

あなたの健康状態や病気について、またあなたがピルの使用をできない場合などについて日頃からよく知っている自身のホームドクターにかかるのが一番です。仮にホームドクターでなくても、デンマークでは県の妊娠予防クリニック（電話帳で**クリニック**の項を見て下さい）があるため、そこでも検査や処方箋が受けられます。

多くのブランドがあるピル

市場には、たくさんのブランドがあふれています。その多くはまったく同じ成分ですが、様々な製薬会社や工場によって製造されたものです。2種類のホルモン（エストロゲンとゲスタゲン）を使ってつくられているので、強度や成分配合に違いのあるいろいろなタイプのピルがあります。

異なるタイプのピルの確実性と効能はだいたい同じですが、副作用には違いがあります。ですから、メーカーによって体質に合ったり合わないということがあり得るのです。どのブランドのものがあなたにとって一番適しているかは、やはりホームドクターと相談して下さい。

価格

ブランドによって様々な価格がありますが、最も高価なピルが安価なものよりも優れているということではありません。あなたに適したピルのなかで一番安いタイプのものを処方してくれるよう、ホームドクターに頼みましょう。

ピルの使用に適する人

今までに少なくとも1年間、完全に定期的な月経が訪れている健康な女性

（5）水分貯留によるむくみが生じるため。また、食欲増進により体重が増えることもある。

ならピルを使用することができます。そして、固定した男女関係のなかで避妊をする場合に最も適しています。もし、稀に使用したり、その時の必要に迫られて避妊するためだけに使用するのなら、ピルは身体に大きな負担をかけるのでコンドームの方が適切でしょう。

確実性は避妊のみ

避妊に対する効果は、正しく使用すれば非常に大きなものとなります。ただし、性感染症やエイズは防ぎませんので、その予防のためにはコンドームを併用する必要があります。

ピルの用法

ピルは、正しい使い方をした時だけに効果があります。

一つのパッケージには（通常）21錠入っています。ですから、21日間にわたって毎日1錠ずつ（できれば同じ時間、例えばベッドに入る前の歯磨きの時などに）服用します。その後、1週間は服用を休止します。休止中のこの週に月経に似た出血があります。通常、普通の月経よりも出血量は少ないものです。もし、月経痛を感じるタイプの人であれば、ピルの使用中、その痛みは小さくなるかなくなってしまうでしょう。

ピルは、休止中も避妊効果が作用していますが、それは休止後もまた持続して服用することを前提としています。もし、1錠でも飲み忘れれば、それ以降の期間については避妊効果は期待できません。ですから、新しいパッケージ分を服用し始めるまで別の避妊方法を用いなければなりません。これは、服用中に病気になったり吐いたりした場合にもあてはまります。

もし、飲み忘れて12時間以内に気づいたら、改めて忘れた分のピルを服用すれば、そのまま通常通りの服用方法を継続することができます。そして、その場合も持続した避妊効果が期待できます。

ピルの長所

避妊の確実性が大きいことは安心感を与えます。また、服用することさえ忘れなければいいので簡単です。そして、不快な作用が少なく、月経痛を緩

和するかなくすかし、月経の時もごく少量の出血となります。

ピルの短所

　ピルは、少女／成人の女性に副作用の出る場合があります。また、飲み忘れのないように記憶力がよくなければなりません。医師の診察と処方箋が必要です。性病の予防にはなりません。また、高齢者やヘビースモーカーの女性には血栓症という危険があります。

　それ以外にも、ピルは少なくとも1年間安定した月経を見て、固定した（誠実な）恋人をもっている若くて健康な女性にとっては非常に確実性の高い避妊薬であるということも付け加えなければならないでしょう。そして、何度も言うようにピルは病気感染を防ぎませんから、ふわふわとしたおとぎ話のようなセックスにはまっている人にはコンドームの併用をすすめます。

▶ ミニピル[6]

　ミニピルには、普通のピルと同じだけの避妊効果はありません。様々なタイプの普通のピルのどれにも、2種類の人工ホルモンである「エストロゲン」と「ゲスタゲン」が含まれています。しかし、ミニピルにはゲスタゲンしか含まれていません。ミニピルは、子宮頚部にある粘膜が硬くなって精子を通過させなくします。

　ミニピルを使用している女性には、依然として排卵と月経が起こります。ミニピルはピルほど強力に身体の機能を妨げませんが、安全性に関してはまだよく分かっていません。ただし、ミニピルはピルよりも血栓症の危険が少ないとされています。

用法

　休止することなく毎日（月経の時でも）1錠ずつ服用します。毎日、同じ

（6）日本では認可されていない。

時間に服用して下さい。そうでなければ効き目が現れません！
　使用するのなら、あなたが慎重で物事をよく記憶していることが必要です。そうでなければ、使用しない方がよいでしょう。

ミニピルの長所
　ミニピルは、ピルほどではありませんが避妊効果が非常に高いものです。ただし、正しく服用することが条件です。ピルと同じような長所がありますし、ピルよりも危険の可能性は低いとされています。

ミニピルの短所
　ミニピルの場合、頻繁に月経に困難をきたします。これが、多くの人がよりピルを好む理由です。
　ミニピルは、普通のピルと同様、医師の診察と処方箋を必要としますので、あなたのお母さんや友達のミニピルを用いることはできません。そして、ピル同様、性感染症は防ぎません。

▶ 避妊薬注射（ステロイド避妊法、ホルモン避妊法）

　人工のホルモンは液体状でも得られ、注射で投与することができます。この注射をすると、約１ヶ月間は効果が持続します。
　避妊薬注射はピルよりも避妊の確実性は低く、その上、避妊薬注射を受けている人はしばしば月経が不規則になったり困難をきたしたりします。そのため避妊薬注射は、避妊を望み、ピルの服用やほかの優れた避妊方法をうまく使えない女性に一番よく使われます。ただし、避妊薬注射は性感染症を防ぎません。

▶ 後悔の避妊薬（性交後ピル、事後避妊薬とも言う）[7]

　これは「緊急避妊薬」とも呼ばれ、現実には緊急の場合、例えば性交の途中でコンドームが破損してしまったとか、思慮深さを忘れて避妊せずに性交をしてしまった時などに使われる一般的な避妊薬です。どうするかというと、性交後できるだけ早く2錠のピルを服用し、12時間後に再び2錠服用するというものです。強力なホルモン作用が子宮内膜に受精卵が着床するのを困難にし、これによって妊娠を防ぎます。

急場しのぎ

　この急場しのぎの方法は、十分な確実性があるわけではないので避妊方法としては使えません。ただ、困った事態に陥ったら、緊急の場合に用いることは可能です。

　ピルの作用の強さは製品によって異なり、また様々な成分配合がなされていますから、急場の避妊薬としてどんなピルでもいいというわけではありません。

医師も参加

　もし、急場の解決方法を知る必要が現実のものとなったら、できるだけ早く（最初の24時間以内に）適切なピルが処方でき、正しい用法を教えられ、将来に向けての確実な避妊方法をアドバイスしてくれる医師（必要なら夜勤の医師）と連絡を取って下さい。

▶ 将来の避妊方法

　これからも、多くの様々な避妊具が現れてくるでしょう。世界の至る所で、確実性が高く、副作用の危険が少ない避妊具を開発しようとの研究が進めら

（7）日本では、この避妊薬は認可されていない。

れています。その一例を紹介しましょう。

中絶剤

　性交後まもなく服用することによって、早期の中絶を引き起こしたり、受精卵が子宮内膜に着床するのを防ぐ薬剤です。この作用をもつ薬剤は世界中の多くの所で試されており、数年の内には、確実に使えるものとなるでしょう。

男性用ピル

　男性用のピルも製造が可能ですが、現在までに試みられてきた薬剤においては、男性の能力が減退したり、なくなったりするという不幸な副作用を引き起こしています。ですから、多くの男性に服用させるには現在のところ疑わしいものです。また、精子の形成を減少させ、しかも性欲は保持するという薬剤が研究されつつあります。もしかしたら、これが今後、有効な避妊薬として使える一つになるかもしれません。

男性用IUD

　男性用のIUDは存在しません。しかし、現在試験中ではありますが、それと類似した原理の方法が開発されようとしています。それは、精管にシリコンの栓を注射することによって精管の通りを妨げ、精子がそれ以上先へ進めないようにするものです。この栓はのちに溶解し、その男性は再び妊娠させることが可能となります。

▶ 不妊手術＝永久避妊

　成人の男女で、もうこれ以上子どもはいらないと確信をもって考えているか、あるいは子どもは絶対に欲しくないと考えている場合に行う手術のことです。この手術を行うには、自分で出した結論に対して後悔しないという確信がなければなりません。というのも、手術後、元の状態に戻ることはできないからです。

25歳以上のデンマーク在住の人であれば、本人の希望によって手術をすることができます。そうすると、以後、子どもはできなくなります。この手術は「不妊手術」と呼ばれ、手術を行った女性あるいは男性は不妊になります。不妊手術を「去勢」と混同してはなりません。デンマークでは不妊手術は無料です。[(8)]

女性の不妊手術

　女性の不妊手術は、通常短期の入院（1〜3日）で済みます。麻酔をかけられ、腹壁に開けた1センチ大の穴を通して一種の管の形をした内視鏡（ラパロスコープ＝腹腔鏡）を差し込み、両側の卵管を結紮します。これにより、卵子と精子が出合うことはなくなり、その女性は妊娠できなくなります。

正常な性生活

　不妊手術を受けても、女性の卵巣と子宮は正常に機能しています。以前と同様に月経も起こりますし、性愛生活で同様の喜びも得られます。避妊具に関して問題があったために不安を感じてきた女性達は、手術後、妊娠の不安から解放されて時間の共有を享受することに専念できるようになり、今まで以上に性生活において大きな喜びを得ることができるようになります。

　ただし、不妊手術はその女性を性感染症から守るわけではありません。浮気の時や新しいパートナーと一緒にいる時は、コンドームをバッグに入れておきましょう。

男性の不妊手術

　男性の不妊手術は、病院で局部麻酔をかけて行う小規模の手術です。手術は30分ほどしかかからず、本当ならデンマークのどの医師のもとでも問診時に行ってしまえる程度のものなのですが、法律によって、この手術は病院で行われなければならないと定められています。

（8）　日本の場合、女性の不妊手術の費用は20〜30万であるが、母体保護法により保険が適用される場合もある。なお、男性の場合は、泌尿器科での手術費用は15〜30万円ぐらいである。

局部麻酔をかけ、両側にある陰嚢根部（陰茎の付け根）の精管を約1センチ切除します（もし、あなたが少年なら、硬いスパゲティのような精管をこの部分に感じることができます）。切除された部分の精管を結紮（けっさつ）すると、精子が（その精子を製造している）陰嚢を通過して精液をつくっている精嚢や前立腺まで行くことができなくなります。

正常な性生活

不妊手術を受けても、その男性の精巣、前立腺、精嚢はまったく正常に機能しますので、射出やオーガズムも普通に得ることができます。精液に精子が含まれていないだけですので、本人が感じるところではありません。唯一、精子を顕微鏡でのぞいてみた時にだけ認められることです。

避妊に関しては、男性の不妊手術は非常に確実性の高いものです。ただ、その男性の恋人あるいは妻が、ほかの男性と関係して妊娠することを防ぐわけではありません！　また、不妊手術が性感染症を防ぐことはありませんので、もしその男性が浮気をしているのならコンドームで自らを（そしてパートナーをも）守ることが必要となります。

危険性

どんな小さな手術であっても、ある程度の危険はつきものです。不妊手術は危険なものではありませんが、ごく稀な場合に、手術を受けた男性あるいは女性に炎症が起きて傷の治りを遅くすることがあります。また、不妊手術を受ける前に（医師によって）手術の内容や危険性などについて情報を得ているということを証明するために所定の用紙に署名をしなければなりません。

このように、マイナス面があったり、面倒な手続きを必要とする不妊手術ではありますが、避妊に関する限り、不妊手術は非常に確実で危険性のない方法だと言えます。

この手術による避妊方法は、安定した夫婦関係またはカップル関係にあり、これ以上子どもはいらないという点で同意している成人にのみ適する方法です。ですから、カップルは結論に至るまでゆっくりと十分に考えなければなりません。もしかしたら、2人の関係が持続しないことが起こるかもしれま

せん。つまり、一方あるいは両方が、別のパートナーを見つけるような場合です。もしかしたら、今いる子どもの1人を失い、新たに妊娠することを望むかもしれないのです。しかし、そういう状況になっても手術後ではその望みは叶えられません。

▶ 避妊に関して専門の情報を得る可能性

　あなたの愛を守ることが現実の問題となった場合、避妊について知っている人と話せる機会は多くあります。そして、あなたの今の状況に一番適した避妊方法を見つける手伝いをしてもらえるのです。つまり、あなたのホームドクターの所へ行くことです。

ホームドクターは守秘義務をもつ
　ホームドクターは守秘義務をもっています。つまり、その医師はあなたが診察の時に話したことを誰にも話さないということです。もちろん、あなたの両親にもです。どんなホームドクターでも避妊指導には慣れていますから、あなたが何を話しても、またあなたがどれほど若くても、嫌悪を表したり驚いたりする人は誰もいません。もし、あなたが自分のホームドクターを利用したくないのならほかの医師を探すことができます。大多数の医師は理解を示し、あなたを助けようとしてくれます。ホームドクターのもとでの指導と検査は無料ですが、その時に使用を決めた避妊具については自費となります。[9]

クリニック
　避妊相談クリニックは、あちこちの比較的大きな町にあります。あなたが住む自治体に問い合わせるか、電話帳で調べてみて下さい。クリニックでは、無料の診療と検査を受けることができます。初回の避妊具を無料で得られる所もあります。

（9）　日本では有料。

第6章 中絶
―緊急時の解決方法

　中絶とは、胎児が子宮外で生存できないような時期、つまり最初の6ヵ月以内に妊娠が中断されることです。

自然流産
　妊娠の内、およそ10％が自然流産という結果を招きます。胎児または胎盤に欠陥があったり、何らかの理由で子宮が妊娠に耐えられなかったりした場合、胎児の子宮壁からの剥離が起こります（そうすると流産します）。
　流産は、腹部の痛みあるいは出血によって分かります。そのすぐ後、またはしばらくしてから陣痛に似た痛みと半ば凝固した血のような塊が出てきます。この血の塊は、胎児、子宮粘膜、胎盤から成っています。大多数の流産は、妊娠初期の3ヵ月の間に起こります。予定日より遅れて月経があった場合（不正出血をした場合）は早期流産のことが多いです。
　もし、子宮腔内が完全に空にならなければ、流産の後、長期にわたって出血の続く場合があります。ですから、病院で子宮内部の搔爬を行うことによって子宮腔内を完全に空の状態にすることが必要となります。そして、妊婦に痛みや出血が起こったら、どんな場合でも、できるだけすみやかに医師の診察を受ける必要があります。妊娠後2、3ヵ月を過ぎて起こった流産は、だいたいの場合、入院して搔爬を受ける必要があります。
　望んだ妊娠が流産という結果に終わってしまったら、妊婦とその夫にとっては大きな精神的負担となります。唯一、次の妊娠において正常な経過をたどれるかもしれないということが慰めとなるでしょう。
　流産の後しばらくの間は子宮頚管部が開いているため、2、3ヵ月ぐらい

は妊娠することを待った方がよいでしょう。それを過ぎると、子宮頚管部は再びきつく強靭になります。

人工流産

　人工流産とは、人為的に子宮内での処置を行って引き起こす流産のことです。「人工流産は避妊法ではない」ということは強調すべきことですが、ある避妊法が失敗した場合の一つの緊急対策にはなるでしょう。人工流産を、決していい加減さや愚かさを取り繕うための安全ネットとして用いてはなりません。というのも、それだけの理由が実にたくさんあるからです。

法律上の規定

　もし、女性がデンマークに定住していて、妊娠してから12週目（最後にあった月経の最初の日から算定します）以内にあるなら、その女性が望む場合は人工的に妊娠中絶が許されます。

　妊婦が18歳未満の場合は、その両親（または保護者）が許可を与えなければなりません。18歳未満の少女が妊娠の継続を望んだ場合は、これとは反対にその両親が人工中絶を決定することはできません。この法律は不公平だとか理不尽だとか思われるかもしれませんが、現在のところはこのような状況なのです。ただ、例外もあります。

　18歳未満の少女が人工中絶を望み、両親が許可しなかった場合、県の社会センター（あなたが住む自治体の社会保健管理局に尋ねて下さい）に問い合わせることによって許可を受けられる場合があります。どの県にもこうしたことを取り扱う合同審議会があって、様々な状況から判断してそれが必要とされる場合は、両親の意思に反して人工中絶を行うことができます。また、妊娠が12週を過ぎていた場合でも、深刻な理由がある時には県の合同審議会が中絶の許可を与えることもあります。

妊娠検査

　妊娠したかもしれないと思っている少女は、妊娠検査（尿検査）を行うことができます。妊娠検査では、月経予定日の約1週間後に妊娠しているかど

うかを認めることができます。

検査と指導

　もし、あなたが妊娠して人工中絶を望むのであれば、ホームドクターに問い合わせて診察を受け、中絶や中絶に伴う危険などについてその医師から指導を受けて下さい。医師の所では、あなたが医師の指導を受けたこと、あなたが人工中絶を望んでいる旨の書類に署名して下さい（あなたが18歳未満なら、あなたの両親または保護者も署名する必要があります）。

　ホームドクターは、病院の産婦人科にあなたを照会してくれます。その後、すぐに入院しなければなりません。人工中絶の手術は、妊娠の早期であればあるほど軽くて済み、また問題の起きることも少ないからです。

手術

　人工中絶手術は病院で行われます。入院日数は1日～3日です。腹部検診では、子宮の大きさが判定されます（この時、妊娠の期間も測定されます）。その後、麻酔をかけられ、医師は子宮口と子宮頚管を広げて、子宮腔を吸引機器に接続されている管（吸引キュロット）で吸引します。

　すべては数分間で終わり、手術を受けた少女は何も感じませんが、中絶後は少し疲労と痛みを感じます。数日間、軽い月経痛に似た痛みがあり、1週間ぐらいは出血があるかもしれません。多くの女性は手術を受けたその日に帰宅できますが、1日か2日入院を必要とする人もいます。どんな場合でも、中絶手術を受けた後の1週間は安静にして、入浴や性交を避けなければなりません。子宮口は依然として開いたままで、バクテリアの侵入を招きやすいからです。

妊娠中期の人工中絶

　妊娠してから12週以降であるにもかかわらず、妊婦が人工中絶を望んだ場合の手術は別の方法で行われます。

　医師は、子宮腔内に水分を注入します。これによって陣痛が起こり、子宮から胎児、卵膜、胎盤といった内容物が分娩されます。その後、女性は麻酔

をかけられ、尖ったスプーンによる搔爬（そうは）で子宮の内容物が搔き出されます。

妊娠が進行してからの人工中絶はかなりの痛みを伴うとともに不快なものです。手術後に出血や炎症の起きる危険性がかなり高いため、中絶を望む特別な理由がなければ行うべきではありません。

危険性

人工中絶手術の際、女性が多量の出血をする場合もありますが、通常、数週間で再生できるぐらいのものです。ごく稀な場合に輸血が必要となることもあります。

どんな手術でも炎症という危険が伴います。人工中絶手術に関しても同様です。稀に、中絶後、子宮や卵管に炎症が起きる（腹部の炎症）ことがあります。通常、炎症はペニシリンによる治療と1週間ほど安静にしていることで回復しますが、ひどい炎症になるとその後の妊娠が困難となります。これが、人工妊娠中絶を決して避妊法として用いてはならず、緊急の場合の方法としてのみ用いなければならない一番の理由です。

上記のことを除いては、人工中絶手術自体は危険なものではありません。手術は日常、全国の病院において安心できる状況で行われます。ですから、もしあなたがこの状況に陥ったとしても、生命の危険や健康状態の不安を感じる必要はないのです。また、軽蔑されたり、病院で偏見の目で見られたりすることもありません。腫れた指や盲腸炎が理由で入院した時とまったく同様の、専門的で自然な扱いを受けます。

思案

私達は、良心についてアドバイスをすることはできません。同様に、中絶に対する考え方についてもアドバイスはできません。みんな、それぞれが自分の道徳観や宗教、しつけに対する考え方をもち、自分の両親や知人、恋人の間でも異なった理解がなされています。そして、子どもを望む状況もまったく異なっているのです。

中絶が禁止だった時代を体験し、限りない不幸、つまり切羽詰った女性が自ら流産を誘発させたり、不法に人工中絶を行う堕胎医を探し求める人を目

撃した大多数の人達は、安心して人工中絶手術を受けられる女性の権利はよいことだと同意するに違いありません。妊娠が中断されるべきか、それとも子どもを得るという結果で終わらせるべきかを決定できる唯一の人間は妊娠しているその女性自身であって、彼女の恋人でも、両親でも、家族でも、そして公の道徳でもないのです。

決定

　これは、女性にとって難しい決定です。心のなかでは子どもを望んでいるにもかかわらず、妊娠したその時期が悪かったのかもしれません。そして、その恋人もしくは夫が望んでいないのかもしれません。逆に、その女性は妊娠を望んでいないのに、彼女の道徳的あるいは宗教的な解釈が中絶を拒否するかもしれません。

　決定を困難にする理由は数多くあります。そして、強い疑心を抱いたり、中絶へとプレッシャーをかけられたりしている女性は、しばしば中絶後に医師やカウンセラーの専門的な助けを必要とする深刻な鬱状態に陥ってしまいます。一方、ほかの女性は再び早急に妊娠することで、良心のやましさのつけを支払おうとするかもしれません。しかし、母親のやましさをカバーするためにこの世に生み出される子どもにとっては決して好ましい出発点とは言えません。

　子どもは、望まれ歓迎された人間としてこの世に生まれてくることが必要です。もし、確信をもてないでいるのなら、あなたの本心を探って下さい。そして、心のなかで子どもを産むことを望んでいるのなら、周りの人が何と言おうと中絶を行ってはいけません。

手助けと援助

　子どもの誕生を望んでいるにもかかわらず、出産に関する様々な問題、例えば経済的な困難を抱えている場合、経済面、教育面あるいは住宅面での手助けや援助を受けることが可能です。あなたが住んでいる自治体のソーシャルワーカーの所でどんな可能性があるのかを尋ねたり、多くの都市に支部のある母親支援協会でアドバイスや指導を受けるなどをして下さい。

第7章 STD－性感染症

　私達は、ほかの人達と一緒にいることによって何らかの病気に感染する危険にさらされています。それは風邪、インフルエンザ、喉の炎症、そのほかの病気など、バクテリアやウイルスが人から人へ移動する時に伝染するためです。このことは、私達がお互い一緒にいたいのなら覚悟しなければならないことです。

性生活での感染
　愛し合う時、私達はお互い非常に近い距離にいます。そして、いくつかの病気はパートナーから感染する恐れがあるのです。
　性感染症（STD：Sexually transmitted disease 。デンマーク語では「SOS」）は、主に性的な行為によって人から人へと伝染します。もちろん、病気の感染を恐れて愛し合うことを止める必要はありません。ただ、どのように感染の危険から私達の身を守るかを知っていればよいのです。

STDに関して必要な知識
　感染することを、常に恐れる必要はどこにもありません。恐れは、性愛の喜びを台無しにしてしまいます。ただし、以下のことに注意しなければなりません。
❶病気について学んで下さい。そうすれば、どのようにそれらの病気から免れることができるか分かるでしょう。そして、もし感染を心配するのなら、その対処法も分かるのです。
❷もし、腹部に何らかの異常を認めたら、あるいは何か欠陥があると感じた

ら、できるだけ早く医師のもとで（あなたのホームドクターか性感染症専門の診療所。電話帳のクリニックの項を見て下さい）診察を受けて下さい。無意味な思案に時間を使わないで下さい。診察の結果、あなたが健康だと分かればその心配は吹き飛びます。もし、何らかの病気であるのなら治療を受けることになります。診察と治療は痛みのないものです。そして、大多数の性感染症は風邪よりも治療が簡単なのです。

❸医師（または診療所）には守秘義務があります。これは、あなたの両親に対しても同じです。⁽¹⁾

❹性感染症は自然に治癒することはありません。ですから、治療を受けることが必要ですし、問題が起きる前に処置しなければなりません。

❺性感染症をうつされても恥じる必要はありません。最も品のよい家庭でも起こることなのです。そして、あなたを診察する医師は、ポリープや副鼻腔炎の診察以上にそのことを稀なものだとは考えていません。

安全なセックスの規則

　安全なセックスの規則は、あなたがあなたの特定の（そして誠実な）パートナー以外の全員と性行為をする時の規則です。これらの規則は簡単に覚えられますし、もしあなたがその規則を守るのなら、恐れずに愛することができるのです。もし、あなたが規則をなおざりにしたら、遅かれ早かれ病気に感染する危険がかなり高くなります。規則には次の二つがあります。

❶オーラルセックスや性交、肛門性交などをしないで愛し合うようにして下さい。

❷どうしてもオーラルセックスや性交（肛門性交）をしたいのなら、コンドームを用いて下さい。コンドームは、（口、膣あるいは肛門に）挿入される前にペニスに装着しなければなりません。殺精子クリームは、コンドームの確実性を増大させます。

▶ エイズ

　AIDS は「Acquired Immune Deficiency Syndrome（後天性免疫不全症候群）」の略で、「HIV ウイルス」（ヒト免疫不全ウイルス）あるいは「AIDS ウイルス」と呼ばれるウイルスが原因となるものです。エイズは新しい病気で、過去20年間の間に世界中に拡がりました。エイズに感染すると治癒は不可能で、多くの場合死に至ります。この病気を治療する方法は何もなく、予防注射を行うこともできないのです。しかし、ほかから惑わされたりせず、信念をもって自分を大切にして人生を歩んでいくことはできます。そうすれば、感染を免れられるのです！

エイズは免疫力を破壊する

　エイズに感染すると、HIV ウイルスが血流のなかに入り込み、血液の細胞のなかに進入します。この血液の細胞は、バクテリアやウイルスの攻撃から身体を守っている免疫細胞なのです。ですから、この免疫細胞が破壊されれば、感染者は様々な炎症を起こしやすくなります。そして、たとえ無害な風邪やインフルエンザでさえも生命を脅かすものとなるのです。

エイズの症状

　エイズの症状は数多くあり、初期はさほど目立った症状が現れません。けれどものちに、風邪やインフルエンザでさえ簡単に治らず、肺炎、下痢、長期にわたる高熱、夜間の発汗などを引き起こす可能性が出てきます。また、リンパ腺の腫れ、口内、食道、肺などに菌が発生し、体重が減少し、体力が落ちるなどの症状が現れます。

HIV 陽性であるということ

　HIV ウイルスにひとたび感染すると、以下のようなことが起こります。
❶何らかの病状が現れたりすることなく、また本人あるいはほかの人も感染

（1）　デンマークの場合です。

に気づくことなくウイルスをもった状態で生活することになります。ですから、本人も知らないうちに他人にうつしてしまうことがあります。つまり、外見上は健康なウイルス保持者（HIV 陽性）になるということです。いつエイズが発症するか、あるいは発症することがあるのかどうかについては本人も分かりません。現在、何千人というデンマーク人が、それと気づかないまま健康なウイルス保持者となっています。そして、その数は日毎に増加しつつあるのです！

❷感染後一定の期間（数ヶ月から数年間、もしかしたら5～10年、またはそれ以上の期間）は健康な状態のウイルス保持者でいられますが、その後、発症します。

エイズという病気

　エイズという病気は、通常、感染者が HIV 感染症を起こし、入院による集中治療が必要となるほど深刻なものへと進行してしまうという形で兆候が現れてきます。この兆候は、高額な薬品を毎日大量投与することによって抑えることができ、患者はいったん健康になりますが、次にまた感染症が発するとどんどん衰弱していき、ある日、ついに病気に屈してしまうことになります。(2)

エイズの治療

　エイズにかかった人の病気の進行を遅らせ、HIV 陽性の人のエイズ発症を妨げることのできる様々な種類の薬剤があります。しかし、既述のように、(1991年現在では) エイズ患者を治す薬は何もありません。また、エイズ感染を防ぐ予防注射もないのです。

どのようにエイズは伝染するか

　HIV ウイルスが伝染するためには直接血液中に侵入しなければならないので、エイズは幸運なことに非常に感染率の低い病気です。エイズへの感染は以下のようにして起こります。

❶エイズウイルスに汚染された血液の輸血——これは、特に注射による麻薬

常習者が注射針や注射器を共用する場合に起こります。病院での治療や輸血の時に、汚染された血液の輸血による感染の危険性はありません。というのも、現在ではすべての血液が輸血に使われる前に検査され、熱処理をされているからです。

❷ **ある特定の形態のセックス**——肛門性交、通常性交（膣性交）、オーラルセックスを行うと、エイズウイルスが直腸、膣、ペニス、口の小さなひっかき傷から入り込み、これによって血液中に侵入する可能性があります。ウイルス保持者は、生きたエイズウイルスをただ血液中に保持しているだけでなく、精子や膣粘膜、そして少量を唾液のなかにももっています。最も危険な形態のセックスは肛門性交です。なぜなら、直腸の粘膜は非常に薄く、傷つきやすいからです。

コンドームは感染を防ぐ

コンドームは、肛門性交、通常の性交、オーラルセックスの時に感染を防ぎます。

直接的な粘膜の接触がない、あらゆる形態のセックスや性愛では、エイズに感染することはありません。お互いをマッサージしたり、お互いの身体や性器を愛撫し合ったり、身体にキスし合ったり、身体をくっつけて横になったり、一緒に入浴したりなど、感染の恐れのない、ありとあらゆる方法があります。ただ、性交、肛門性交、オーラルセックスを避ければよいのです。

キスが感染の原因になるかどうかははっきりしません。普通の優しいキスは感染の危険がありませんが、非常に熱烈なかみ合うキスや舌を絡ませるようなキスは感染の可能性があります。

抱擁や一緒にサウナやプールに入ったり、食事道具を共用したりなど、ごく普通の人間の接触には感染の危険がないことは明らかです。また、仕事仲間や学校の友達、知人などから伝染することもありません。

（2） HIV≠AIDS。HIV感染者の免疫がある一定以下となり、規定されている23疾患を発症した時点でエイズ発症となる（日本の場合）。現在、エイズを発症しても、治療によって回復することはできる。ただし、HIV（ウイルス）自体を排除し、治癒させる治療法はない。

リスク集団

HIVにかかりやすいハイリスクのある要素をもつグループのことです。例えば、買春などのセックス産業関係者、薬物静脈注射の常用者などはこの集団に属します。

❶ **ホモセクシュアルの人**——欧米におけるエイズという伝染病は、最初にホモセクシュアルの人達の間で蔓延しました。この理由として、ホモセクシュアルの人達がパートナーを数多く頻繁に取り替えること、肛門性交が手段として非常によく用いられていることが挙げられます。また、これらのグループのなかにおいてエイズの原因が究明され、それに伴ってどのように私達が予防できるのかが明らかになる前に何年にもわたって進行してしまったことが原因です。最近では、ヘテロセクシュアルの人々の間でもエイズが拡がる様子を見せており、多くの女性も感染しています。ですから、私達みんながリスク集団に入るのも時間の問題かもしれません。

❷ **注射を使う麻薬常習者**——デンマークでもほかの国々でも、エイズは麻薬常習者の間で急速に拡がっています。これは、注射を使う麻薬常習者がしばしば注射針や注射器を共用し、それに伴って、血液中に感染した血液を注入させられやすくなっているからです。

❸ **売春婦やセックスパートナーを数多く取り替える人**——さらに、コンドームを使わずに売春婦のもとで性的なサービスを買う客達です。

❹ **その他**——エイズが、男女両方および子どもにまで蔓延しているアフリカの特定地域の出身者達、またリスク集団に属する人と感染予防をせずに関係をもっている、あるいはもったことのある人達の全員です。

どのようにエイズは確認されるか

ウイルスが感染者の血液中に確認されます。血液検査が陽性だったら、その検査を受けた人はHIV陽性ということになり、その男性／女性は終生ウイルス保持者であること、そしていつかはエイズが発症することを覚悟しなければなりません。

HIV 陽性であること

　感染者であると分かると、精神的に相当な重荷を背負うことになります。そして、その HIV 陽性者は困難な危機に陥り、専門的な援助や指導が必要となることが常です。感染してから、その感染物質が血液中に認められるまでには 2～4 ヵ月かかります。もし、感染の疑いをもち、明らかにしたいと思ったら、最初の検査が陰性であっても数ヵ月後に再び検査を受ける必要があります。[3]

検査は匿名

　エイズウイルスの検査は、自分のホームドクターのもとか全国にある特殊なエイズ診療所で受けることができます。検査は匿名で行われ、患者自身のみが検査結果を知らされ、その結果は登録されません。

　医師は陽性の検査者に関して健康管理局（Sundhedsstyrelsen）に報告をする義務がありますが、その報告は匿名で行われ、名前や個人番号（パーソナルナンバー）[4]は追跡されません。報告は、社会におけるエイズという病気の拡がりを見張るためにだけ行われるのです。

エイズの危険がない性愛

　エイズという病気の感染方法を知っていれば、エイズ感染の危険なく恋愛生活を営むことは非常に簡単なことです。

❶新しいセックスパートナーを得た時と不特定多数のセックスパートナーをもっている場合は、性交、肛門性交、オーラルセックスを含まない方法で愛し合って下さい。

（3）　最初の検査は HIV 抗体検査を行う。これはウイルスそのものではなく、HIV に対する抗体を見る検査である。抗体検査が陽性になっただけでは HIV の診断はつけられない。というのも、偽陽性のことがありえるためである。その次にウェスタン－ブロット法という検査を行い、これが陽性の場合には確定診断となる。さらに、HIV のウイルスを直接確認する検査（PCR）を行って陽性を確認する。

（4）　デンマークは国民総背番号制となっており、「CPR ナンバー」と呼ばれる各個人の番号がある。通常は10桁で、最初の6桁は生年月日、残りの4桁は、男性が奇数、女性が偶数となっている。例：「021059－1234」は、1959年10月2日生まれの1234番というふうになる。

❷ もし、それができなければ、性交、肛門性交、オーラルセックスの時には常にコンドームを用いて下さい。殺精子クリームは、コンドームがもつ感染予防の確実性を強化します。

❸ 特定の関係になって最初の3〜4ヶ月は、避妊具としてコンドームを用いて下さい。お互いに安心感をもてるようになった時に初めて、ほかの避妊方法が選択できます。お互いに対して完全に安全性を確認したいと思うのなら、医師のもとで HIV テストを受けるのもよいでしょう。

エイズに関する情報

詳細な、質のよい情報を提供してくれる本が数多くあります。学校の養護担当者か医師の所、また健康情報委員会あるいは健康保健局エイズ事務部に問い合わせればパンフレットや小冊子をもらうことができます。また、エイズテレフォンラインのどれか一つに電話すれば、質問に答えてもらうこともできます。電話番号は番号案内で分かります。

▶ 淋病

これは男性／女性が避妊していない場合、活発な性生活を営んでいる人の誰でも感染する危険のある、比較的一般的な病気です。

淋菌

淋病について、よく知っておくことが重要です。淋病は、淋菌と呼ばれるバクテリアが原因で起こります。淋菌は、尿道、子宮、卵管だけでなく、直腸や口のなかにある粘膜で最もよく繁殖します。

感染

淋病は、例えば性交やオーラルセックスなど、粘膜の直接的な接触によって人から人へと伝染します。また、バクテリアは粘膜の炎症を引き起こします。

女性の淋病

　女性の場合は、炎症は尿道や子宮頸管部から始まります。そこから炎症は卵管に広がり、その時に処置されなければ重大な腹部の炎症へと進展していきます。最悪の場合、卵管が閉塞してしまい、その女性はのちに妊娠することが困難になります。また、次のような症状が感染してから数日ないし1週間で現れます。

❶膣内からのおりもの（通常よりも量が多くなるか色や臭いが変化します）。
❷頻尿や排尿痛（最も一般的な原因は膀胱炎ですが、疑わしく思う場合には診察を受けて下さい）。
❸腹部の痛み。こうなったら、即刻医師の治療を受けて下さい！

男性の淋病

　男性の場合、炎症は尿道から始まります。治療を受けなければ、炎症は精管を通じて副睾丸、睾丸へと広がり、最悪の場合、その男性は不妊（女性を妊娠させられないこと）となってしまいます。そして、長い間淋病を治療せずに放置しておくと、関節炎など身体のほかの部分に不快な症状が現れてきます。

　淋病は初期の段階では非常に簡単に治療することができ、合併症を引き起こすことはありませんが、のちの段階になると不妊という形で長期的な損傷を起こすことになります。もし、症状が現れたら躊躇せずにすぐ医師の治療を受けて下さい。次のような症状が感染してから数日ないし1週間で現れます。

❶尿道口からおりものがある（液が垂れる）。ペニスから出てくる物は粘液性の強い黄色の膿で、まったく正常な、勃起の際に出てくるような透明な滴状の粘液ではありません。
❷頻尿。ガラスの破片を放尿しているような排尿痛。
❸睾丸の痛みや腫れ。この段階では即刻医師の治療が必要です。

ほかの場所に起こる淋病

　淋病が（オーラルセックスの際に）喉に伝染して、通常の咽喉炎のように

現れることも稀ではありません。また、肛門性交を行ったホモセクシュアルの人達あるいはヘテロセクシュアルの人達では、淋病は直腸の粘膜に伝染します。

おだやかな淋病

淋病の症状は非常に弱い場合もあり、感染していてもすべての症状が現れてくるわけではありません。感染した可能性があったり、何か体調がおかしいと思うならば、それに注意を傾ける必要があります。もし、淋病が適切な時点で治療されれば、早く簡単に完治します。そうしなければ、長期にわたる損傷を受けることになります。

淋病の検査

女性の場合は、検査は普通の腹部検診と同じです。医師は、子宮頚管部、尿道口、おそらくは直腸や喉からも綿棒を用いて粘膜を採取するでしょう。粘膜検査は顕微鏡で調べられるか、検査室へ送られて淋菌の検査をされます。

男性の場合は、尿道、喉、直腸からの粘膜を綿棒で採取し、睾丸に痛みがあるか腫れがあるかを触診します。(5)

淋病の治療

淋病の治療は速やかで、痛みもなく効果的です。兆候が現れたら、即刻経口のペニシリン系薬剤をもらいます。多くの場合、問診中に行われる1回のみの治療で終わってしまいます。(6)

定期検診

治療後は、淋病が完治したかどうかを確認するために何回かの定期検診を行います。それまでは、当然、ほかの人にうつすようなことをしてはいけません。もし、感染の疑いをもったら性交をしてはいけません。医師によって疑いが晴れてから行うようにしましょう。

感染源

　降って湧いたように淋病にかかることはありません。淋病は、ほかの人（感染源）から感染したものであり、当事者は医師の治療を受けなければなりません。

　あなたが淋病にかかったらあなた自身が感染源となりますから、感染させそうな人達全員に、自分が淋病にかかった旨を伝える義務があります。たとえ、現在または以前のセックスパートナーに伝えることが少々みっともないことであったとしても行わなければならないのです。私達がほかの人の健康と未来に責任をもたざるを得ない時に、小心でいるだけの余裕はないのです。

▶ クラミジア

　クラミジアは、淋菌と同じように、性器の粘膜に炎症を起こすバクテリアが原因となります。この病気は、コンドームによる予防をしないで性交を行うと感染します。

症状

　クラミジアの症状は淋病の時と同じようなものですが、多くの場合、「沈黙」して日常が経過していきます。つまり、症状が弱いために気づかず、治療していないにもかかわらず症状がなくなってしまうということです。けれども、患者には依然として炎症が起きたままですし、他人に伝染させる可能性があるのです。

「沈黙」の経過

　クラミジアはずるい病気です。というのも、私達はそれと知らずに感染してしまい、そのためにほかの人にうつしてしまう危険性があるからです。また同時に、女性では腹部の炎症へ、男性では睾丸炎へと進展してしまうから

（5）　尿道炎の場合は、特殊な尿検査で分かる。
（6）　この時、患者は2種類の薬を大量に同時投与される。

です。いずれの場合でも、のちに子どもを得ることができなくなるかもしれません。

治療

クラミジアの治療は比較的単純です。もし、重大な炎症へと進展していなければ、抗生物質（バクテリアを殺す物質）を錠剤の形で服用すると約1週間で損傷なく治ります。感染者に特定のパートナーがいたら、ほとんどの場合、たとえ症状が現れていなくてもそのパートナーも同時に治療しなければなりません。

感染予防

クラミジアは、それと知らずに感染してしまっている新しいパートナー、あるいは不特定のパートナーと一緒の時は、特に安全なセックスの規則を守らなければならない病気です。

▶ 梅毒

幸運なことに、デンマークにおいては梅毒は稀な病気です。しかし、グリーンランドや多くの南の国々ではそうではありません。そこには、デンマーク人観光客や船員達が、南国のヤシの木の下というロマンチックな場所、あるいは売春宿での情事を求めてやって来るのです。

梅毒は、内臓への修復不可能な損傷の原因となる第3段階へ進展する前に発見して治療しなければ深刻な事態となります。

梅毒トレポネーマ

梅毒に感染すると、梅毒トレポネーマ（梅毒の病原体）がリンパ腺組織と血液中に侵入します。バクテリアは、梅毒という病気の全過程中、ここに生息して増殖するのです。バクテリアは、血液から身体の様々な器官へ攻撃を仕掛けることになります。ですから、梅毒にかかると器官組織全体がやられ

てしまうことになります。これは、梅毒が気づかれないでいる期間（各段階の間）も含めて伝染する可能性があることを意味します。

妊婦

妊婦が自分の胎児にうつす可能性もあります。その結果、胎児が梅毒にかかって生まれてくることもあります。この事態を避けるために、デンマーク在住の妊婦全員が血液検査をする際に梅毒の有無を調べます。

伝染

梅毒は主に性交によって伝染しますが、ほかの形での密接な接触によっても伝染します。その場合、梅毒トレポネーマは、患者から健康な人のひっかき傷などへ伝染します。例えば、激しい、舌を絡み合わせるようなキスなどによってです。

症状

感染して2～3週間後に最初の症状が現れます。

第1段階――性器に小さな傷ができます。この傷は硬く感じられ、特に痛みはありませんし、自然に消えてしまいます。そして、感染してから数ヵ月後に第2段階が続いてやって来ます。

第2段階――インフルエンザに似た症状と風疹を思わせる発疹が出ます。同時に、腋の下や鼠径部に腫れができますが、これらの症状も自然に消えます。このまま病気が現れない場合もあります。感染後、数年経ってから第3段階がこれに続きます。

第3段階――病気は内臓（循環系、脳、脊髄）を侵し、死に至ったり、精神病や軽い麻痺の原因となったりします。

治療

梅毒は、もし治療が重大な第3段階に入る前に始まれば非常に効果的で、完治が可能です。その内容は、注射という形態でペニシリンを数回投与するというものです。(7)

定期検診

治療は、性生活を再開する前に定期検診で確認される必要があります。私達がうつされた人とうつしたかもしれない人に伝える義務は、淋病の項で述べたように同じくあります。

▶ 軟性下疳と性病性リンパ肉芽腫

この二つの病気はデンマークとは関係のないものですが、稀な場合には、アジア、南アメリカ、アフリカの売春宿を訪問する時に得る可能性があります。これらの病気は性器の傷として現れ、鼠径部のリンパ腺が大きく腫れます。こうした症状を伴って休暇から帰宅したら、医師の所へ行くことが賢明でしょう。

▶ 危険性はないが不快なちょっとした病気

性愛によって感染する可能性のある疾患の主要部分を占めるものは、幸運にもこうした類の軽い病気です。ただ、危険性はなくとも、それらの症状は重大な疾患の時の症状に似たものであることが多いのです。

ですから、もしこうした症状が現れたら医師の診察を受けることが賢明です。まったく無害なものであったり、症状が出ても軽かったり痛みがなかったりすることがあります。

膀胱炎

膀胱炎は伝染しませんが、症状は性感染症のものと似ています。膀胱炎は女性が頻繁にかかりやすく、もし腎臓や尿道が正常であれば男児や若い男性がかかることは稀です。

バクテリアが尿道（女性ではかなり短くなっています）を通して膀胱に侵入すると、そこで膀胱の粘膜に炎症が起きて、膀胱炎になります。

症状は、頻繁な尿意と排尿時の痛みで、クラミジアや淋病の時にも起こり得る症状です。

治療は、身体を温めるような服装をし、膀胱からバクテリアを洗浄するために多量の水分を取ること、また抗生物質(バクテリアを殺す物質)を服用することです。

膀胱炎にかかりやすい人は、常に乾燥して(絶対に濡れたままの水着で歩き回ったりしてはいけません)温かい服装をすることが予防となります。

仮性膀胱炎

仮性膀胱炎は病気でも炎症でもありませんが、尿道口周辺をヒリヒリさせるような、熱烈で長時間にわたる性愛の後にのみ起こり得るものです。頻繁な尿意が起こったり、排尿時に痛みを感じたりしますが、24時間以内に症状は自然に消えてしまいます。

膣炎

膣炎は膣の粘膜に起こる炎症です。炎症の原因となるものには、様々なバクテリアや菌や単細胞の微生物があります。例えば、頻繁に石鹸で膣内を洗うこと、ペニシリンやホルモン(ピル)などによる治療、タンポンの使用などによって膣内の正常な酸性度とバクテリアのバランスが崩れると膣炎になることがあります。

症状は、おりものの増加、性器のかゆみや痛み、排尿時の痛みなどです。男性に感染してもほとんど影響はありません。しかし、女性は治療を受けていても男性から再び感染し返されることがあり、しばらくしてからまた前と同じような症状がその女性に現れてきます。

検診では、医師がおりもののなかに症状の原因となるような微生物が含まれているかどうかを調べます。

治療は、原因となる微生物の種類により、錠剤の服用、座薬によるもの、軟膏を塗るものなどがあります。多くの場合、その女性のパートナーも同時

---

(7) 抗生物質による内服治療もある。

に治療することが賢明です。

　予防としては、新しいパートナーや不特定のパートナーとの場合に安全なセックスを行うこと、薬用石鹸で下の方を洗い、その後ていねいにすすぐこと、月経の時にナプキンを使用してタンポンは使わないこと、夏の暑い時には適度に通気性のある服装をすること、などです。

コンジローマ

　コンジローマは、性器の上や周辺にできる白みがかった乳頭に似た突出物です。これはウイルスが原因で、コンドームを用いない性交によって感染します。感染してから、ゆっくりと大きくなる、待ち針の頭ぐらいの白い疣のコンジローマが現れてくるまでに数ヶ月を要します。

　コンジローマは危険なものではありませんが、もし数が増え過ぎ、大きくなり過ぎると不快ですし、回復することが困難になります。少数の小さなコンジローマは、その反対に除去することが容易です。

　治療は医師の所で行われ、ウイルスを殺す物質がはけで塗られます。非常に頑固なコンジローマは、麻酔をかけて切除するか、凍結療法を行うか、焼灼するかして除去します。

ヘルペス

　ヘルペス（疱疹）は、ウイルスによる粘膜の炎症です。ウイルスの種類（病原体）によっては、口唇ヘルペスになるものと性器ヘルペスになるものがあります。

　ヘルペスは、性器のある領域の発赤や痛みとなって現れます。女性ではしばしば内唇（小陰唇）、男性では包皮や亀頭にできます。小さな疣が現れて水疱になり、のちに崩れて小さな傷をつくりますが、1～2週間の間には自然に治ってしまいます。

　最初にヘルペスに感染すると体内にウイルスが見つかり、のちに再発する危険性があります。1回だけ発疹する人もいれば、一定の間をおいて発疹する人もいます。この病気は発病している時にだけ伝染し、水疱や傷がない期間には伝染しません。また、コンドームを使用しない性交でも感染します。

治療は、ウイルスを殺す軟膏を塗布することで行いますが、この軟膏は医師の処方箋が必要です。軟膏は発疹を抑制して炎症を和らげますが、新しい発疹ができるのを妨げることはできません。[8]

予防は、新しいパートナーや不特定のパートナー全員と安全なセックスを守ることです。

カップルの一方がヘルペスにかかっている場合には、発疹が完治するまで性交を避けます。といっても、傷口が開いている間は痛むので自然とそうなります。しかし、最後の傷が完治するまで待つのが困難であれば、普段は別の避妊方法を用いていたとしてもコンドームを使用しなければなりません。

毛じらみ

毛じらみはシラミの一種で、陰毛に寄生し、そこで血液を吸ってかゆみを引き起こします。シラミは毛根に卵を産みつけ、それが小さな白色の泡のように見えます。卵に比べてシラミは、かなりの数がいない限りなかなか目に付きません。感染は身体の接触によって起こり、その時シラミは人から人へと移動します。

処置は、処方箋がなくても薬局で購入できる殺虫シャンプーを使って洗髪することです。その処置と同時に、寝具、下着、ズボン、シャツなどを最低60度のお湯で洗濯します。毛じらみはまったく無害です。

疥癬（かいせん）

疥癬は皮膚の下に寄生する小さな疥癬虫（ヒゼンダニ）によるものです。ヒゼンダニは足をこすりつけるようにして歩き回るため、耐え難いかゆみが生じます。

ヒゼンダニは身体中に見受けられますが、特に、おへそ周辺の腹部や指の間にいます。ダニそのものは目に見えませんが、皮膚に強いかゆみが生じます。時には、かゆくて傷ができるほど掻きむしった跡が残ることもあります。

（8）　現在、ヘルペスの治療は、抗ウイルス薬による内服治療が行われている。再発軽症例においては、軟膏による治療を行うこともある。

感染は身体の接触によって起こりますが、手を握っただけでもうつることがあります。

　処置には、処方箋がなくても薬局で買えるダニ用の殺虫シャンプーを使います。家族の全員に処置を行い、寝具、下着、パジャマ、ズボン、シャツなどを最低60度のお湯で洗濯します。

　処置を始める前に、医師に診断してもらうのが賢明でしょう。というのも、かゆみの生じるほかの皮膚病にかかっている可能性もあるからです。処置をした後は、かゆみが消えるまで少し時間がかかります。もし、数週間経ってもかゆみが消えないようなら同じ処置を繰り返します。(8)

　疥癬にかかることは、恥ずかしいことでも危険なことでもありません。これは、清潔さとは何の関係もないからです。非常に清潔で几帳面な人でも、子ども同様おとなも疥癬になるのです。

（8）　現在は、イベルメクチンという内服薬が使用できる。

第8章 愛の少数派

　愛、性愛、セックスだけにかかわらず、人生のあらゆる関係において私達一人ひとりはかけがえのない存在です。私達は様々な欲求をもち、感情や欲望を様々な方法で表現しています。そして、様々な憧れや夢をもち、同じく様々な方法でそれらを叶えています。つまりこれらは、ほかの人と比べてみた時、私達すべてがある意味で少数派だということです。にもかかわらず、人生の多くの場面において、私達は自分の属する集団から少数派を排除しようとする傾向があります。おそらく、その少数派とされる集団は、多数派と異なる信仰、皮膚の色、国籍をもっていたり、あるいは違った感情の示し方をしているでしょう。

　私達はしばしば、少数派の人達をひとまとめにくくるために、それと識別できるような特別の目印を使います。そして、その人達を私達の偏見の目にさらすのです。

偏見と不寛容

　特に、愛やセクシュアリティに関することとなると、一般的に正常だと見なす方法とは異なるやり方で愛を感じたり伝えたりする人達に対して、私達は偏見や不寛容さをさらけ出す傾向があります。けれども、私達みんながそれぞれ異なっていることを考えた時、「正常である」とはどういうことなのでしょうか。

　私達はみんな、どうしても何らかの先入観をもつことがあり、それにとらわれてしまいがちです。けれども、人生を通じて自分がもっている他人への先入観や偏見を見つめる訓練をし、それらをどうにかしようとすることはで

きるはずです。最もたちの悪い先入観や偏見を捨て、それでもなお消えないで残っている悪い感情を人を傷つけないようなものに変えることはできるのです。

　それができなくても、感情面で歩み寄れる人もいます。感情面で歩み寄ることによって、喜びや満足の気持ちが感じられる方法でほかの人とともに恋愛生活を営み、性的な経験を得ることができるのです。ただ、もしかしたらこの場合は、大多数の人が感情を伝えるやり方とは多少異なっているかもしれません。

感情は同等に価値のあるもの
　ある人達が性的な面や感情の面（感じ方やその表現の仕方）で少数派に属しているからと言って、必ずしもその感情や性的な行動の価値が劣っているとは言えません。

▶ ホモセクシュアリティー

　同性愛の人達は、この地球上に存在する大多数の人とまったく同じ感情、欲望、夢、憧れを抱き、まったく同じ愛、優しさ、親しさ、性愛やセックスへの欲求をもっているのですが、それらを同性へと向けます。逆に、ヘテロセクシュアルの人は異性に向けるのです。これは、一般の規範からはずれた感情でも欲望でもありません。つまり、同性愛であるということは不自然でも異常でもないのです。同性の２人の人間は、異性同士と同じようにお互いの身体に欲望を感じ、お互い恋に陥ることができます。私達は、身体やモノにではなく人に恋をするのです。

　同性愛の男の子／男性は「ゲイ」と呼ばれています。同性愛の女の子／女性は「レズ」と呼ばれています。

大きな少数派
　私達のなかには５〜10％の同性愛の人がいます。これは、デンマークにあ

同性愛

る学校の普通のクラスのなかに1～2人同性愛の人がいる、あるいは全国で約15万人の同性愛の人がいるということです。ですから、同性愛であるということはさほど異常なことではないのです。

多くの若い人達は、思春期に同性愛的な体験をします。例えば、男の子達が一緒になってオナニーをしたり、お互いにオナニーをし合ったりすること、また女の子達が一緒に寝る時に愛撫し合ったりすることは普通です。これらは同性愛であるということと同義ではなく、私達が考える以上に（そして、目で見える以上に）セクシュアリティが幅の広いものであることを示す自然な表現なのです。

そしてまた、同性愛でなくても同性に対して性的な夢や欲求をもったりすることがあり得ます。

バイセクシュアル

性的に一方通行でない人も何人か（5～10％）います。その人達は、両性に対して性的な魅力を感じたり恋に落ちたりします。このような場合、その人は「バイセクシュアル（両性的）」であると言います。

難しさ

同性愛であることを自分に認識させたり、それを公にすることが困難なのは、周囲の偏見や不寛容が原因です。

家族のなか、友達の集団、学校、職場などの至る所で、同性愛者はあからさまな好奇心から非常に攻撃的な行動にわたるまで様々な偏見に出合います（父親は息子を見放すかもしれませんし、雇用者は従業員を解雇するかもしれません。また、路上で殴られる危険性もあります）。

ここ数年、エイズに対して、その特徴や予防の可能性を見つけ出すに至っていないため、同性愛者の間でこの病気が蔓延するに任せた状態となっています。そのため、男性の同性愛者は、純粋に無知が原因でエイズウイルスの保持者とも見なされるようになってしまいました。

同性愛者の愛し合う方法に関しては多くの偏見がありますが、同性愛の人達は異性愛の人達とまったく同じように様々な愛し方をしているのです。愛

撫、相互のオナニー、オーラルセックスは最も一般的なものです。また、多くのゲイは、多くの異性愛者と同様に肛門性交も行っています。

同性愛の原因

　性的な感情をなぜ同性に向ける人がいるのかは分かりません。ただ、同性愛の傾向が人生の早い時期、つまり4歳になるまでにその基盤をつくっていることは事実です。もし、青年期の初期に同性愛的な感情や欲求を自分に発見したとしても、それは変えられるものではありません。自分がもっているほかのすべての感情を変えられないのと同じです。そうした感情や欲求は変化させることはできませんので、その感情と向き合っていくしかないのです。

　自分が同性愛者でなかったら、ほかの人に誘惑されても同性愛者にはなりません。同性愛的志向は私達自身の一部であり、生涯続くものです。

抑制

　自分の気持ちを自身や周囲に対して隠そうとしたり、抑制しようとしたりすることはできます。ただし、これによって、「ばれてしまうのではないか」という不安に悩まされ続けることになり、不幸で葛藤に満ちた人生を送ることからは免れられないでしょう。同性愛者であるという認識は、同性の一人に恋をした時や、肉体的に接触したいという性的魅力や欲求を相手に対して感じた時に一層明確になります。

カミングアウトする（公表する）こと

　大多数の人は、同性愛に対する周囲の非難や視線を知っています。そのため、自らの感情と共存し、それを周囲にも認識させ、同性愛者であることを公表し、抑圧した自分の感情や憧れを素直に行動に表せるようになるまでに長くて困難な時間がかかります。

ゲイあるいはレズだったら

　自分が同性愛者であることが分かり、その感情を誰にも話すことができなかったらどうしたらよいのでしょう？

感情や思考が混沌とした状態に陥るのは、ほとんどの場合、自分が同性愛者であるということを認識し始めるからなのですが、そうなったら、情報を集めたり同性愛に関する本を読んだりするのがよいでしょう。あるいはまた、このような感情を知っていて、同性愛者として生きるとはどういうことかが分かっている人と話すことも大きな助けとなります。

情報とアドバイス

デンマークのゲイ・レズビアン全国協会は、国内の各地に支部をもっています。ここでは、電話によるアドバイスや、どこで同じような立場の人達と会えるかなどの説明を受けることができます。電話番号は番号案内で得られます。

▶ 露出狂と窃視狂

露出狂

露出狂は、自分の性器を他人に見せたいという欲望をもち、露出することによって性的快感を得ます。性的な興奮を与えるのは露出だけではありません。露出狂の人に性的な興奮や、場合によってはオーガズムさえ与えるのは、彼が露出して見せる人達に起こる驚きであったり、彼らが感じる嫌悪であることもあります。

窃視狂

窃視狂（のぞき魔）は、その反対の欲求をもっています。窃視狂は、他人の私生活、例えば入浴、脱衣、性愛の様子をのぞくことによって性的な興奮を覚えます。

露出したい、あるいはのぞきたいという欲求が大きくなりすぎると、ほかの性的な行為の可能性を抑制したり台無しにしてしまうかもしれません。これは、欲望を抑えるために常に自分と闘わなければならない人にとっては、精神的に相当な重荷となってしまいます。

不法行為

　他人の嫌悪を呼び覚ましかねない場所で性器を露出すること、また他人の私生活をのぞき見することは禁止されています。露出狂も窃視狂も、罰金の支払いか拘置所に入るという罰を科せられます。露出狂の人が見せ、それを窃視狂の人が見ることで共に自分の欲求が満足できるのであれば、それが一番いいでしょう。しかし、残念ながら事はそれほど単純ではありません。露出狂を満足させるのは観衆の驚きであり、窃視狂が満足するのは禁じられたのぞきをする時のわくわくするような興奮なのです。

　一方、透け透けの服装をしたり、海岸などのように大きな驚きが起こらないような場所を裸で歩くことによって欲求を満たす人もいます。また、窃視狂の人は、ポルノ映画やポルノ雑誌を見たり、ライブショーを観たりすることによって自己を発現する可能性を得、他人に迷惑をかけることなく法の枠内で彼らなりの性生活を営むことができます。

無害

　露出狂や窃視狂の被害にあっても、危害を加えられることはありません。しかし、多くの人達が、彼らの欲望のはけ口の対象として利用されたと憤慨したり、人間的な価値を傷つけられたと感じます。

子どもと露出狂

　子どもの場合は、露出狂の被害に遭うことによって精神的なダメージを受ける可能性があります。ダメージの原因となるのは、当然、硬くなったペニスを目にすることではありません。それは、何か脅かされるような、そして強制されるような性的体験です。

　子どもはまた、自らが体験したことについて話した時、それを聞いた大人達が興奮した様子を見せることで傷つけられる場合があります。警察官が興奮して厳しく尋問をしたり、近所の人の間にその子どもへのリンチにも似た残虐な雰囲気が起こったりしたら、ペニスは何か危険なものだ、禁じられたものだ、嫌悪すべきものだという印象を子どもに与えてしまうことになります。反対に、親が静かに落ち着いてその体験について子どもと話し、出来事

を大げさにせずに緊張を和らげるようにしてあげれば、心に傷をつけることはありません。

▶ 卑猥な電話をかける人

これは、男性に多く、不特定の女性に電話をかけて、何の罪もない聞き手に性的な空想をくどくどと話す人のことです。相手の女性は、見知らぬ人の電話オナニーを無理やり聞かされることで当然ながら気分を害しますし、場合によっては恐怖すら感じるかもしれません。私達にできる最良の方法は、落ち着いて静かに受話器を置き、電話線を引き抜いておくことです。

▶ サディズムとマゾヒズム

これは、人間がもっている感情の両極に位置しているものです。
サディストは、他人を拷問したり、虐待したり、屈辱を与えたりすることで性的な快感や興奮を得ます。これに対してマゾヒストは、服従したり、拷問されたり、屈辱を与えられたりすることに快感や興奮を感じます。

サドマゾヒズム
他人を虐待したり自分自身が虐待されたりすることの両方に快感を覚える人もいます（サドマゾヒスト）。
多くの人の性愛生活では、両者が喜びや楽しみを感じる行為が多少の痛みを伴ったり、幾分か虐待的であったりするものです。激しい性愛行為の後には、もしかしたら背中に引っ掻き傷が付いていたり、吸ったりかんだりした跡が残っているかもしれません。
愛し合う時にパートナーが少々手荒く扱ってくれることを好む人もいます。また、パートナーが支配的であることを好む人もいますし、自分が主導権を握り、激しい行動を取ることを好む人もいます。

サドマゾヒズム

痛みと享楽の境界は明確でなく、人によって状況が異なります。本質的なサドマゾヒズムの場合は、その行為は性愛における香辛料ではなく、性的な快感や満足を得るための前提そのものとなります。

彼らの性的な態度や視点を分かち合ってくれるパートナーを見つけることは、決して簡単なことではありません。サドマゾヒストはタブーに取り囲まれていますし、自らがサドマゾヒストであるという事実を明らかにするだけの勇気のある人はほとんどいません。

S Mil

サドマゾヒストの協会は「S Mil」と呼ばれます。ここに問い合わせると、アドバイスや指導を受けることができます。また、どこで仲間に会えるかも知ることができます。電話番号は番号案内で分かります。

S Mil（サドマゾヒストの協会）

デ語の「smil＝スマイル」の意味もある。デンマーク国内の4都市（コペンハーゲン、オーデンセ、オルボー、オーフス）にある支部から成るサドマゾヒストの協会。毎夏、国際的なサマーキャンプを開催している。

コペンハーゲンの協会には300人ほどの会員がおり、様々な催しを行っている。基本的に会員制だが、関心のある人達のために月2回夜に紹介のため門戸を開いているほか、毎年10月に市が行う「カルチャーナイト」にも参加している。

会員であるかどうかに関わらず、SMに関する相談をしたりアドバイスを受けたりすることができる。

▶ 服装倒錯者

異性の格好をすることに性的欲望や快感を得る人のことです。その欲望は周期的にやって来ることが多く、ある程度それと分かるものです。この欲望は、もしかしたらパートナーの下着を身に着けて鏡の前に立った時にだけ現れてくるものかもしれませんし、もしかしたら彼らはパートナーと自分を内面から外面に至るまで取り替え、異性のように仮装したり化粧したりするか

もしれません。

　服装倒錯者が同性愛者であるとは限りません。しばしば、服装倒錯者はごく普通の家庭のお父さんであったりします。そして、妻や子どもが不在の時に自分の欲望をあらわにし、そのことを妻に打ち明けたいという密かな夢をもっていながら、妻の反応が怖くてその勇気がなかったりするものです。

　服装倒錯者そのものは周囲の人にとってはまったく無害ですが、多くの偏見に満ちた反応を周囲に呼び起こしますし、それが本人を困難な状況に陥れたり、コンプレックスを与えたりしてしまうことになります。

▶ 性倒錯者

　性アイデンティティ障害の一つで、異性として自分を感じる人のことです。性倒錯の男性は、男性の肉体をした女性として自分を感じ、逆に性倒錯の女性は女性の肉体をした男性だと感じています。異性の肉体のなかに自分の存在を見いだすことがいかに不幸であるかは想像に難くありません。手術を受けて肉体をつくり直し、その結果、もっと精神と肉体とが一致できるようになりたいと多くの性倒錯者が願っています。そして、何回もの大きな整形手術と、一生にわたってかかるホルモン治療に喜んでお金を支払っているのです。

Phi Pi Epsilon（服装倒錯者の国際的な機関）
　これは、服装倒錯者や性倒錯者についてもっと知りたい人にアドバイスや指導を行う協会です。電話番号は番号案内で分かります（次ページのコラムを参照して下さい）。

▶ フェティシズム

　私達はみんな、フェティシズムが何であるか知っています。大多数の人は、愛する人が所有している衣服やマフラーやそのほかのものを抱きしめること

> **Phi Pi Epsilon**
>
> デンマークで一番最初（1966年）に設立された服装倒錯者のための協会。その後、名前をFPE-NE（Full Personal Expression-Northern Europe）に変更した。協会の運営や路線に関する内部の不和のためメンバーの約3分の2が脱会し、その半数が新しい協会であるTID（「デンマーク服装倒錯者協会」）を1994年5月に設立し、残りの3分の1のメンバーがFPE-NEを存続させている。さらに、「ネットストッキング（Netstrømperne）」と呼ばれるグループがTIDとの提携活動を望むが、TID側の関心は薄く、彼らは自分達の協会「トランス・デンマーク」を設立し、主に服装倒錯者や性同一性障害者の社会における権利向上のため、政治家や関係当局に働きかけることを活動目的としている。TIDは、情報提供やカウンセリングのほか、パーティーをはじめとする様々なイベントも主催するなど、活動領域は幅広い。

で熱い想いや喜びを感じるのです。これらの人々は、性的な欲求を別の人間にではなく、性的快感を呼び覚ますような特定のモノや服（例えば革の服）に向けます。もし、フェティシズムの人がゴム長靴に性的な興奮を覚えるのであれば、その人にとって、その長靴をはいている人が誰かは性的にさほど意味がありません。つまり、愛し合う相手が「ゴム長靴をはいている」ことに決定的な意味があるのです。

▶ 獣性愛、動物性愛

動物を相手とした性的な交わりのことです。自分の飼い犬に股を舐めさせる女性がいるかもしれませんし、牛と性交をする男性がいるかもしれません。どちらも、おそらくは私達が考えているほど数少ないものではないのです。

獣性愛は、その人がほかの人間と性行為が営めない場合に生じることが最も多く、人間の代わりに動物を相手にするという一種の代償行為です。そして、本質的な獣性愛の人は動物とのセックスだけに欲求を感じ、人間には性

的に惹かれることがありません。獣性愛は、動物に過重負担がかからない限り禁じられていません。もし、動物に負担がかかれば、当然それは動物虐待となって罰せられます。

▶ その他の少数派

性生活のなかには、ほかの人達が聞いたらその大多数が拒絶反応を示すような特殊なものがあります。

老人愛
老人愛は老齢と老人に性的に魅力を感じる人のことをいい、青年期や若い人に惹かれる老人を意味するものではありません。

死体愛
死体愛の人は、死体と性交することで快感を得ます。

糞尿愛
汚物（例えば、便）に惹かれる人のことです。

フラジェランチズム
自分を鞭打つことによって性的快感を得ることです。

異様な欲望
異様な欲望は、例えばお互いに排尿し合ったり（尿セックス）、便を塗りつけ合ったりするなど、特殊な性的行動に属する性欲を言います。

性生活のバリエーションを載せたリストをつくるとしたら、それは相当長いものになるでしょう。しかし幸いなことに、それら全部につけるラテン語の語彙表現がありませんから、ここでは言及しなくてすみます。

第9章 愛を踏みにじること

　人を愛すること、その愛に報いられたいと思うことは、すべての人にとって生まれてから死ぬまでの間において必要不可欠な欲求です。人間同士の愛とは、私達がもっているあらゆるすばらしい温かい感情、優しさ、いたわり、欲求、至福を交換し合うことです。私達はこの愛を、言葉や身体や魂で与えたり受け取ったりします。

　愛とは、返してもらうことを考えない献身です。そして、その贈り物として愛する人を受け取ることができるのです。愛は、自分の努力に対して見返りを期待したり、与えた感情のお返しとして贈り物や奉仕を要求したりする取引ではありません。ほかの人から感情を要求したり奪ったりすることを愛とは言いません。

性的虐待

　説得、抑圧、利用、脅迫あるいは力の助けを借りて性的な行動をほかの人に強制することを「性的虐待」と呼んでいます。それは、愛の花壇のなかに入って靴で踏みにじる行為となります。

　性的な虐待を行って自分自身の欲望を満足させる人がいることを説明する方法はたくさんあるかもしれません。しかしそれは、性的虐待を受ける犠牲者達を救うことにはなりません。

虐待者

　性的虐待を行う人の大多数は、自身が幼児期や成長期に性的な虐待を受けたか、あるいは感情面において十分に愛情を受けずに満たされていない人達

です。また、ほかの人との自然な接触が強制的に抑さえつけられている人達でもあります。一部の性的虐待は、強度なアルコールの影響を受けた状態で起こっています。

　性的欲望がどんな種類のもので、その欲望がどれほど強くて、どんな状況であったとしても、その人達の欲望を満足させるための道具としてほかの人間を使う権利は誰にもありません。私達は、自分の欲望、想像、夢に十分な責任をもてるとは言えないかもしれません。しかし、自分の行動に対しては常に責任を負っているのです。

苦痛に満ちた欲望

　他人に不快感を与えたり傷つけたりする以外の方法で欲望や欲求を満たすことができないということは、同時に苦痛も多くなります。しかし、もしこのような状況にあるとしたら助けを得ることはできます。それには、医師やカウンセラーによる専門の治療が必要です。

犠牲者

　性的な虐待を受けることは、身体だけでなく心にも傷をつくることになります。性的虐待の犠牲者は、多くの場合、癒えることのない傷跡を残しますし、長い年月にわたって（もしかしたら終生）性生活や恋愛生活が崩壊してしまうような、感情面での傷を常に抱えることにもなります。最悪の場合には、性的虐待は犠牲者の命を奪ってしまうことさえあるのです。

▶ ささいな強姦

　性的虐待は、残念ながらカップル関係の内と外の両方で、虐待者または犠牲者が気づくことなく日常茶飯事に起こっています。

　2人の間のセックスの関係において、あらゆる段階の強制、脅し、抑圧がこれに相当します。この関係では、一方（だいたいの場合は男性）が相手に対して、意志のない、あるいは相手が抵抗を示すような様々な性的行動を強

制します。

　性的な虐待は、ゲイとレズビアン両方の同性愛者達の間でも起こります。また、夫婦またはカップル関係においては、周囲の人達や関係当局が知るところなく強姦や性的虐待が頻繁に起こっています。依然として多くの集団では、カップル関係にある2人はお互いに相手を所有し合っていて、自分の欲望を満たすためにパートナーを使う必要があるのだという誤った解釈がなされています。時には、虐待者と犠牲者両方がこの誤った解釈をもつこともあります。その結果、犠牲者は拒絶する力も勇気も出ず、おそらくは虐待者が脅しと殴打の両方を使って虐待行為を実行してしまいます。

　残念ながら、ことセックスに関しては、女性は意見を言わないものだ、たとえ女性達が心のなかでは何かをしたいという気持ちがあっても実際はないと言うのだ、女性に対してはプレッシャーをかけるべきだ、もしかしたら彼女達は、心の底では強制的に扱われることを期待しているのだ、という解釈が根付いてしまっています。

明確な返事をする

　もし、あなたが性的な虐待から免れたいのなら、口と目と行動で「いやだ」と言うことです。自分の内面にある境界線を越えたと感じたら、すぐはっきりと相手に自分の意見を言って下さい。あなたが誰と一緒にいようと（新しい友達であれ、恋人または特定のパートナーであれ）、はっきりと相手に理解してもらって下さい。そうでなければ、相手はその境界線がどこに引かれているのかが分かりません。

　あなたの内面が虐待されつつあると感じたら、すぐ「いやだ」と言わなければなりませんし、あなたの身体も拒絶しなければなりません。

行動

　あなたの拒絶が理解されなかったり否定されたりしたら、より強い行動に出るべきです。つまり、あなたが今行っている行為を中断することです。そのためには、その場から去ってしまうのが一番よいでしょう。その行為は、あなたと虐待者の両方にその状況について考えるだけの時間を与え、自らの

言っていることが矛盾していないかどうかという疑いを取り除いてくれるでしょう。

▶ 強姦

ある人が、力ずくで他人に性交を強要することです。最も一般的なのは男性が女性を強姦することですが、その反対も起こります。ちょうど、ホモセクシュアルの人の間で強姦（強制的な肛門性交）が起こるのと同じです。

犯罪

強姦は犯罪で、何年にもわたる拘留の罰を受けます。

大多数の強姦による犯罪者は、他人に対する自然な性的関係から切り離され、傷ついて萎縮した生活を送っている若い男性です。彼らが強姦を犯す時は、泥酔状態の場合が多くなっています。しかし、泥酔状態にある複数の若い男性が1人の女性を強姦することも稀ではありません。

別のタイプの強姦犯罪としてはサディスティックなものもあり、自分の犠牲者を痛めつけたり強制したりすることで性的な喜びを得たり性欲を満足させたりしています。時には、拷問したり殺したりすることによって快感に到達することもあります。ただし、同意のもとにサドマゾヒスティックな性の遊戯をパートナーと行うことと同一視してはいけません。

いつ、どこで、誰を

大多数の強姦者は、夜、1人で帰宅途中の女性や少女を襲います。

周りに人がいない所、例えば公園のような所だったりしたら、当然ながら一番簡単に強姦されてしまうでしょう。そのような所だけでなく、階段や地下の自転車置き場、公共のトイレなどでも強姦事件は起こっています。

強姦が発生する一般的な状況は、女性が居酒屋から男性の家までついて行ったり、家まで男性に送ってもらったりする時です。もしかしたら、その女性は、ただ夜のおしゃべりをしたり、ちょっと親密になりたいだけかもしれ

ません。しかし、男性はその状況を性交への招待と解釈し、女性の気持ちや抵抗行為を無視してしまいます。

　容姿の美しい女性や性的に挑発している女性が特に危険にさらされやすいというのは誤った思い込みです。どんな年齢の女性でも、またどんな容姿の女性でも、上記のような危ない状況に置かれたら強姦される恐れはあるのです。

強姦を避ける

　もし、強姦から免れたいと思うなら、夜、人気のない寂しい所を1人で歩かないこと、そしてよく知らない男性を家に招待したり、その男性の家についていったりしないことです。

性格の現れ

　性格も強姦と関係があります。臆病な性格や用心深さを周囲の人に分からせてしまうような女性は、自分の言動に迷いがなくてしっかりとした考えをもっている女性よりも簡単に強姦の犠牲者になってしまうものです。

自己防衛

　柔道や空手など、自己防衛のために武術を身につけている女性は、性的行為を強制されそうになった時にどのように暴漢に立ち向かえばよいかを知っています。そのような状況から切り抜けられる自信をもっている女性は、そのことが態度にも現れて強姦者もその行為に走れません。

暴漢の外見

　おそらく、多くの人が強姦者とは突然現れる見知らぬ人だと考えているでしょう。しかし実際は、その大部分が居酒屋やパーティーの場などで知り合いになった男性か、犠牲者が以前から知っている男性なのです。

強姦されそうになったら

　強姦の危険にさらされていることが分かったら、可能であればまず逃げる

ことです。路上で後をつけられた場合は、人通りの多い地域へと駆け出して下さい。叫びながら走るのが一番です。あるいは、笛などを携帯し、走りながら大きな音を立てて吹き鳴らして下さい。

逃げる、叫ぶ

　屋内にいる場合は、できれば服や持ち物を持って、ダメな場合はそのままの格好でとりあえずそこから走って出て下さい。そして、走りながら叫んで下さい。

　あなたについて来た男性やあなたを家に招待した男性が、もともと強姦しようという考えがあったかどうかは定かではありません。しかし、強姦されるのではないかというあなたの疑心を感じることによってその行為に踏み切ってしまうのです。

冷静な態度を保つ

　もし、あなたが先に部屋のなかへ通されたり、男性がドアに鍵をかけたりしたら、その男性が何を望んでいるかが明確になります。そうなった場合は、冷静な態度を保つようにして下さい。平静を装い、男性に話しかけて下さい。そして、下半身が感染症にかかっているかエイズにかかっていると言って、もし病気を分かち合ってくれるなら喜んでセックスしたいと彼に伝えて下さい。あるいはまた、セックスはしたいけれど「ここではいや」だと言って下さい。それでも男性が強制し続けたら、近くに人がいると分かっている場合などは大声で叫んで下さい。

　あなたの叫び声が聞こえたかどうか分からない場合、また自らの力で強姦者から切り抜ける方法を知らない場合は、抵抗を諦めて相手に従わなければなりません。そうでなければ、相手は必要以上に危害を加えるか、もしかしたらパニックに陥ってあなたを殺害してしまうかもしれないからです。

強姦が起こってしまったら

　強姦された直後は、それ以上の危害を加えられないうちに暴漢から逃げることです。もし、その男性が逃げ出さない場合、彼に向かって重大な罪を犯

したというような表現をしてはなりません。できるだけ平静にし、事を大げさにしない態度をとって下さい。そうすれば、相手はあなた自身も了解したことだと信じ続けるでしょう。どんなことでも約束して下さい。たとえそれが、明日また彼とセックスをするという約束であってもです。このような状況ではその場から立ち去ることが重要で、正直になることではありません。

警察へ行く

安全な場所へ来たら、すみやかに警察へ連絡して下さい。あるいは、親しい人（両親、恋人、友達）を探して一緒に警察へ行って下さい。

あなたが信頼のおける人と一緒に、強姦された時の状況についてすべてを話すことは絶対に必要なことです。そして、警察に連絡することも絶対に必要不可欠なことです。尋問の場や、事によっては法廷でその時の事態を再現しなければならないことがいかに辛くても、それは必要なのです。

罪の意識

普通、強姦された犠牲者は、暴行を受けた後で自分が穢れているとか、自分に嫌悪感を抱いて起こったことを恥ずかしく思ったりしますが、これは誤った感情でしかありません。強姦された人は犠牲者であって罪はありません。罪があるのは、重大な暴行を犯した人なのです。

心理的な援助

被害にあった女性がこれから先の生活を無事に送るためには、カウンセラーに援助を求めることが必要となるでしょう。

1人の人間の人格と感情が暴力によってこれほど深刻に侵されることはその人の心に傷を残します。その傷を治癒する際には難しいケースが多々発生しますから、専門家にまかせるのがよいでしょう。そうでなければ、長期にわたって性的な感情やカップル関係に大きな問題を起こす危険性があるからです。

▶ 子どもに対する性的虐待

　大人が自分の性的欲求を満足させるための道具として子どもを使った時、それはすべて虐待となります。決して、性的、官能的な感情の相互交換とは言えません。
　大人は、自分の目的を達成するために、必ずしも強制や暴力を使うわけではありません。子どもを犠牲者とするために大人は、優しい説得をしたり、お金やお菓子を与えたり、脅したり直接的な暴行をすることに至るまであらゆる手段を使うことができます。それ以外にも、その人に対する子どもの信頼や愛情を利用することもできるのです。

子どもと大人の間の愛
　大人と子どもとの間に存在している近くて優しい関係は必要なものであり、また好ましいものです。大人と子どもはお互いに愛情を示し合い、抱きしめ合い、愛撫し、キスし、抱きかかえ、手をつなぎ、一緒に楽しい時を過ごしたり、同じベッドで温め合ったり、一緒に入浴したり、背中をさすり合ったりすることができます。これはどれも、虐待などとはまったく関係のないものです。

境界線を越えること
　このような緊張感がなくてくつろいだ優しさにあふれる肉体的な親密さと、何人かの大人の所にいて感じられる性的な雰囲気との間には通常境目があります。しかし、それを越えてしまうようなことがあった時、大人自身にはそれがよく分かるでしょう。ですから、もし大人が境界線の手前でストップしなければ、子どもに対する虐待につながる遊戯を行ってしまうことになります。
　この状況では、常に子どもは犠牲者となります。たとえ大人が、「子ども自身がそのような状況へもっていったのだ」、「抵抗しなかった」、「誘惑するように反応した」と主張したとしても子どもは犠牲者なのです。

▶ 近親相姦

近親相姦とは、近しい家族の一員である2人、例えば父親と娘、母親と息子、祖父と孫、継父（継母）と子どもなどの間の性的な行為を意味します。兄弟間のセックス（これも近親相姦です）を除くと、近親相姦の関係には常に大人がかかわり、子どもに対して性的な虐待を行っています。

罪になる行為

近親相姦は罪になります。近親相姦によって受ける罰は、その関係がどれほど深刻なものであったかによります。

大人が子どもを虐待する性的な行為はいろいろあります。乳房や性器に対する性的な愛撫であったり、大人が子どもでオナニーをしたり、子どもにオナニーをさせたり、自分をなめさせたり、あるいは本当の性交であったり、肛門性交であったりします。

子どもの信頼感

大人は、子どもが抵抗しないことに驚かされるでしょう。しかし、子どもは自分の近くにいる大人に対して、自然な信頼感、従順さ、愛情をもっているのです。そして、子どもは非常に無力であり、親の日常生活や感情に自分を委ねているのです。何が正しく何が間違っているのか、何がよくて何が傷つけられるものなのかということに関して、子どもには明確な感覚がありません。

虐待された子どもは、もしかしたらその虐待者に対してさえも温かい感情をもっているかもしれません。通常、子どもは、いつ境界線を越えたのか、いつその関係が誤ったものになり、怪しいものになったかをよく知っています。しかし、ほとんどの場合、相手である虐待者を密告しません。場合によっては、ほかの人に話さないように脅かされていることもあります。

長期にわたる近親相姦関係

家族における近親相姦関係が何年にもわたって続くことも決して稀なこと

ではありません。そうなると、犠牲者（子ども）は虐待者への依存（もしかしたら、その人への愛情）と自分自身に対する嫌悪感やうとましさ、そして現在起こっている禁じられるべき関係や秘密の出来事との間で揺れ動き、どんどん精神的に不安な状態になっていきます。

不安と精神の分裂

もし、その関係が明るみに出たら起こるであろう破局を心配し続けることは、その子どもにとってもかなりつらい秘密となります。それによって、家族や友達のグループに対して信頼関係を維持したり率直になったりすることが不可能になってしまいます。子どもは、「関係がばれるのでは……」という不安に常に悩まされ続けます。もし、ばれなかったとしても、大多数の場合、近親相姦の犠牲者は情動面や性生活において深い傷を負います。

罪の意識と自己嫌悪

罪の意識と自己嫌悪は近親相姦の被害者の全人格にのしかかり、被害者はこの二つの感情に屈してしまうでしょう。近親相姦関係そのものと、自分も参加してしまったということに対する嫌悪感をもち続けることはあまりにも困難なため、被害という意識のなかで抑えつけられ、その結果、犠牲者を冷ややかでシニカルな殻に閉じ込めてしまいます。これが理由で、他人との親しい関係を避け、恋することや好ましい性的感情をもつことが不可能になってしまいます。

説明のできない困難な精神的危機や鬱（うつ）がやって来ることも稀ではありません。なぜなら、犠牲者は近親相姦の関係を自分の意識のなかから締め出してしまい、まったく覚えていないからです。

子どもに対して近親相姦の罪を犯した大人は、その子どもの未来を崩壊させることになるのです。

状況を中断する

もし、あなたが近親相姦の被害に遭いそうになったら、即刻その状況を中断して下さい。拒絶し、走って逃げ、泣いて、何でもいいから叫んで下さい。

適切な時点で状況を断ち切ることができたら、事態がもとに戻ることはありません。こうすることによって、自分自身とあなたに暴行を加えようとした相手の両方を救うことになります。

大人に話す

「黙っている」という約束は絶対にしてはいけません。逆に、あなたが信頼する大人にそのことを話して下さい。その大人というのは、あなたのお母さん、あなたの友達、先生、隣の人などでしょう。

心を開いて！

　もし、あなたが近親相姦の犠牲者あるいは犠牲者だったことがあってつらい秘密をもち続けているなら、救いとなる手段はただ一つしかありません。あなたの秘密を話して下さい。信頼できる人、そしてあなたとともに、その重荷からどのようにして逃れるかを考えてくれる人に秘密を打ち明けて下さい。

罪を位置づける

　もし、あなたが人生の歩みを続けていこうと思うのなら、秘密を打ち明けることが必要です。そして、あなたを虐待して傷つけた人が行為を止め、罰せられたり治療を受けたりすることも必要でしょう。たとえ、相手があなたと親しい人であってもそうして下さい。罪がどこにあるのかを明確にしなければなりません。罪は、あなたを虐待した人にあるのです。明確になって初めて、あなたはその罪から逃れることができるのです。

問い合わせ先

　あなたは、1人でもしくは誰か大人の人と一緒に、自治体のソーシャルワーカーか通っている学校のカウンセラー（臨床心理士）に問い合わせることができます。どちらの場合でも正しい治療が受けられます。ソーシャルワーカーも学校のカウンセラーも何が起きたかを調査する義務があり、そしてあなたには、何らかの被害を受けたということであればその旨を警察に届ける義務があります。

助けを求める必要

　あなたの身に降りかかった出来事と取り組むために、必要な援助や支援を受けることができます。それによってあなたは再び元気になり、自分を取り戻すことができます。そのために、ホームドクターの所へ行くこともできます。ホームドクターは、事件からあなたと家族を救い出してくれるでしょう。

　これから起きるであろう混乱状態やそこに巻き込まれる人達のことを考えると、事態の収拾などはとうていできそうにもないように思えるでしょう。しかし、ほかに道はありません。あなた1人で苦しまず、ほかの人にも助けてもらうことが必要なのです！　あなたの秘密を話して下さい。そして、それは早ければ早いほどよいのです！

治療

　もし、あなたが近親相姦の犠牲者で、何年も前のことなのに、依然としてその出来事が原因であなたの生き生きとした自己の表出を妨げ、性愛やセックスの時の喜びにブレーキをかけているようだったら早く援助を受けなければなりません。あなたのホームドクターは、要求にかなった適切なカウンセラーか精神科医を紹介してくれるでしょう。治療は長期にわたるかもしれませんし、時につらいかもしれません。しかしそれは、あなたが受けた虐待と比べればたいしたことではありません。

▶ 変質者（幼児に性的ないたずらをする人）

　子どもを誘惑していたずらをする人は、性的な利用が目的で子どもをそそのかす大人です。誘惑者は女性でも男性でもありえますが、数の上では男性の方が圧倒的に多くなっています。犠牲となる子どもは少女か少年です。

「優しい」誘惑者

　子どもを誘惑する大人のなかには、子ども（家庭内で、誰かとのつながりを求めていることが多い）の面倒を見てくれる「優しい」知り合いの人も含

まれています。例えば、近所に住む独り暮らしの男性とか、子ども達が知っていて信頼を寄せている人（スポーツクラブの指導員、ボーイスカウトのリーダーなど）です。

いわゆる「優しい」誘惑者は、子どもが大好きで子ども達と会うことを好みますが、自分の幼児性欲（子どもに性的に魅力を感じること）に境界線を引くことができず、子ども達と様々な性的行為を行います。その内容としては、ポルノ映画やポルノ雑誌を見せたり、衣服を脱がせて触ったり、オナニー、性交、そして肛門性交に至るまでありとあらゆるものがあります。

事が明るみに出ると、大多数の「優しい」誘惑者達は「子どもを傷つけるつもりはなかった」と言います。多分、そのつもりではなかったのでしょう。しかし、目的が何であれ、性的暴行の対象にされることは子どもを傷つけることになります。そして、その行為の内容が何であっても、のちの健全で自然な成長を妨げる可能性があるのです。

疑いを抱いたら

もし、自分の子どもが性的に利用される被害に遭っているのではないかと疑いを抱いたら、即刻、事態の究明をしなければなりません。つまり、疑念の根本的な理由が何なのかを探ってみるのです。

当然、子どもと腰をすえて話し合う必要があります。それは、落ち着いた直接的な会話でなければなりません。その会話では、自分がなぜそのような疑いを抱いているのかという理由を率直に話します。しかし、子どもが何かひどいことに加担したと怖れてしまうような、大げさで道徳的な戒めを行わないようにすることが大切です。なぜなら、間違った関係だと分かると、子どもが嘘をついたり、その「優しい」誘惑者を守ろうとしたりすることが稀ではないからです。

ソーシャルワーカー

もし、子どもとの会話で疑いが確実なものになったり、何らかの情報が得られたりしたら、自治体のソーシャルワーカーと連絡をとらなければなりません。彼らはどのように子どもを援助するべきかを知っていますし、事態を

調べて、必要なら警察にも知らせてくれます。

子どもを咎(とが)めない
　子どもを性的に利用することを、その大人にできる限り早く止めさせることが重要です。そして、できてしまった傷の処置を施そうと試み、親は起こった出来事に対して子どもが罪の意識をもたないようにしてやることが大切です。
　罪があるのは、子どもをそそのかした人です。そして彼は、自分がした行為に対して責任をとらなければなりません。そうすれば、その罪には正しい位置づけがなされるのです。

命の危険がある子どもの誘惑者
　子どもを性的な行為へとそそのかす人のなかで最も危険なのは、強烈で歪んだ性欲をもった人で、通常、その性欲は路上や公園で子どもに向けられます。彼は嘘をついたり、いろいろな約束をしたり、お菓子などを与えたりして子どもを誘惑します。そして、子どもを人気のない所へ誘い込み、性的ないたずらをします。それは強姦という形をとることもありますし、パニックに陥った誘惑者が暴行の後に子どもを殺害してしまうことも稀なことではありません。
　子どもに対して強い性欲を認める人は、悲劇的でむごい暴行を犯す前に援助と治療を求める必要があります。医師に問い合わせることによって、専門的な治療を紹介してもらうことができます。性欲が向けられる方向を変えることはできませんが、効果的に性欲をコントロールする薬剤はあります。

どのように我が子を守るか
　残念なことですが、我が子を守るためには、子どもが大人に対して抱いている自然な信頼感や率直な気持ちをわずかながら裏切らなければならない必要が出てきます。
　定期的に、ただ脅かしたり大げさにしたりすることなく、誘惑者について子どもと話すべきです。子どもは、正確に誘惑者とは誰なのか、彼らの目的

は何なのか、そしてもし知らない人に襲われたり誘惑されたりしたらどのように対処したらいいのかと聞いてくるはずです。そしたら、次のように言いましょう。
「どんなことを言われても、決して知らない人に付いていってはいけません」
「ちょっとお母さんに聞いてみると言って、走って逃げなさい」
「もし、知らない人に誘惑されそうになったら家に帰って知らせなさい」

　子どもの遊んでいる所では大人が監視したりし、年少の子どもは、常に学校への登下校や学童への行き帰りに多数で行動するようにしましょう。
　他人に対しては信頼感をもつと同時に、場合によっては疑いの念を抱くことも必要であると子ども達に教えることによって他人を見る眼を養うことができ、子ども達の情緒の安定が図れるのです。

第10章 アドバイスと指導

　もし、あなたが性生活や恋愛生活上の問題に関して、援助やアドバイス、指導を求めているのなら、数多くのクリニックをはじめ、公的な機関や協会などが運営をしていて情報を提供してくれる所があります。無料で、また直接、あなたが必要としている援助を得ることができます。あなたのホームドクターか、あなたが住む市の社会事業部へ問い合わせることによって指導を受けることができますし、また、正にあなたが置かれている状況に必要な援助をしてくれる関連機関を紹介してもらうこともできます。[1]

▶ 市の社会保健局

　各市にある社会保健局は、多くの形（治療、カウンセリング、経済的な援助、住居の援助、教育の援助など）で援助や指導を提供しています。もし、下記のような問題を抱えているのであれば、あなたが住む市のソーシャルワーカーに問い合わせればよいでしょう。

❶妊娠と出産の遂行、保育、乳児の世話に必要なものの調達、住居など。
❷父権と各種手当てに関する法律上の援助。
❸子どもの世話および養子に関して。
❹子どものニーズに関することすべて。

（1）　本章では、原書に書かれているデンマークの実情に関する記述・情報とともに、日本における各種情報も追加して掲載したので参考のこと。

❹では、置き去りにされた子ども、放置されたり虐待された子ども、性的に利用されている子どもあるいは暴行されている子どもが対象となります。

▶ 避妊クリニック

　ここでは、避妊に関して無料の指導を受けることができます。また、必要なら診察を受けたり、適切な避妊具を紹介してもらうこともできます。
　これらのクリニックは、国内の大きな都市にあります。住所と電話番号は電話帳で調べるか、番号案内で尋ねることができます。これらのクリニックは県によって運営されています。⁽²⁾

コペンハーゲン県 (Københavns Amt)	ウスタブロー（Østerbro）、アマー（Amager）、ノアブロー（Nørrebro）、フレデリックスベア（Frederiksberg）。ヘアレヴ（Herlev）
西シェラン県 (Vestsjællands Amt)	ホルベック（Holbæk）
フレデリックスボー県 (Frederiksborg Amt)	ヒレロズ（Hillerød）、フレデリックスソン（Frederikssund）、ヘルシンガー（Helsingør）
ストアストロムス県 (Storstrøms Amt)	ニューキュービング（ファルスター島）（Nykøbing Falster）、ネストヴェズ（Næstved）、ナクスコウ（Nakskov）
フュン県（Fyns Amt）	オーデンセ（Odense）、スヴェンボー（Svendborg）
ソナユラン県 (Sønderjyllands Amt)	ソナボー（Sønderborg）
リーベ県（Ribe Amt）	エスビャー（Esbjerg）
リンキュービング県 (Ringkøbing Amt)	ホルステブロー（Holstebro）、ヘアニング（Herning）
ヴァイレ県 (Vejle Amt)	ヴァイレ（Vejle）、コリン（Kolding）、フレデリシア（Fredericia）、ホーセンス（Horsens）

オーフス県 (Århus Amt)	オーフス (Århus)
ヴィボー県 (Viborg Amt)	ヴィボー (Viborg)、スキーヴェ (Skive)、チーステズ (Thisted)
北ユラン県 (Nordjyllands Amt)	オルボー (Ålborg)、ヨーリング (Hjørring)

▶ 性感染症

　性感染症（エイズ）の検査と治療は、あなたのホームドクターの所か、国内の大きな都市にある**性病クリニック**で行われます。電話番号は、番号案内（**クリニックの項を参照して下さい**）、あるいは市やあなたが住む地域の病院で知ることができます。そして、以下の病院には性病クリニックがあります。

コペンハーゲン	市立病院（Kommunehospitalet）、ヴィドオウア病院（Hvidovre Hospital）、国立病院（Rigshospitallet）、ビスペビャー病院（Bispebjerg Hospital）、ゲントフテ県立病院（Gentofte Amtssygehus） 病院以外にあるクリニック Enghavevej 42, 1674 Kbh. V, Tietgensgade 31, 1704 Kbh.V. Rosenørns Alle 12, 1.sal, 1704 Kbh.V.
オーデンセ	オーデンセ大学病院（Odense Universitetshospital）

（２）避妊クリニックのない県では、主にホームドクターが扱っている。また、オーフス県においては、以下の所で避妊に関するアドバイスや指導を受けることもできる。
Lysthuset: Vestergade 5B, 8000 Århus C　TEL. 70 27 50 05
Marcelisborg Centret: Dermato-Venerologisk afdeling　P.P.Ørumsgade 11　8000 Århus C　TEL. 89 49 33 33

オーフス	マーセリスボー病院（Marselisborg Hospital） オーフス病院（Århus Sygehus）
スヴェンボー	スヴェンボー病院（Svenborg Sygehus）
オルボー	Ladegårdsgade 10 （病院以外のクリニック）

▶ 性に関するカウンセリングクリニック

性的な問題のカウンセリングと治療は、そのための専門教育を受けた医師かカウンセラー（精神科医）によって行われます。問い合わせることのできるクリニックがいくつかあります。

コペンハーゲン	セクソロジー・クリニック、国立病院内（Sexologisk Klinik, Rigshospitalet） （ホームドクターの照会が必要です。） セクシュアル・カウンセリング・クリニック（Seksualrådgivningsklinikken） Frederiksberg Alle 5, DK-1621 Kbh. V. セクシュアル・カウンセリング・クリニック（Seksualrådgivningsklinikken） Marstalsgade 20, DK-2100 Kbh. Ø.
オーフス	オーフス市立病院（Århus Kommunehospital）（オーフス県在住者のみ）

▶ 子ども・青少年に関するカウンセリング

個人または公のカウンセリングクリニックは全国に拡がっています。これらのクリニックの電話番号は番号案内で分かります。住所は以下の通りです。

コペンハーゲン	24時間クリニック（Døgnkontakten）Åboulevard 38, DK-2200 Kbh. N. BRIS（Børnenes Rettigheder i Samfundet） （訳注：デ語で「社会における子どもの権利」を意味する語の頭文字をとったもの） Studiestræde 30, DK-1455 Kbh. K. 聖ステファンス・カウンセリングセンター（Sct. Stefans Rådgivningscenter） Hillerødsgade 1, DK-2200 Kbh. N コペンハーゲン県立カウンセリングセンター（Københavns Amts Rådgivningscenter） Slotsherrensvænge 4, DK-2610 Rødovre 青少年クリニック（Ungdomsklinikken）Læssøgade 8 A, DK-2200 Kbh. N.
ヒレロズ	子どもカウンセリングセンター（Børnerådgivningscentret）Frederiksværksgade 2 A
ロスキレ	社会センター（Socialcentret）Amtsgården, Køgevej 80
ソロー	社会センター（Socialcentret）Slagelsevej 7
ニューキューピングF	子どもカウンセリングセンター（Børnerådgivningscentret）Ejegodvej 55
オーデンセ	子どもカウンセリングセンター（Børnerådgivningscentret）Vandværksvej 30
オーフス	子ども青年カウンセリングセンター（Rådgivningscenter for børn og unge） Langenæs Alle 18, DK-8000 Århus C
オルボー	子どもカウンセリングセンター（Børnerådgivningscentret）Dag Hammerskjöldsgade 4
ヴァイレ	カウンセリングセンター（Rådgivningscentret）Amtsgården, Damhaven
エスビャー	子どもカウンセリングセンター（Børnerådgivningscentret）Kronprinsensgade 33
ヴィボー	子どもカウンセリングセンター（Børnerådgivningscentret）Socialcentret（社会センター），Store Sct. Hansgade

リンキューピング	子どもカウンセリングセンター(Børnerådgivningscentret) Socialcentret（社会センター），Kirkepladsen 1
オーベンロー	子どもカウンセリングセンター(Børnerådgivningscentret) Socialcentret（社会センター），Flensborgvej 113

▶ 同性愛者に関するカウンセリング

　ゲイ・レズビアン全国協会は全国を網羅している協会で、複数の都市に事務局があります。問い合わせをすると、様々な情報やカウンセリングを受けたり、全国各地域にある団体を紹介してもらったりすることができます。

Landsforeningen for Bøsser og Lesbiske,
Teglgårdstræse 13, Postboks 1023, DK-1007 Kbh. K.　www.lbl.dk

▶ サドマゾヒズムに関するカウンセリング

S Milカウンセリング（Smil Rådgivning）（電話番号は番号案内で分かります）
Postboks 691 DK-2200 Kbh. N　www.sado.dk

▶ 服装倒錯／性倒錯者に関するカウンセリング

Phi Pi Epsiron（286ページのコラムを参照して下さい）

▶ エイズに関するカウンセリングと情報

　あなたのホームドクターやゲイ・レズビアン全国協会に問い合わせると、

匿名でこうしたエイズに関するカウンセリングを受けたり、情報を得たりすることができます。これはまた、保健局のエイズテレフォンラインでも可能です。

▶ その他の個人施設

　1983年設立の「**母親を助ける会**」は民間の社会事業団です。ここでは無料で妊婦、小さな子どものいる家庭、片親への援助やカウンセリングを行っています。全国に複数の事務局があります（電話番号は番号案内で分かります）。

電話緊急相談所（Krisecentre）
　国内の主要都市では、個人が主導となって電話緊急相談所を設立させています。暴行を受けたり、何らかの形の肉体的・精神的虐待を受けたりした場合に緊急の援助や支援を提供する所です。援助とカウンセリングは完全に匿名で行われます。電話緊急相談所に関する詳しい情報は、番号案内、電話帳、市の社会事業部で得られます。

日本に関連する情報（訳者による補記）

【避妊に関するクリニック】

　日本の場合、デンマークのように公的機関としての避妊クリニックは特にありません。個人の産婦人科医などが、妊娠および避妊に関する相談・指導、思春期または更年期の健康相談などを行っている場合が多いです。電話帳（イエローページ）の広告などに掲載されていますので参照して下さい。その他、下記のように特定の団体などが運営するクリニックもあります。

社団法人日本家族計画協会クリニック
受付時間：月〜金曜日　9：00〜12：00／13：00〜17：15
　　　　　祝祭日、他学会等で不在になる場合は休み（その旨テープ案内）
電　　話：03-3235-2694　要予約
参　　考：http://www.jfpa-clinic.org/clinic/outline.html

【HIV／エイズ】
- エイズ予防情報ネット（http://api-net.jfap.or.jp/）
　全国の相談・検査窓口、拠点病院情報、イベント・学会情報、予防関連資料情報などを掲載。
- 厚生労働省エイズ治療薬研究班（http://www.iijnet.or.jp/aidsdrugmhw/）
　全国内認可の治療薬の情報や厚生労働省からの通知、診療病院リストを掲載。
- HIV検査・相談マップ（http://www.hivkensa.com/index.html）
　HIV検査に関する分りやすい情報を提供（厚生労働省「HIV検査体制研究班」が作成）。
- NPO法人HIVと人権・情報センター（http://www.npo-jhc.com/）
　エイズによる偏見・差別に苦しめられている人々を直接支援する団体。各種情報提供のほか、電話相談窓口も設けている。
　「HIV／エイズに関する一般回線」
　東京TEL：03-3292-9090／大阪TEL：06-6882-0102／他各地域

セクシュアル・マイノリティのため、および HIV 検査・相談窓口としては下記のような所があります。
- SWASH ［sex work and sexual health］（http://www.geocities.jp/swashhp/）
  セックスワーカーが、安全に安心して働くことができるよう活動している団体のサイト。特に、HIV を含む性感染症の予防など、性に関わる健康の問題に焦点をあてている。
- 東京都エイズ電話相談（TEL：03-3292-9090）
- 東京都南新宿検査・相談室（東京都渋谷区代々木 2 - 7 - 8 ／JR線新宿駅南口徒歩 3 分／TEL：03-3377-0811）火・木・土・日曜日に相談員に直接会って相談できる。

【性感染症一般】
- 性の健康医学財団
  電話相談（TEL：03-5840-8665, 月～金曜日の正午～午後 5 時）
  若者のための情報ネット「Hの病気」
  （http://plaza.umin.ac.jp/std-com）
- 日本家族計画協会「ガールズナビ」（http://girlsnavi.jp/index.html）

【性的虐待・性被害の相談窓口】
- 警察の相談窓口
  全国の県警察本部では、性犯罪被害相談室や専用の電話相談窓口を設け、主に女性の警察官やカウンセラーが相談に応じている。また、特定の交番を女性相談交番（女性のための安全相談所）として指定し、女性の警察官が性犯罪はもちろん、生活上の安全に関して相談を受け付けている（駅の鉄道警察隊内には、痴漢などの相談窓口も設けられている）。どの窓口に相談したらよいか分からない場合、総合相談窓口（全国共通 ♯9110番）に電話をすればよい。
- 各地域の保健所・各都道府県の精神保健福祉センター
  それ以外にも、全国性暴力被害者グループ「野の花」（http://nono-hana.org/）、小中高校生向けのサイトは「ガールズカフェ　スミレ」

(http://nonohana.org/sumire/)において、レイプなどの性暴力に関する電話相談窓口が設けられている。

【若年期の妊娠の相談窓口】
- 思春期妊娠危機センター（TEL：06-6761-1115）
10代の女性の妊娠に関する相談を受けつけている。
- 日本家族計画協会「緊急避妊ホットライン」（月～金曜日、10時～17時。TEL：03-3235-2638）
- 日本家族計画協会「思春期・FPホットライン」（月～金曜日の10時～16時、TEL：03-3235-2638）
- 岩室紳也医師のホームページ（http://homepage2.nifty.com/iwamuro/）
（このサイトには、若者向けの「紳也、Sネット塾　まじめに性を考える講座」があります）

【セクシャル・マイノリティを支援する団体】
- NPO法人 HIVと人権・情報センター（ウェブサイトは、「HIV／エイズ」の項を参照）
　　ゲイ回線　　東京03-5259-0750／大阪06-6882-0313
　　レズビアン回線　東京03-5259-0259
　　（上記3回線は、曜日によって受付時間帯が変わる。詳しくは電話で問い合せるとよい）
- All About 同性愛（http://allabout.co.jp/relationship/homosexual/）
歌川泰司がガイドする、性的少数派のライフスタイルを応援するサイト。
- すこたんソーシャルサービス（http://www.sukotan.com/index.html／
　電話相談「すこたんホットライン」毎月第2・4金曜日。TEL：047-411-6777）同性愛者に関する情報発信、講演活動やイベントの開催、電話相談などのカウンセリング事業を実施している団体のサイト。
- NPO法人アカー［OCCUR］（http://www.occur.or.jp/a/a001top.htm）
　動くゲイとレズビアンの会。サークル情報などの提供のほか、ゲイ・バッシング、HIV／エイズ、A型肝炎、性感染症など、内容別に電話相談回

線を設けている。
- ブラビッシマ［Bravissima］（http://www.bravissima.com/）
レズビアン・バイセクシャルなどの女性セクシャルマイノリティを応援するサイト。
- インターセックス（半陰陽）の子ども達とその家族のセルフヘルプグループ［PESFIS］
（http://home3.highway.ne.jp/pesfis/）
半陰陽の子供達とその家族のセルフヘルプグループのサイト。
- MILK（http://www.milkjapan.com/）
日本初・レズビアンとゲイとストレートのための総合メールマガジン。
- もしかして、ばいせくしゃる？（http://www4.pos.to/~megazone/savarin/）
バイセクシャルに関する掲示板サイト。レベル別に掲示板が設置されている。
- ここにもいたＦＴＭ（http://www.geocities.co.jp/SweetHome/3829/JB/top.html）
FTM＝性同一性障害の当事者とそのパートナーが発信する情報サイト。
- 性的マイノリティ教育研究セクション
（http://www.geocities.jp/education4clover/index.html）
"人間と性"教育研究協議会（性教協）を基盤に、同性愛者の教員、学生、教育に関心のある人々が活動する研究サークルのサイト。

【その他・性の悩み全般】
- いのちの電話　東京（TEL：03-3264-4343）ほか各都道府県
- 日本赤十字医療センター・産婦人科カウンセリングサービス（TEL：03-3400-1311）
- 日本家族計画協会　http://www.jfpa.or.jp/
避妊、受胎調節、不妊相談、性教育などをテーマに活動
- 自分で選ぶOC　http://www.oc-rizum.jp
OC（低容量ピル）の特徴やOCを入手するための手順、その他、性感染症、女性の健康などを解説。
- リプロヘルス情報センター　http://member.nifty.ne.jp/m-suga/

リプロヘルス（リプロダクティブヘルス）に関する情報の提供、問題提起など、ともにリプロヘルスについて考えるホームページ

- ロリエWomen's Health　http://www.kao.co.jp/laurier/
  月経や女性のからだについて解説。「からだの相談室」もあり。
- 痛みのレディスクリニック　http://www.itami.ne.jp/
  痛みの部位から原因を探る診察室、頭痛、生理痛の治療や薬のアドバイスなど。
- Women's Medic Navi　http://www.e-medinavi.com/
  避妊、更年期障害、性感染症等のトピックス、女性のための東洋医学など
- Female Health　http://www.fe-health.net/
  ㈳日本産婦人科医会監修のホームページ。産婦人科をもっと気軽に利用しようと定期検診を推進．
- PANACEAPLUS（パナシアプラス）http://www.pplus.jp/
  婦人病の基礎知識、メンタルヘルスケア他の情報を提供。
- WOMANJAPAN.COM　http://www.womenjapan.com/
  スキルアップを目指す女性へ資格情報や健康に関する話題、映画情報他を提供。

訳者あとがき

　本書がデンマークで出版されてから十数年が経ちました。その間に、世界も日本やデンマークの社会も目まぐるしく変化し、これまでの価値観が崩れ去るような出来事、命が軽んじられるような出来事も残念ながら数多く起きています。
　そのような状況にあって、社会のなかで「性」は様々な側面を見せています。商品化された性、欲望の追求だけに走っている性や興味本位の性の姿が氾濫している一方で、人間の本質である性の問題は家族など身近な人間の間ではオープンには語られていません。また、性教育は、デンマークにおいてでさえ親も教師も何をいつどう教えればよいのか戸惑ってしまっているのが現状です。そして、子ども達は、大人のそうした戸惑いや性に関するダブルモラルを敏感に感じ取っています。
　デンマークでは、14歳の子どものおよそ10人に2人が性体験をしています。また、性的暴行（近親相姦、幼児性愛、レイプ）の増加も深刻な問題となっており、表面に現れているだけでも少女の10％、少年の5％が犠牲になっています。こうした性の問題には、アルコールや麻薬、家庭生活の崩壊などの様々な社会背景が複雑に絡み合っている場合が多いようです。
　今日のデンマーク社会における性の受け止め方を理解する一つの方法として、このような現状での性教育のあり方や考え方を見るということが挙げられます。
　1970年以来必修科目となった性教育は、現在ではフォルケスコーレ（日本の小・中学校を合わせた9年間の義務教育課程）に関する法律で、「健康教

育・性教育および家庭学」という科目のなかで教えることと規定されています。教育省が出している学習指導要領によると、1年生から9年生の間に、各学年の発達度、ニーズ、授業の方法などに応じて教えることとなっています。

　この科目の目的は、生徒達が健康、性、家庭生活に影響を与える様々な状況や社会的な価値基準に関する洞察力や理解力を身に着けることです。そのためには、健康にとって性や家庭生活がもつ意味、健康と環境とのつながりについて理解することが目標となります。そして授業は、生徒の関心や自信、生きる喜びを深めることを助長し、他人と関わる上での各個人のアイデンティティ育成を支援するために、生徒自身の体験、経験、物事の解釈と結びつくものでなければなりませんし、生徒自身や他人の健康増進のために批評的な態度や行動がとれるように寄与するものでなければなりません。また、この科目で扱われるテーマおよび知識の領域は決して独立したものでなく、相互に補い合いながら他教科の内容と関連する授業のなかで自然に取り上げられています。さらに、決まった学年にその領域を振り分けることはせず、9年間の教育のなかで必要に応じて随時触れていきます。

　このような方針に基づいて具体的な学習計画を立てる中心となるのはそれぞれの学校や自治体で、教師が教材を選択したり自ら作成したりします。ただ、教材に関しては、近年の調査によると、従来のようなHIVや月経、コンドームに関する知識よりも、感情面や人との接し方などについて知りたいという生徒側のニーズに応えるために、教育省といくつかの自治体で作成した教材および指導要領が利用しているケースも多いようです。

　トピックを選択する際には地域性も重視され、その学校および自治体が重要だと考えるものや、地域に実際に起こっている問題などをトピックとして選択してもよいことが指導要領には書かれています。そして、学習計画のなかには、授業へのアイデア、資料リスト、地域社会にいる協力者のリストなどを盛り込むことができるとしながら、あくまでも教える教師の考え方やクラス自身のアイデアやテーマの選択、またニーズに合うように授業を常に変えられるような柔軟性をもつべきことが明示されています。

　クラス担任はコーディネーターとしての役割を担い、そのクラスを教える

ほかの科目の教師達、校医、専属の歯科医、養護教員などのほかの職員とともにコーディネートを行うように指導されています。さらに、例えばコペンハーゲン市では、「セックスエクスプレッセン（Sexekspressen）」という医学生がガイドとなる7年生から10年生を対象とした性教育の授業を外部から導入したり、「家族計画協会」などのNGO団体を授業に招いたりすることも行われています。

　こうしたデンマークにおける子ども達への性教育のあり方および方向づけから見えてくるものは、柔軟性、寛容性、自然体、自由と責任などという視点でしょう。デンマークでは、性教育の問題だけでなく、物事の見方や受け入れ方において、自然体を重視し、物事を隠さないであるがままの姿を受け入れることが多いようです。この時に必要なのは、まず自己や他人を知ってその個性や相違を認めることと、個性や相違の背景となっている環境や文化などを学んで理解して受け入れることです。つまり、一定の枠にはめて物事を見たり考えたりするのではなく、様々な視点を受け入れて自らも多角的に物事を捉えたり行動したりするということです。

　また自由とは、ただやみくもに何でもできることを意味するものではありません。自由に何かできる代わりに、そこには責任が伴います。そして、自分自身の行動に責任をもつということは他人を思いやるという意味にもなります。

　子ども達にこうしたことを学ばせようとする教育の姿勢から、大人達自身の性の受け止め方や他人への接し方もうかがい知ることができます。デンマークでも日本同様、複雑化した社会のなかで様々な問題を抱え、人々は試行錯誤しながら独自の教育方法を切り開いているのです。

　本書の著者オーエ・ブラント氏の視点も、こうしたデンマークの性教育や社会のあり方を反映しています。また、知識や特定の価値観を押し付けたりするのではなく、一緒に考えていこうとする姿勢、自分の経験を分かち合おうとする姿勢が本書の至る所で感じられるでしょう。さらに、他人と比較したり、メディアがつくり上げた様々な理想像に惑わされたりすることなくあるがままの自分を受け入れて好きになること、それが他人を大切に思い、自分との違いを認識し、さらに人を愛することができるようになる第一歩であ

ることも教えてくれています。

　性教育の根本は人間教育です。性に関して子ども達を導きともに考えていく時、学校であれ家庭であれ、それを行う大人達の人間としての資質、価値観、人生への姿勢などが問われることになります。

　本書を手にとられたあなたは、どのような反応を示すでしょうか。中に描かれているイラストを見て、慌てて元あった場所に戻してしまうかもしれません。しかし、その時に考えていただきたいのです。あなたを慌てさせたものは何なのでしょうか。そして、もう一度そのイラストを見直して下さい。きっと、違ったものが見えてくるはずです。本書には、読み方の順序はありません。あなたが興味をもった項目や必要だと感じた部分から読んでみて下さい。

　本書の翻訳を始めてから、またたく間に時間が過ぎてしまいました。言葉をいろいろ探すうちに私自身が読者になり、励まされたり共感させられたりしたことも多々ありました。これだけ大部なものを翻訳するという初めての仕事の途上でくじけそうになった時もありましたが、多くの方々に支えていただいてここまで来ることができました。本書を長年あたためていて下さった服部誠氏、本書の訳を依頼して下さったビネバル出版の山中典夫氏、様々な質問に答えてくれた長年にわたる友人で産婦人科医のヨアン・R・ラーセン（Jørn Rolighed Larsen）氏、専門的な事柄に丁寧な説明と適切なアドバイスをして下さった山崎明美さん、恩田順子さん、デンマーク語の理解を助けてくれた夫、そして何よりも、歩みの遅い翻訳作業に最後まで忍耐強く接して下さった新評論の武市一幸氏に心から感謝いたします。

2008年5月　コペンハーゲンにて

近藤千穂

参考文献一覧

■若者向けのセックスと愛に関する情報

- Brandt, Aage: **これもいい気持ち！**（Det er også dejligt!）Gyldendal, 1988.
  エイズと安全なセックスに関する分かり易い本
- Bryld, Tine: **アイラブユー**（I love you.）Gyldendal, 1983.
  若い人の恋、セックス、愛に関する短編小説、詩、教育的なテキスト集
- Claesson, Bent H.: **少年／少女／男性／女性**（Dreng/pige/mand/kvinde）
  Hans Reitzel 第 7 版 1987.
  若者向けの基本的な性に関する情報の本
- Ivarsson, Malena: **若者、愛、セックス**（Unge, kærlighed & sex）Gyldendall, 1987
  感情面に大きな重点を置いた性に関する情報の本
- Lauest, Suzanne: **セックスと若者**（Sex og unge）1－4 Munksgaard, 1987.
  4 巻のシリーズもので、若者のセックスと愛の様々な面を扱った本
- Lauest, Suzanne: **エイズと若者**（AIDS og unge）Munksgaard, 第 2 版 1988
  エイズに関する分かり易い本

■大人向けだが若者にも適したセックスと愛に関する情報

- Comfort, Alex: **愛の喜び**（Kærlighedens glæde）Forum 第 2 版 1985.
  多くの挿絵がある美しい本で、性生活に閃きを与える。
- Hertoft, Preben: **臨床性医学**（Klinisk sexologi）Munksgaard, 第 3 版 1987.
  性的な問題とその治療のあらゆる形態に関する基本的な学習書。
  本書は専門の治療者向けだが、誰にでも読めて理解できる。
- Risør, Ole: **入門性医学**（Lille sexologi）Munksgaard, 第 3 版 1987.
  カップル関係上の最も一般的な性の問題を扱った分かり易い本。
- E. Stephensen, H. Zoffmann: **エイズに関する本**（Bogen om AIDS）Hans Reitzel, 1985.
  エイズに関する基本的な本
- **女性よ、自身の身体を知ろう**（Kvinde kend din krop）Forlaget Tiderne Skifter,
  第 2 版 1983.
  少女／女性のセクシュアリティーに関する手引書で、男性女性両方が読める長所を持つ。

■骨盤底筋肉の訓練
- Godtved, Helle: 骨盤底筋の訓練（Bækkenbundens optræning）Munksgaard, 1979.
- Godtved, Helle: 筋肉とオーガズム（Muskler og orgasme）Munksgaard, 第2版1984.
  2冊とも、性的な面で何か困難があったり、失禁の問題があったりする少女／女性が自分で役立てるのに最適なもの。出産後の骨盤底筋回復訓練にも非常に適している。

■性と愛に関する事典
- Inge and Sten Hegeler: 愛のＡＢＺ（Kærlighedens ABZ）Chr. Erichsen, 第16版1969.
  性愛生活上の多くの側面に関する、堅苦しくないアルファベット順の事典。
- Hertoft, Preben: 性医学事典（Sexologisk opslagsbog）Hans Reitzel, 1989.
  セックスに関する大多数の語彙・表現を簡潔に説明したアルファベット順の事典。

翻訳にあたっての参考文献一覧および資料

- 『現代セクソロジー辞典』R.M.ゴールデンソン＆K.N.アンダーソン／早田輝洋訳、大修館書店、1991年
- 『現代性科学・性教育事典』「現代性科学・性教育事典」編纂委員会、小学館、1995年
- 『最新医学大辞典』後藤　稠編、医歯薬出版株式会社、1987年
- 『医学英和大辞典』（第11版）加藤勝治　編、南山堂、2000年
- 『ランダムハウス英和大辞典』（第2版）小学館、2000年
- 「イギリス・フェミニズムの胎動と『ブルーストッキング』の女性たち——英国近代女性作家展に寄せて」坂本武、『図書館フォーラム』第8号、2003年
- Nudansk ordbog　Politikens Forlag 1980（現代デンマーク語辞典、ポリティーケン出版）

■デンマーク関連のウェブサイト
- http://www.sundhedsinformation.dk/　保健一般に関する情報
- http://www.borger.dk/　デンマークにおける生活一般情報や公的機関などに関

する情報（医療制度、ホームドクターについて）
- http://www.sexogsamfund.dk/　デンマーク家族計画協会（"The Danish Family Planning Association"）
- http://www.prostitution.dk　社会省より支援を受けている「売春および女性売買」（Prostitution & Kvindehandel）プロジェクト事務局の公式サイト
- http://www.lbl.dk　ゲイ・レズビアン全国協会（ＬＢＬ）
- http://www.leksikon.org　ゲイ解放戦線（ＢＢＦ）
- http://www.sado.dk　SMiLに関する情報
- http://thranesen.dk　性倒錯、衣装倒錯、性同一性障害などに関する情報
- http://trans-danmark.dk　ＴＩＤ（デンマーク衣装倒錯者協会）から独立した「ネットストッキング」のサイト
- http://www.retsinformation.dk　デンマーク法務省の法律条文・条項等の検索用サイト
- http://www.im.dk　デンマーク内務保健省（"The Ministory og Interior and Health"）
- htp://www.kvinfo.dk　デンマークの女性およびジェンダーに係わる情報を網羅している

■原著者オーエ・ブラント氏について

www.boern.forfatterweb.dk　児童、若者、成人向け書籍の作者に関するサイト
www.aagebrandt.dk　著者本人のウェブサイト
www.vejlebib.dk　デンマークヴァイレ市図書館の公式サイト

■日本関連のウェブサイト

www.aichishindan.or.jp　愛知診断技術振興財団（郵送による尿検査の実施）
www.members.aol.com/Toramomo　避妊用具ペッサリーに関する情報
www.5f.biglobe.ne.jp/yuandme　ペッサリーに関する情報

訳者紹介

近藤千穂（こんどう・ちほ）
1959年（昭和34年）東京生まれ。
東海大学北欧文学科卒業。1983年よりデンマークのオーフス大学留学（デンマーク語、北欧文学専攻）、1992年春、同大学卒業。1994年よりコペンハーゲン在住。東海大学北欧学科非常勤講師、外務省語学研修所講師、ＮＨＫ番組などの翻訳を担当。
オーフス大学、コペンハーゲン大学アジア学科日本語講師を経て、現在はＣＢＳ（コペンハーゲン商科大学）日本語講師のかたわら翻訳の仕事に携わる。

セクシコン ── 愛と性について
── デンマークの性教育事典 ── 　　　　　　　　　　　　　　　（検印廃止）

2008年8月20日　初版第1刷発行

訳　者　近　藤　千　穂
発行者　武　市　一　幸

発行所　株式会社　新　評　論

〒169-0051 東京都新宿区西早稲田3-16-28　　TEL 03 (3202) 7391
http://www.shinhyoron.co.jp　　　　　　　　FAX 03 (3202) 5832
　　　　　　　　　　　　　　　　　　　　　振替 00160-1-113487

落丁・乱丁はお取り替えします。　　　　　　印刷　フォレスト
定価はカバーに表示してあります。　　　　　装丁　山田英春
　　　　　　　　　　　　　　　　　　　　　製本　桂川製本

©近藤千穂　2008　　　　　　　　　　　　　Printed in Japan
　　　　　　　　　　　　　　　　　　　　　ISBN978-4-7948-0773-1

誰にも言えない──

社会の中で見えなくされている
"少年の性的虐待被害"に光を当てた話題の書！
スウェーデンにおける治療記録をもとに、
被害の実態と治療過程をつぶさに報告し、
支援策の確立に向けた提言をおこなう。

三浦しをん氏 絶賛！（読売新聞2008年5月11日）
「読んでいて、何度も苦しくなることがあった。
でも、目をそらすことはできない。…
この問題は社会全体で考えていくべきだと思った」

A.ニューマン＆B.スヴェンソン／太田美幸 訳

性的虐待を受けた少年たち
ボーイズ・クリニックの治療記録

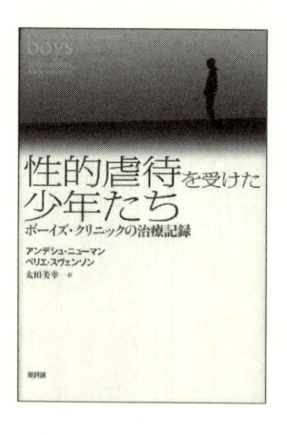

［四六上製 304頁 2625円（税込） ISBN978-4-7948-0757-1］

■ 新評論 好評既刊 ケアと社会 を考える本

B.マスン＆P.オーレスン 編／石黒 暢 訳
高齢者の孤独
25人の高齢者が孤独について語る

デンマークの高齢者達の赤裸々な告白から見えてくる人生の真実。
[A5並製 244頁 1890円 ISBN978-4-7948-0761-8]

山口真人
日本の理学療法士が見たスウェーデン
福祉先進国の臨床現場をレポート

日本のケアとリハビリのあり方を変える画期的レポート。
[四六上製 252頁 2310円 ISBN4-7948-0698-1]

河本佳子
スウェーデンの作業療法士
大変なんです、でも最高に面白いんです

福祉先進国の「作業療法士」の世界を現場の目線でレポート。
[四六上製 264頁 2100円 ISBN4-7948-0475-X]

河本佳子
スウェーデンの知的障害者
その生活と対応策

障害者の人々の日常を描き、福祉先進国の支援の実体を報告。
[四六上製 252頁 2100円 ISBN4-7948-0696-5]

河本佳子
スウェーデンのスヌーズレン
世界で活用されている障害者や高齢者のための環境設定法

「感覚のバリアフリー」が実現する新たなコミュニケーション。
[四六上製 206頁 2100円 ISBN4-7948-0600-0]

＊表示価格はすべて消費税込みの定価です。

新評論 好評既刊 ケアと社会 を考える本

ドクター・ファンタスティポ★嶋守さやか
しょうがいしゃの皆サマの、ステキすぎる毎日
脱力★ファンタスティポ系 社会学シリーズ
精神保健福祉士（PSW）をめざすあなたに贈る、研究・仕事の実情。
[四六並製 266頁 2100円　ISBN4-7948-0708-2]

清家洋二
あいまいさの精神病理
迷いの時代と決断できない人々
「不確実の時代」に、子どもの主体的決断力を育む心のカルテ。
[四六上製 228頁 2310円　ISBN4-7948-0583-7]

A.リンドクウィスト＆J.ウェステル／川上邦夫 訳
あなた自身の社会
スウェーデンの中学教科書
子どもたちに社会の何をどう伝えるか。皇太子徳仁親王激賞の詩収録！
[A5並製 228頁 2310円　ISBN4-7948-0291-9]

R.ブレット＆M.マカリン／渡井理佳子 訳
世界の子ども兵
見えない子どもたち
紛争に身を投じる子どもたちの実態を報告し、救済の方途を探る。
[A5並製 296頁 3150円　ISBN4-7948-0566-7]

G.ジョーンズ＆C.ウォーレス／宮本みち子 監訳／鈴木 宏 訳
若者はなぜ大人になれないのか［第2版］
家族・国家・シティズンシップ
青年層の自立支援に向けた、英国の先進的事例研究。
[四六上製 308頁 2940円　ISBN4-7948-0584-5]

＊表示価格はすべて消費税込みの定価です。